KB157450

BUSINESS STRATEGY
경영전략

최근 글로벌 경쟁시대에 따른 미·중 무역전쟁 및 일본이 백색국가(화이트리스트)에서 한국을 제외시키는 등 대내·외적으로 어려움에 직면하고 있다. 이에 따라 경영 일선에 있는 CEO들의 고충은 더욱 커지고 있다. 이번 개정판에서는 최근 사례를 보충하면서, 급변하는 경쟁시대에 기업실무자 및 학생들이 가능한 쉽게 이해할 수 있도록 수정하고 보완을 하였다. 개정판을 내면서 기본은 그대로 유지하고 1장에서 12장까지 각각의 사례를 첨부하여 보충하였다.

첫째, 1장·2장은 경영전략 및 환경 분석을 도표와 그림으로 설명하였다.
둘째, 3장에서는 기업의 다각화전략 내용을 보완하였다.
셋째, 4장에서는 내부 분석에 따른 마케팅의 변화를 제시하였다.
넷째, 5~7장은 기업의 구조조정 전략, 경쟁 전략, 마케팅 전략 등을 구체적으로 추가 보완하였다.
다섯째, 8장에서는 최근 경쟁이 심화된 글로벌 시장에서 성공기업의 경영전략을 제시하였다.
여섯째, 9~11장은 기업의 인수 합병 및 위기관리와 구조조정을 통한 경영 혁신을 설명하였다.
일곱째, 12장에서는 미래지향적인 네트워크형 조직구조의 사례를 들었다.

그리고 실질적인 예를 들어가며 내용을 추가, 보완, 수정하고 많은 정성을 들였으나 아쉬움과 항상 부족함이 남는다. 개정 작업을 하는 동안 고민과 노력을 기울인 만큼, 개정된 본서가 독자들에게 경영전략에 대한 방향을 제시하는데 도움이 되었으면 하는 간절한 바람이다.
끝으로 개정판이 나오기까지 세심한 지원을 보내주신 한올출판사 임순재 사장님과 최혜숙 실장님께 진심으로 감사를 드린다.

2019. 11.
저자 **박 광 래**

Contents
차 례

Chapter 07 기능별 전략   164

Chapter 08   글로벌 시장 진출 전략   190

경영전략
개요

경영전략 개요

시대적 상황이 침체기 또는 호황기에 따라 기업들이 내세우는 전략은 다소 차이가 있을 수 있다. 경영전략은 경쟁에서 이기는 방법을 말하며 또한 기업이 성과를 극대화하기 위한 전략이기도 하다. 글로벌 경쟁시대에 중요성은 이루 말할 수 없으며 경영학의 백미로 모든 학문에 기본적 과목으로 다루고 있다. 종합학문으로서 다양한 지식을 요구하면서 정치적, 경제적, 사회적 문화적으로 기업 내 모든 구성원이 전략적 사고방식을 갖추고 업무를 수행해야만 발전할 수가 있다. 그럼으로써 리더로서 이끌어 나갈 수 있는 자질을 키우는 것 또한 부합되는 길이라 말할 수 있다.

① 전 략

치열한 글로벌 경쟁시대에서 기업들이 경쟁에서 살아남기 위해 필요한 경영전략을 수립하고, 이행하는 데 필요한 여러 가지 분석기법을 살펴본다. 아울러 경영전략을 수립하고 실행하는 데는 전략적 사고방식이 중요하다. 사실에 근거하고 합리적 분석력과 변화하는 상황에 유연하게 대처할 수 있기 때문이다. 그 체계적 유형들을 밝혀보기로 한다.

1) 전략의 정의

오늘날 기업들은 경영전략이라는 말을 자주 사용하며, 강조하고 있다. 경영학의 각 기능별 분야에서도 전략이라는 단어를 붙임으로써, 전략적 사고의 중요성을 강조하고 있다. 이러한 현상은 기업 경영에 있어서 전략적 사고가 얼마나 중요한가를 말해주고 있으며, 더욱이 치열한 글로벌 경쟁에 직면하고 있는 기업들에게는 전략이 더욱 더 중요하다는 사실이다.

챈들러(A. Chandler)는 전략을 기업의 기본적 및 장기적 목표를 결정하고, 이들 목표를 달성하기 위해 필요한 일련의 행동계획을 채택하고 자원을 배분하는 것이다.

이와 같이 챈들러의 전략을 기업의 장기적 목적과 목표를 포함하는 포괄적 개념으로 사용되고 있다. 또한 전략이란 본질적으로 최소한 자원을 배분하는 결정이고 일단 한 방향으로 '선택'을 하게 되면 다른 방향은 '포기'할 수밖에 없다. 하나의 선택 뒤에 많은 것을 포기함을 의미한다. '선택과 집중, 포기도 전략이다.'라는 것을 노키아에서 배울 수 있다.

미래를 위한 포기전략을 통해 선택과 집중을 가장 잘 실천한 기업으로 과거 모바일 통신 세계 1위 기업인 노키아(Nokia)를 들 수 있다. 1992년 1월, 41세의 나이로 노키아의 회장 겸 최고경영자로 취임한 요르마 올릴라는 같은 해 8월 중대한 결정을 내렸다. 진정한 세계 일류 기업으로 성장하기 위해서 발전기에서 타이어에 이르는 수많은 사업을 모두 다 유지할 수는 없다는 판단을 한 것이다. 올릴라는 노키아의 전략적 비전을 "전문화하고 글로벌화 된 통신 위주의 부가가치창출기업"이라는 명확한 선택을 했다. 이후 노키아는 발전기 부문을 시작으로 타이어 사업, 케이블 사업 그리고 텔레비전 사업에서도 철수했다. 수익성이 좋은 사업도 예외는 아니었다. 한 예로 노키아가 포기한 케이블 사업은 당시 세계적인 경쟁력을 가지고 있었다. 그러나 노키아는 해당 사업이 노키아가 집중하고자 하는 모바일 통신사업에 포함되지 않았기 때문에 과감히 포기했다.

포터(Porter)는 과거 일본기업들이 TQC나 비용절감과 같이 기준사업의 효율성을 높이는데 치중하여 일본기업들은 자동차, 전자, 반도체 등에서 세계적인 기업으로 성장하였다. 그러나 포터는 일본기업들의 독특한 경쟁우위를 창출하는 데에는 문제점이 있다고 지적하였다. 왜냐하면 모든 기업들이 운영의 효율성을 추구하고, 고객의 요구에 부응하려 했으며 참여하는 모든 사업 분야에서 세계 최고를 지향하려고 하였다. 그러나 전략적 우선순위를 고려하지 않고, 모든 분야에서 똑같은 방법으로 경쟁을 하였기 때문에 지속적인 경쟁 우위의 창출에 실패하게 된 것이다.

전략의 정의를 잘 보여주는 것이 「손자병법」의 '지피지기 백전불태(知彼知己 白戰不殆)'이다. '적을 알고 나를 알면 백번 싸워도 위태롭지 않다.'는 뜻이다. 오늘날 경영전략은 환경 적응을 통하여 경쟁적 우위를 확보하는 데 있다. 즉 경쟁에서 승리하기 위한 기업의 목표를 달성하기 위한 수단으로 다른 기업보다 유리한 상황에서 경쟁할 수 있도록 계획하고 실행하는 것이다.

표 1-1 전략의 다양한 정의[1]

학자	전략의 정의
챈들러(Chandler)	기업의 장기적인 목표의 결정과 그 목표를 달성하기 위한 행동을 결정하고 경영자원을 배분하는 것이다.
앤소프(H. I. Ansoff) & 맥도넬(E. J. Mcdonell) (1990)	조직의 행위를 이끄는 일련의 의사결정 원칙이라고 하였다.
마이클 포터 (M. E. Porter) (1996)	독특하고 가치 있는 포지션의 창조로써 자신만의 독특한 행위양식을 수반한다고 주장했다.
손 자 (손자병법)	생존에 중요한 역할을 하는 것으로서 삶과 죽음의 문제이기도 하며 도전과 야망에 영향을 미치는 것이다. 어떠한 경우라도 전략을 소홀히 여겨서는 안 된다.

---

1) 박준용(2008), 전략경영, 청람.

이와 같이 학자들의 다양한 전략의 견해들을 종합해보면 다음과 같다.

첫째, 전략이란 개개의 의사 결정이 긴밀하게 결합 통일되어 있는 것이라고 보는 견해이다.

둘째, 전략을 조직의 장기적 목표들 행동 프로그램 그리고 자원할당의 순위를 결정함으로써 조직 목적으로 설정된 장기적 목표를 달성하는 수단으로 보는 견해이다.

셋째, 전략을 기업의 경쟁 영역에 대한 선택으로 보는 견해이다.

넷째, 전략을 경쟁우위를 성취하기 위한 외부 기회와 위협 그리고 내부 강점과 약점들에 대한 대응으로 보는 견해이다.

다섯째, 전략을 기업이 이해관계자에게 주는 경제적·비경제적 공헌에 대한 정의로 보는 견해이다.

위 사항 중 하나만을 가지고는 불충분하며, 다양한 관점에서 통합적 이해가 필요하다. 통합적 관점에서 보면 전략은 조직이 생명력 있는 영속성을 유지하도록 하며 동시에 또한 전략은 기업에 있어서 모든 사업에서 경쟁우위를 확보하고자 하는 데에 그 목적이 있다.

2) 경영전략의 체계

기업의 경영이념을 바탕으로 기업이 추구하려는 목적과 비전을 제시함으로써 기업전략(Corporate Strategy), 사업전략(Business Strategy), 기능전략(Functional Strategy)들이 합하여 기업이 추구하는 전략적 체계(hierarchy of strategy)를 구성하게 된다.

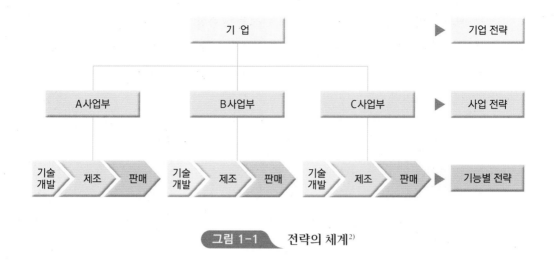

그림 1-1 전략의 체계[2]

① 기업전략

기업이 비전과 목표가 설정되면 어떻게 달성할 것인가 전략을 명확하게 해야 한다. 즉 사업부의 구성, 사업부 간 자원의 효과적 배분, 사업부 간 협조, 시너지 창출의 틀 제공, 사업부별 미션 부여 등 평가기준을 설정해야 한다. 기업전략은 기업의 전반적인 전략적 태도를 반영하는 것으로 주로 최고경영층에서 이루어진다. 기업전략의 기본 방향은 기존 사업을 선별해서 육성하거나 매각 및 합병하는 방향이다. 또 신규 사업 분야로 다각화하는 방향인데 기존 사업과 관련성이 많은 관련 다각화와 전혀 무관한 사업으로 진출하는 비관련 다각화가 있다. 따라서 기업의 전반적 성장방향과 사업 및 제품 포트폴리오를 반영하게 된다. 이 전략에 따라 전략적 제휴, 다각화 전략, 철수전략 등을 들 수 있다.

🌐 관련 다각화

관련사업으로서의 다각화를 기업의 경쟁력은 있으나 기존에 종사하는 사업의 매력도가 낮은 경우에 해당된다. 그러나 관련다각화된 사업들끼리 즉, 경영기법, 기술,

---

2) 송병선외(2010), 전략경영, 청람.

생산능력, 마케팅, 고객, 제품, 유통채널 등을 공유할 수 있기 때문에 성공률이 높다. 또한 관련다각화는 기업내부의 자원이나 기업의 합병을 통해서 목적을 달성할 수도 있다.

🌐 비관련다각화

기존에 종사하는 사업과 관련이 적은 사업으로, 다각화하여 성장하는 전략으로 기업의 경쟁력이 미비하고 사업의 매력도가 낮은 경우에 적합하다. 따라서 기업으로서는 비관련사업으로 다각화하는 수밖에 없다. 그러므로 기업들은 사업 간 시너지효과 보다는 기업의 수익성에 더 관심을 갖는 성향이 있으며, 인수합병과 같은 외부적 방법에 의존하는 경우가 더 많다.

🌐 다각화전략

신제품 및 신시장으로 진출하는 전략으로 경쟁력은 있으나 매력적이지 못한 기업에 적합한 성장전략이다. 기업이 다각화전략을 진행하면서 얻을 수 있는 이익은 다음과 같다.

첫째, 성장유지이다. 기업의 지속적인 성장이 가능하며 대기업들 관계에서는 기업성장을 위한 가장 일반적인 방안이다.

둘째, 재정자원의 균형이다. 한 기업 내에서도 서로 상이한 사업은 제각기 다른 규모의 자금을 산출해 낸다. 따라서 자금과잉사업과 자금부족사업을 결합함으로써 기업 내 적절한 자금배분이 가능하다.

셋째, 핵심경쟁역량의 활용이다. 새로운 가치를 창출할 수 있는 기업의 가장 주요한 능력으로, 개발된 용도 이외에도 타 제품이나 시장에 확대 사용될 수 있어 결과적으로 기업에게 다각화의 기회를 제공한다.

넷째, 위험감소이다. 경영자들은 다각화를 통해 기업의 위험감소를 줄인다. 예를 들어, 불황기에는 고급승용차에 대한 수요가 줄어드는 반면 대중교통수단에 대한 수요는 늘어나는 경향이 있다. 다각화 기업은 서로 주기가 다른 사업들을 여럿 보유함으로써 기업 전체의 위험을 줄일 수 있다.

다섯째, 하부조직의 공유이다. 하부조직은 생산설비, 마케팅프로그램, 구매절하, 배달 경로와 같은 유형자원들을 일컫는다. 이러한 자원을 모든 사업에 필요한 기본적인 조건으로 이들의 공유는 다각화의 주요 이점이라 할 수 있다.

🌐 철수전략

정부의 규제강화, 인건비 상승, 동종업종 간의 치열한 경쟁력 등 복합적인 요인으로 인해 기업의 생존공간은 더욱 좁아지고 있다. 또한 강점을 살린다든지 약점을 보완할 수 있는 방법도 없기 때문에 타이밍을 놓치지 않고 철수하는 것도 전략이다.

② 사업 전략

사업 전략은 각 기업의 개별사업부 단위에서 수립되고 시행된다. 즉 배분된 경영자원 속에서 전략을 수립하게 되는 것이다. 기업이 경쟁에서 이기려면 경쟁대상기업보다 경쟁우위에 설 수 있는 전략이 필요하다. 즉 사업전략에서는 개별적인 사업단위의 목표를 성공적으로 달성하기 위해 사업의 장기적인 경쟁우위를 구축하고 공고히 하기 위한 점에 초점을 맞춰 어떻게 하면 사업 영역 안에서 효과적으로 경쟁자들과 경쟁해 나갈 것인가에 대한 문제를 다루게 되는 것이다. 경쟁 상황에 따라서 확대·이윤·제고·기업 이미지 강화 중에서 어떤 것을 목표로 할 것인가 그리고 그러한 목표 달성을 위해서는 어떠한 경쟁우위전략, 예를 들면 대표적인 사업전략으로 Porter가 제시한 원가주도 전략, 차별화 전략, 집중화 전략 중에서 어느 것을 추구할 것인가를 결정해야 한다.

🌐 원가주도전략

자신이 속한 산업 내에서 가장 저렴한 제품서비스를 제공하는 저원가 경쟁전략으로 기업이 추구하는 전체시장을 공략대상으로 한다. 낮은 원가구조를 추구하는 기업들은 가격에 민감한 고객들을 대상으로 표준화된 상품을 제공하기 때문에 아무리 경쟁이 치열한 상황에서도 기업은 이윤을 창출함으로 경쟁업체들로부터 자사를 보호하는 역할을 한다. 원가우위의 원천을 규모의 경제, 학습효과, 혁신적 기술, 유리한 원자재 확보방법 등 산업 내 모든 경쟁요인들로부터 기업을 방어해 주는 역할을 한다. 그 대표적인 예로 이마트, 맥도널드, 월마트 등 원가 주도전략을 추구하는 기업들은 산업 전체를 혁신시키기도 한다.

🌐 차별화전략

차별화의 방법으로는 브랜드 이미지, 기술, 고객서비스, 디자인, 기업의 평판, 제품의 특성, 유통채널 등 여러 가지가 있을 수 있다. 기업은 차별화된 제품이나 서비스에 높은 가격으로 수익을 높일 수 있다. 차별화는 고객의 상표충성도를 높이고, 기존기업간의 경쟁으로부터 자사를 지켜준다. 이 과정에서 차별화로 인한 원가 상승은 구매자에게 전가된다. 이 전략은 경쟁기업들의 모방으로 높은 가격을 계속 지탱하기 어렵기 때문에 끊임없이 연구개발에 노력해야 한다. 차별화전략의 대표적인 기업으로는 도미노피자와 노드스트롬백화점이다. 예를 들면, 도미노피자는 30분 이내에 배달한다는 신속성으로, 노드스트롬백화점은 탁월한 고객서비스로 차별화에 성공한 기업들이다.

🌐 집중화전략

특정구매자 집단이나 지리적 시장 등 특정 세분시장에만 주력하는 점이 다르다. 예를 들어 20대 초반의 젊은 세대를 겨냥한 중저가 의류 출시라든지, 유럽시장을 겨냥한 소형차 생산 등을 들 수 있다. 따라서 좁은 세분시장에 전력투구하는 기업은 전체시장을 목표로 하는 기업보다 비용측면에서 더 효율적이다.

③ 기능전략

기능전략은 기업전략과 사업전략에서 나온 대안을 구체적으로 실천하기 위한 전략으로써 보유자원을 최대한 활용하여 기업의 전략적 목적을 달성하는 것으로 대개 사업부의 장들이 수행한다. 따라서 기업수준의 전략과 사업부 수준의 경쟁 전략이 수립된 이후, 각각의 영업활동·제품기획·자금조달 등 기능전략 분야에서 세부적인 수행방법을 결정한다. 예를 들면 생산전략, 마케팅 전략, 인사관리전략, 재무전략, 연구개발 전략 등 기능전략은 대부분 사업 전략이 수립된 이후 각각의 기능별 조직에서 실시된다.

이와 같이 기업전략·사업전략·기능전략들은 서로 조화를 이루며 잘 통합되어야 성공한 기업이 될 수 있다. 그러므로 하향식 시스템에서는 최고 경영층이 각 사업부들로부터 전략을 수립하고 실행한다. 따라서 기업 전략의 목표가 달성될 수 있도록 각 사업부는 사업차원의 전략을 만들어 낸다. 그러면 각 기능별 부서들은 기업이나 사업차원의 전략에 부응하여 기능 차원의 전략을 개발하여 실행에 들어간다. 그러나 기업에 따라서는 상향식 시스템을 채택하기도 한다. 기능차원에서 사업차원으로 사업차원에서 기업차원으로 진행하는 경우도 간혹 있다.

② 경영전략

경영전략은 기업의 목적과 목표를 정하고, 이것을 실현하기 위한 미래지향적인 성격을 가지고 있으며, 고객을 위한 탁월한 가치창조에 있다. 또한 경쟁우위는 자사가 제공하는 고객에 대한 가치가 경쟁사보다 뛰어날 때 발생한다. 경영전략이 기업에서 성공적으로 추진하기 위해서는 경영자의 리더십, 경쟁사와 외부 환경의 분석, 외부 환경 평가(강점, 약점), 일관성 있는 목표 수립 분석 및 평가의 지속성 등 조건이 충족되어야 성공할 수 있다.

1) 경영전략 사명

기업은 사명(mission)을 통해서 존재의 당위성을 밝힌다. 환경 상 기회와 위협은 자사의 내부 결속을 통해 전략적으로 수립하고 실행하는 일련의 의사결정의 행동과정을 말한다. 따라서 사후적으로 사명을 실천해야만 존재의 당위성이 현실적으로 충족된다. 전략은 기업의 목표를 달성하는 데 도움을 주는 수단이며 결국은 기업의 사명을 완수하기 위한 수단이기도 하다. 목표를 달성하기 위해서는 일반적으로 언제까지

(by when), 어떤 종류(what kind)의 성과를, 얼마나(how much) 달성할 것인가 하는 방식으로 표현된다. 목표는 달성한 성과를 평가하는 기준이 된다. 그러나 적절치 못한 목표 제시 방식으로는 매출을 극대화하지 못한다. '원가를 절감한다. 이익을 증대시킨다. 효과를 극대화한다.' 등은 실천가능성이 희박하다.

2) 경영전략과정[3]

경영전략은 기업의 사명을 추구하고 목표를 달성하기 위한 효과적 전략을 수립하고 실행하는 일련의 의사결정과 행동의 과정으로써 다섯 단계로 나타낼 수 있다.

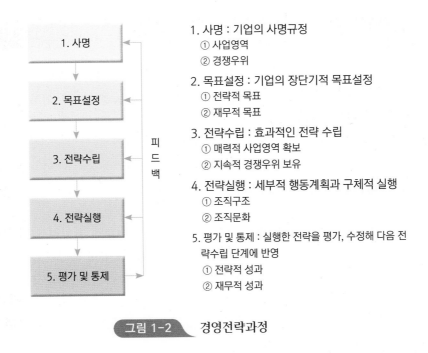

1. 사명 : 기업의 사명규정
   ① 사업영역
   ② 경쟁우위
2. 목표설정 : 기업의 장단기적 목표설정
   ① 전략적 목표
   ② 재무적 목표
3. 전략수립 : 효과적인 전략 수립
   ① 매력적 사업영역 확보
   ② 지속적 경쟁우위 보유
4. 전략실행 : 세부적 행동계획과 구체적 실행
   ① 조직구조
   ② 조직문화
5. 평가 및 통제 : 실행한 전략을 평가, 수정해 다음 전략수립 단계에 반영
   ① 전략적 성과
   ② 재무적 성과

그림 1-2　경영전략과정

---

3) 어윤대·방호열(2004), 전략경영, 학현사.

경영전략의 첫 번째 단계는 기업의 사명을 규정한다. 기업의 사명과 존재 목적을 밝히고 나아갈 방향을 제시하며 사업영역을 결정하는 것이다.

두 번째 단계는 기업의 장·단기적 목표 설정이다. 사명을 구체적 성과척도로 전환 또는 전략적 방향을 제시해주며, 실천하는 것으로 연결된다.

세 번째 단계는 목표를 달성할 수 있는 효과적인 전략을 수립하는 것이다. 외부 환경에 대한 분석(기회와 위협)과 기업이 보유하고 있는 내부자원(강점과 약점)의 능력에 대한 분석을 통해 전략을 수립한다.

네 번째 단계는 세부적 행동 계획과 절차로 구체화하고 실행한다. 기업의 목표달성은 전략의 수립과 실행에 의해서 좌우되며, 아무리 좋은 전략을 수립하더라도 실행하지 않으면 목표를 달성할 수가 없다.

다섯 번째 단계에서는 전략을 실행한 성과를 평가하고, 필요한 경우 조정과 수정을 통해 다음의 전략수립 단계에 반영한다.

이와 같이 경영전략의 과정은 기업의 사명과 목표를 설정하고, 외부 환경과 내부 환경에 대한 분석을 통해 기업의 전반적인 상황을 평가한 후 외부 환경과 내부 환경에 적합한 전략을 수립하고 실행하며 진행된다.

3) 기업경영의 전략적 변화

최근에 기업이 처한 환경이나 여건이 하루가 다르게 바뀌어 감에 따라, 기업으로서도 좀 더 과감한 전략적 변화를 꾀하지 않을 수 없게 되었다. 건설업계 시공능력평가 1, 2위인 현대건설과 삼성물산 건설 부문(삼성건설)이 달라졌다. 그동안 공격적인 경영기조를 이어오던 현대건설이 수익성 위주로 경영전략을 바꾸면서 사업성이 불투명한 사업은 과감히 손을 떼는 등 변화를 모색하고 있다. 이에 비해 그동안 브랜드 가치를 높여왔던 삼성건설은 해외 플랜트 수주에 눈을 돌리는 등 공격적인 성향을 보이고 있다. 이는 현대건설의 경우 현대차그룹에 인수된 이후, 삼성물산은 새로운

CEO가 취임한 이후 나타난 현상이다. 이에 따라 업계에서는 상반된 경영패턴을 보여 왔던 현대건설과 삼성건설이 최근 들어서는 다른 현대건설과 삼성건설이 최근 들어 다른 점보다 닮은 점이 많아졌다. 현대건설은 수도권과 지방에서 수주한 20여 개 재개발·재건축 사업에서 부동산 경기 침체 등으로 사업이 늘어지면서 사업성이 좋지 않은 20여 곳에 사업을 포기했다. 현대건설이 재개발·재건축 사업에 대한 보수적인 사업 방식을 채택한 것은 현대차 그룹에 인수된 이후 재경팀이 수익성 위주 수주 전략을 주문하고 있기 때문이다. 현대건설은 "수익성 위주로 사업방식이 바뀌면서 공공 공사에서도 저가수주를 지양하고, 수익이 나지 않는 상당수 사업을 포기하기로 했다."면서 장기적으로는 경영수지 개선 등의 효과가 있겠지만 수주 물량 감소 등의 역기능도 적지 않았다.

이에 비해 삼성건설은 전통적으로 강세였던 주택과 건축 부문이 위축된 대신 해외 건설과 플랜트 분야에 수주 포커스를 맞추고 있다. 그동안 삼성 엔지니어링 플랜트 분야 수주 등에서 협력한 성과를 낸 것은 CEO가 바뀌면서 삼성물산에서도 해외 부분에 대한 공격적인 수주 전략을 펼치고 있다. 새로 취임한 CEO는 삼성 엔지니어링과 협력할 것은 협력하고 경쟁할 것은 경쟁한다며 플랜트 분야 진출을 선언했다. 이를 위해 지난 해 조직 개편에서 해외 관련 조직 확충도 마친 상태다. 그 결과 삼성물산의 해외 수주고는 2010년 18억 7,300만 달러에서 2011년은 45억 9,000만 달러로 2배 이상 확대했다. 이에 대해 삼성건설 내부에서는 '건설사가 플랜트를 하지 않으면 성장에 한계가 있는 만큼 최근의 변화는 바람직한 것이다.'라는 평가와 '그래도 삼성의 강점은 건축과 주택인데 너무 위축되는 것 같다.'는 반응이 교차하고 있다.

이와 같이 기업의 전략적 변화는 여러 가지 원인에서 비롯된다. 전략적 변화를 초래하게 되는 가장 비근한 요인으로는 신입 사장의 취임, 성과미달 소유권에 대한 위협, 외부 기관의 개입 등을 들 수 있다. 먼저, 새로 취임한 사장의 전략적 태도는 전임 사장과 많이 다를 것이다. 따라서 전임 사장이 구축해 놓은 시스템에 만족하지 못하고 자기 자신의 입맛에 맞는 새로운 전략을 구상하게 된다. 또한 유능한 전임 사장이라면 퇴임하면서 이런 조언을 해 주었을 것이다.

표 1-2 현대건설·삼성물산건설 부문 변화

현대건설	삼성물산
● 변화시점 : 현대차 그룹 편입 이후 ● 수익성 위주 수주 전략 전환 ● 턴키 수주 실적 저조 ● 윤리경영 강조	● 변화시점 : 새로운 CEO취임 이후 ● 해외부문 수주 전략 강화 ● 턴키 수주 실적 저조 ● 윤리경영 강조

● 기업의 전략적 변화 주요원인
  ① 신임 사장의 취임
  ② 성과미달 소유권에 대한 위협
  ③ 외부기관의 개입(정부, 금융기관)
  ④ 적대적 기업 인수

첫째, 내용을 적은 봉투를 하나 준비해 놓으라고 조언한다.

둘째, 내용을 보니까 전임 사장을 마구 욕하라.

셋째, 마지막으로 강력한 구조조정을 하라고 권한다.

그럼으로써 성과를 보이면서 자신의 입지구축 및 경영권 장악을 하면서 임무를 수행하게 된다. 그리고 나서 퇴임할 때에도 마찬 가지로 신입 사장에게 봉투를 하나 준비하라고 조언해주고 떠난다.

전략적 변화를 낳는 또 하나는 성과 미달로 기업의 성과가 당초 기대했던 바에 못 미치는 경우 자사의 현황을 재검토함과 동시에 회생을 위한 전략적 변화를 시도하게 될 것이다. 소유권에 대한 위협으로 전략적 변화를 촉구하는 요인으로 작용한다. 부진한 사업부문을 처분한다든지, 경영진을 축소하여 비용절감을 꾀한다든지 또는 영업 및 서비스를 획기적으로 개선한다든지 등의 전략적 변화를 도모한다.

외부 기관에 의한 간섭도 전략적 변화를 낳는 계기가 될 수 있다. 기업은 정부의 산업 정책과 각종 규제 조치에 적절히 대응하지 않고서는 살아남기 힘들다. 예를 들면 주거래 은행에서 대출 거부와 대출금의 조기상환을 요구하는 경우 어려움의 크기 때문에 전면적 전략 개편이 요구된다.

한편 지금까지 전략적 변화에 이론적으로 대립해 온 학자들의 특징을 보면 대표적으로 1962년 Kuhn의 과학 패러다임 증명과 1980년 논리적 점진주의(logical incremen-talism)를 주장한 Quinn 그리고 1984년 획기적 변화(quantum change)이론을 제시한 Miller & Friesen이다. Quinn은 성공적인 기업은 점진적 변화를 추구한다는 것과 경영자들은 의식적, 계획적으로 점진적 변화를 추종하고 있다. Miller & Friesen은 성공적인 기업은 서서히 점진적 과정을 통해 변화하는 것이 아니라 극단적인 구조변화 추구를 통해서만 성공할 수 있다고 보는 것이다. Kuhn은 조직의 비교적 장기에 걸친 안정적 기간(normal science)과 단기적 변혁·기간(scientific revolution)을 반복하며 발전하다는 것이다.

③ 경영전략의 핵심요소

기업이 경쟁에서 승리하기 위해 매력적 사업영역을 확보하고 지속적 경쟁우위를 보유하기 위한 계획으로써 이익 잠재력이 유망한 사업과 기업이 보유한 강점을 최대한 활용할 수 있는 것을 선택의 문제이다. 지속적인 경쟁 우위의 강점이 될 수 있는 것은 내부자원이나 능력을 개발하며 축적하고, 이들 축적된 내부자원이나 감정을 외부 환경과의 관계 속에서 차별적으로 활용하여야 한다.

1) 전략의 5대 요소

전략은 고대 그리스어의 Strategos(군대지휘장군)에서 유래되었다. 군사적 용어로서 승리를 위한 군사용어인 전략이란 용어를 경영학에 처음으로 도입하여 연구한 학자는 챈들러(A. D. Chandler)이다. 그러나 전략은 일찍이 서양의 시저와 알렉산더대왕이 병법이론에서 전략을 서술하였고, 동양에서는 중국 춘추, 전국시대에 손무(손자병법)와 손빈(손빈병법)의 병법서는 전쟁에서 승리하기 위한 각종 전략과 전술을 체계적으로 정리한 병서로서, 오늘날에도 기업의 경영전략을 수립하는 데 있어 많은 시사점을 준다. 예를 들면, 전략(strategy)이 기업이나 국가가 경쟁우위를 갖기 위하여 경영자원을 배분하는 전반적인 계획이라고 하면, 전술(tactic)이라는 것은 시장에서 성과를 높이는 계획을 뜻한다. 따라서 전술은 소규모 전투에서 승리를 의미한다면 전략은 전쟁에서 승리하기 위한 계략이라고 할 수 있다. 손자병법에서는 전략의 필수 요소로 도(道), 천(天), 지(地), 장(將), 법(法) 등 다섯 가지를 제시하고 있다. 손자의 전략 다섯 가지 기본원칙과 현대 경영전략의 기본 원칙과 비교하면 유사점이 많다.

도(道)는 명분으로서 국민과 지도자가 함께 추구하는 목적(기업경영에서는 조직구성원들의 목표와 비전추구)을 의미한다.

천(天)은 기후로서 낮과 밤, 날씨의 변화(현재시장개방, 정부규제완화, 혁신적 기술, 외부 환경의 변화)를 의미한다.

지(地)는 지형으로서 험준함, 넓고 좁음, 산과 강의 위치(기업 환경에서 산업의 구조적 특성, 경쟁의 성격으로 해석)를 의미한다.

장(將)은 지도자의 능력, 지혜, 신의(기업의 최고 경영자 비교)를 의미한다.

법(法)은 지휘체제로서 군대의 편성과 명령계통(기업의 조직구조 및 관리프로세스를 해석)으로 나타낸다.

표 1-3 전략의 기본원칙 5대 요소

필수요소	유형	손자의 전략 기본원칙	현대 경영전략 기본원칙
도(道)	명분	군주와 백성이 추구하는 목적	기업경영에서 조직구성원들 목표, 비전추구
천(天)	기후	낮과 밤, 날씨변화	시장개방, 정부규제완화, 혁신적 기술, 외부 환경의 변화
지(地)	지형	험준함, 넓고 좁은 산과 강 위치	산업의 구조적 특성, 경쟁의 성격
장(將)	지도자	능력, 지혜, 신의	기업의 최고경영자
법(法)	지휘체제	군대의 편성, 명령계통	조직구조, 관리 프로세스

2) 전략의 핵심사항[4]

① 정합성

- 외부 환경과 경영전략 간에 정합성이 맞게 설정되었는가?
- 회사전체전략과 사업전략의 정합성이 맞게 설정되었는가?
- 경영전략과 경영제 기능 간에 정합성이 맞게 설정되었는가?
- 지나치게 단기정합성만 추구하여 장기대책으로 부적합하지 않은가?

② 중점성

- 사업영역, 시장, 제품의 집중도는 어떠한가?
- 정적인 측면에서 경영자원 투입의 집중도는 어떠한가?
- 동적인 측면에서 경영자원 투입의 집중도는 어떠한가?
- 무엇을 회사의 강점으로 내세워 경쟁해야 하는가?
- 과도한 집중화로 경영위협에 빠져 있지는 않은가?

③ 계획성

- 목표도달단계가 확실히 계획되어 있는가?
- 장기적인 관점에서 계획이 수립되어 있는가?
- 장래의 불확실성에 대처할 수 있는 계획이 수립되어 있는가?
- 환경 변화에 적절하게 대처할 수 있는 계획이 수립되어 있는가?

④ 목적성

- 회사의 존립목적이 명확히 설정되어 있는가?
- 고객, 주주, 사회에 자신 있게 말할 수 있는 기업 목적을 가지고 있는가?
- 기업의 목표와 경영전략은 정합성을 가지고 있는가?
- 기업의 목표가 직원에게 공감을 주고 있는가?

---

4) 송병선·전외술(2010), 전략경영, 청람.

이상의 정합성, 중점성, 계획성, 목적성을 갖고 있는 지를 점검하기 위해서는 다음의 질문을 제시하고 있다.

첫째, 고객 경쟁 및 전반적인 산업 환경에 대해 철저한 이해를 하고 있는가?

둘째, 목표 고객층에 대하여 경쟁사보다 우수한 가치를 제공하고 있는가?

셋째, 핵심역량에 입각한 지속적인 경쟁우위를 창출하고 있는가?

넷째, 한정된 경영자원을 효율적으로 활용하고 있는가?

다섯째, 전략목표가 명확하고 성공을 염두에 두고 있는가?

여섯째, 전략만은 경제적 타당성을 갖고 있는가?

일곱 번째, 예상되는 위험요인은 무엇이며 이를 어떻게 극복할 것인가?

3) 경영전략 분석

전통적으로 기업은 목표에 도달하기 위한 수단으로 외부 환경과 내부 여건을 분석하여 적절한 경영전략을 선택했다.

(1) 기업 목표 설정

기업이 존재하는 이유, 무엇을 해야 할 것인지 이러한 목표에 근거하여 전략을 수립하고 평가한다.

(2) 외부 환경 분석

기업이 당면하고 있는 전략적 기회와 위협들을 도출하기 위함이다. 이때 분석의 대상이 되는 외부 환경은 정치적, 경제적, 사회적, 법적, 기술적 환경으로 나뉜다. 정치적 환경은 국가의 정치적 방향 및 안정성, 경제적 환경은 기업이 속해 있는 경제의 현황과 추세, 사회적 환경은 사회구성원들의 특성과 가치를 대변, 기술적 환경은 기술혁신, 기술 이전 등 기술의 변화와 관련된 변수이다. 기업은 현 시점에서 어떤 요소가 가장 중요한 영향을 미치는가를 파악하여 철저히 준비한다.

(3) 내부 여건 분석

기업의 강점과 약점을 찾아내어 경쟁 우위를 가져다주는 기업의 독특한 내부 능력을 파악하는 것이다. 내부 변수로는 조직구조, 기업문화, 경영자원 등이 있는데 조직구조에는 단순구조, 기능구조, 사업부제 구조, 매트릭스 구조가 있다. 기업문화로는 기업의 전략이 기업 문화에 적합하면 그 전략은 성공할 확률이 높다. 경영자원은 그 기업의 역량을 대변하는 것으로서 자금, 시설 등 유형 자원뿐만 아니라 기술, 브랜드와 같은 무형자원까지 포함된다.

(4) 전략 수립

환경이 부여하는 기회를 최대한으로 활용하고 자신의 강점을 살릴 수 있는 전략(strategy)을 선택한다. 기업은 사명을 확고히 정립함으로써 타사와의 차별화를 꾀할 수 있다. 최고 경영층은 계획을 세우면서 목표를 내세운다. 기업이 목표로 삼을 수 있는 구체적인 지표로는 수익률, 기술수준, 성장률, 자원 활용도 등을 들 수 있다. 기업의 목표가 설정되면 최고경영자는 전략을 구체적으로 제시하고 기업이 나아갈 방향을 모색한다. 전술(tactic)은 전략에 기반하여 책정되는 것으로 전략 수립과 전략 실행 사이에 위치하며 각 부서별 실행지침으로서의 역할을 한다.

(5) 전략 실천

기업의 목표가 어느 정도 달성 되었는지 평가하고 나서 그 결과를 다음 단계의 전략 수립에 반영한다. 전략 실천의 결과를 평가하여 미래 의사 결정에 다시 피드백(feed-back)시킨다. 선택된 전략이 일단 실천되면서 기존의 기업 목표와 전략이 적절한지, 아니면 변화시켜야 하는지를 결정한다.

(6) 실천결과의 평가 및 통제

평가 및 통제를 위해서는 경영자가 하급직원으로부터 명확하고 공정한 피드백을 신속하게 받을 수 있는 시스템이 갖추어져야 한다. 따라서 외부 환경 분석이나 내부 여건 분석에 시행착오가 일어나면 사전 분석 작업으로 다시 시행해야 한다. 그러므로 전통적인 경영전략의 가장 중요한 전제는 외부 환경과 내부 여건 간의 적합성이 달성될 때 기업의 성과가 높아진다. 따라서 외부 환경과 내부 여건 간의 적합성이 달성될 때 기업은 당연히 경쟁 우위로 누릴 수가 있다.

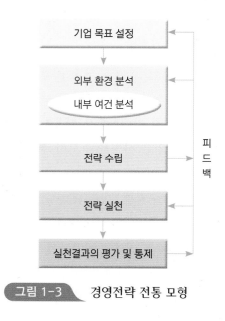

그림 1-3 경영전략 전통 모형

🔅 요약

경영전략은 기업의 목적과 목표를 정하고, 이것을 실현하기 위한 미래지향적인 성격을 가지고 있으며, 고객을 위한 탁월한 가치 창조에 있다. 글로벌 경쟁시대에 기업들이 경쟁에서 우월한 위치를 차지하기 위해서는 여러 분석 기법들이 있는데 그 중에 성장 방향과 사업 및 제품 포트폴리오를 반영하는 기업전략과 사업전략, 기능전략 등이 있다. 그리고 적대적 기업 인수를 막기 위해서는 부진한 사업부문은 처분하고, 경영진을 축소하여 비용절감과 또는 연구개발에 투자를 하는 등 전략적 변화를 도모해야 한다. 이와 같이 전략들이 서로 조화를 이루어야 성공한 기업이 될 수 있다.

토의 과제

1. 조직에서 계획의 중요성을 토의하시오.

2. 전략의 요소들이 무엇인지 설명하시오.

3. 전략과 전술의 차이점을 설명하시오.

4. 경영 계획의 수립 과정을 토의하시오.

브리태니커 · 삼성 · MS의 공통점?

거부감 가졌던 변화 '수용·대응 전략' 사용. 삼성, 스마트폰을 자기 기술로 만들어 MS,
인터넷을 PC 기반으로 적극 채택 좋은 평판·신뢰 쌓아온 브랜드만 가능

올드 미디어의 상징이었던 브리태니커가 살아남을 수 있었던 비결을 경영학적 관점
에서 어떻게 설명할까. 송재용 서울대 교수는 '수용과 대응(Embrace & Embed)'전략 덕
분이라고 말했다. 기업이 처음에 거부감을 가졌던 변화나 트렌드라도 사업적으로 이득
이 된다고 판단하면 적극 수용하고 자기 것으로 만든다는 전략이다.

브리태니커는 CD롬 백과사전과 위키피디아에 의해 사전 시장에서 도태됐다. 그러나
뉴미디어의 특징인 쌍방향 소통과 실시간 업데이트가 가능한 온라인 교재를 개발해 교
육 시장에서 재기에 성공했다. 송 교수는 "브리태니커의 대응이 다소 늦은 감이 있지만,
오랜 기간 좋은 평판과 신뢰를 쌓아온 브랜드가 있었기 때문에 '수용과 대응'전략을 통
한 재기가 가능했다"고 말했다.

송 교수에 따르면 삼성과 마이크로소프트도 이 전략을 썼다. 휴대폰 시장 일인자였던
삼성전자 입장에서 새로 등장한 스마트폰은 기존 시장을 갉아먹는 자기 잠식적인 제품
이었다. 삼성전자는 그러나 스마트 폰이 등장하자 적극 수용해 자기 기술로 만들었다.
반면 다른 회사들은 초반에 머뭇거리다 스마트폰 시장에서 애플이나 삼성전자 같은 선
두 주자와 격차가 더욱 벌어졌다. 마이크로소프트도 인터넷 초기 인터넷 도입에 주저했
으나, 이후 급격히 모든 PC를 인터넷 기반으로 바꾸고 적극적으로 채택·수용했다.

아무나 쓸 수 있는 전략은 아니다. 비디오테이프 대여 체인점 업체인 미국 '블록버스
터'는 인터넷 시대에 수용과 대응 전략을 시도하지 못하고 2010년에 파산했다. 블록버
스터가 취급한 영화나 동영상 콘텐츠는 인터넷 영화 대여 사이트인 넷플릭스나 심지어
불법 업로더가 제공한다 해도 소비자에겐 다를 바 없기 때문이다. 반면 브리태니커가
200년 넘게 공급해온 '지식'이란 콘텐츠는 권위와 신뢰라는 토대가 필수적이다. 따라서
소비자는 브리태니커가 온라인 교육업체로 전환했을 때 신뢰를 갖고 그 브랜드를 다시
찾는다는 것이다.

삼성전자 휴대전화 첫 세계 1위

올해 29% 지난해보다 5%P올라, 작년 1위 노키아는 24%, 애플-ZTE-LG전자 順

삼성전자가 '애니콜 신화'를 '갤럭시 신화'로 새로 썼다. 스마트폰 갤럭시 시리즈를 앞세워 스웨덴의 노키아를 제치고 올해 처음으로 세계 휴대전화 시장 1위에 올라선 것이다. 노키아는 14년 동안 세계 휴대전화 시장의 최강자로 군림했지만 급변하는 정보기술(IT)환경을 따라잡지 못해 사세(社勢)가 급격히 기울고 있다.

미국 시장조사업체인 IHS아이서플라이(이하 IHS)는 삼성전자가 올해 출하량 기준으로 휴대전화 시장 세계 1위(29%)를 차지했다고 밝혔다. 전 세계인 10명 중 3명이 삼성전자의 휴대전화를 쓰는 셈이다. 삼성전자는 지난해(24%)보다 5%포인트 증가했다. 반면 노키아는 지난해(30%)보다 6%포인트 감소한 24%로 2위로 내려앉았다. 이어 애플(10%), ZTE(6%), LG전자(4%)순이었다.

이 같은 결과에 대해 웨인 람 HIS수석애널리스트는 "삼성전자의 스마트폰 사업 성공이 세계 휴대전화 시장 판도를 바꿨다"고 풀이했다. 실제로 삼성전자는 IHS 조사에서 2년 연속 세계 스마트폰 시장 1위를 차지했다. 2위 애플과의 격차도 지난해 1%포인트에서 올해는 8%포인트로 더 벌렸다. 노키아의 올해 스마트폰 세계시장 점유율(5%)은 지난해(16%)의 3분의 1에도 못 미치는 수준으로 대폭 감소했다.

전문가들은 노키아가 몰락한 원인으로 2006년 6월 취임한 올리페카 칼라스부오 대표의 실책을 꼽는다. 회계전문가인 그는 경영의 첫 번째 원칙으로 '비용 관리'를 내세우면서 연구개발(R&D)을 소홀히 했다.

반면 삼성전자는 '애니콜' 브랜드로 2004년부터 휴대전화 시장 세계 2위를 유지하며 좋은 실적을 낼 때도 특유의 '위기경영'으로 기술개발에 주력했다. 2007년 6월 애플 '아이폰'이 나오자 스마트폰 개발에 모든 역량을 총동원했다. 2010년 전략 스마트폰인 '갤럭시S'를 출시해 7개월 만에 1,000만 대를 팔았고, 지난해 후속작인 '갤럭시S2'는 5개월 만에 1,000만 대를 판매했다. 올해 내놓은 '갤럭시S3'는 5개월 만에 3,000만 대를 팔아 '스마트폰=삼성전자'라는 등식을 세계인에게 각인시켰다.

한편 삼성전자는 19일 갤럭시S3보다 화면이 조금 큰 5인치 스마트폰 '갤럭시 그랜드'를 자사(自社)의 해외 공식 블로그를 통해 공개했다. 기존 초망막 액정표시장치(TFT-LCD)대신 능동형유기발광다이오드(AMOLED)를 화면으로 썼고, 두께는 9.6mm다. 800만 화소의 카메라가 들어있다. 출시일과 가격에 대해서는 언급하지 않았다.

(2012.12.20. 동아일보)

Chapter

02

환경 분석

환경 분석

전략변화에 영향을 미치는 외부적 요인을 환경이라고 한다. 환경의 중요성 때문에 체계적으로 분석하고 진단을 함으로써 기업에 영향을 줄 수 있는 위협요인을 사전에 방지하고, 기업의 이익에 위협이 되는 요인을 제거함으로써 장기적 번영까지도 꾀할 수가 있다. 또 기회란 기업이 적절하게 대응할 경우 기업의 목표달성에 긍정적인 영향을 줄 수도 있다.

① 환경의 개념

환경분석을 통해 급변하는 산업사회에서 경쟁에 밀리지 않기 위해서는 일반환경 및 산업환경을 통한 혁신에 박차를 가해야 한다. 또한 선도기업이라도 빠른 변화 속에 환경의 불확실성이 증대되고는 있지만 이에 대처하는 전략적인 과정을 알아본다.

1) 환경 분석의 목적

우리 사회는 끊임없이 환경의 변화와 혁신을 요구한다. 국가나 사회의 변화와 혁신은 예고하지 못한 곳에서부터 시작되고, 그 과정에서 구성원들 간 수많은 마찰과 갈등을 가져온다. 현실의 변화에 적응하려는 기업과 사람들 그 변화를 받아들이지 못하면 혼돈과 쇠락의 길을 걸을 수밖에 없다. 수십 년 동안 산업을 선도해 온 이들 기업의 몰락은 매우 짧은 기간 동안 이뤄졌다. 산업의 경계가 무너지는 초 경쟁 시대에 환경의 분석을 통한 변화와 혁신을 게을리 하는 기업은 생존 자체가 어렵다. 인지 발달이론의 창시자인 장 피아제는 인간이 환경에 적응해 나가는 과정을 '동화(assim-ilation)'와 '조절(accommodation)'의 연속이라고 말했다. 시도하는 '조절'을 게을리 한다면 세상에서 영원히 퇴출당할 수도 있다. 환경 분석을 통해 하루가 다르게 급변하는 산업사회에서 경쟁에 밀리지 않기 위해서는 기업뿐만 아니라 개인도 혁신에 온 힘을 쏟아야 한다. 기업은 환경 분석을 통해 전략수립에 필요한 유용한 정보를 얻을 수 있다. 또 환경 분석을 통해 목표시장에 대한 이해를 높일 수 있는데, 구체적으로 앞으로 어떤 시장의 성장가능성이 높으며, 어떤 시장이 새로 생성되고 있는지에 관한 정보를 쉽게 얻을 수 있다. 이러한 정보는 어떤 시장에 어떤 제품을 판매하여야 할 것인가에 대한 의사 결정을 가능하게 해준다. 이런 의사결정이 바로 전략의 수립과 실행에 있어서 핵심과제이므로 환경 분석의 목적은 전략수립을 위한 첫 단계로 볼 수 있다.

2) 환경의 분류

환경은 일반 환경과 산업 환경으로 크게 구분할 수 있다. 산업 환경은 과업 환경 또는 산업 및 경쟁 환경으로 불리기도 한다.

① 일반 환경

가장 폭 넓은 의미의 환경 개념으로 기업의 제반활동과 성과에 영향을 미치는 가장 거시환경(macro environment)을 가리키며 인플레이션, 이자율, 공정거래법 등과 같이 사회의 모든 구성원, 특히 모든 산업에 영향을 준다. 그러나 일반 환경이 기업에 미치는 영향을 간접적이나 산업에 따라 다르게 나타낼 수가 있다. 일반 환경과 산업 환경은 상호 밀접하게 연관되어 있으며, 일반 환경이 미치는 영향이 매우 크다. 이유는 일반 환경의 이자율이나 통화량이 산업 환경의 산업수익률이나 수요보다 더 크게 영향을 주기 때문이다. 예를 들면, 일반 환경에는 경제적 환경, 사회적 환경, 정치적·법적 환경, 기술적 환경 등이 이자율, 통화량에 해당된다.

② 산업 환경

동일 업종에 종사하고 있는 기업들 간의 경쟁 구조를 일컫는 것으로 과업 환경 그리고 경쟁 환경이라고도 불리기도 한다. 과업 환경이란 기업의 목표 설정과 목표 달성에 관련된 영향력 있는 주변 환경 요소들을 말한다. 과업 환경은 기업마다 전통적인 업무 환경이 있기 때문에 특유의 성격을 띠고 있다. 따라서 기업마다 의사결정을 내릴 때에는 상이한 환경 요소가 반영되어 기업의 전략과 행동에 영향을 미치게 된다. 경쟁 환경은 기업과 기업 간의 경쟁관계에 놓여진 환경을 의미하는 산업이며, 대부분의 경쟁기업들이 공유하는 환경은 과업환경보다 넓은 의미의 환경일 수밖에 없다. 환경도 기업이 목표 설정과 목표 달성에 영향을 주며, 경쟁 기업들 간의 상호 이익추구에 따라 변화가 매우 커질 수도 있으며 따라서 상대적으로 시장 점유율에 큰 영향을 줄 수도 있다. 예를 들면 기존 기업 간 경쟁, 신규 진입기업의 위협, 대체품의 압력, 구매자의 교섭력, 공급자의 교섭력 등이 있다.

3) 환경의 불확실성

성공한 기업들은 자신이 처한 환경과 조화를 적절하게 잘 이루어야 가능했다. 기업의 생존법은 바로 환경이다. 선도 기업이라도 환경의 변화에 제대로 적응하지 못하면 후진 기업으로 전락하거나 우리 기억에서 사라질 수도 있다. 과거에는 대통령의 말 한마디에 기업의 생사가 좌우된 적도 있었지만, 근래 들어 기업을 둘러싸고 있는 환경은 매우 불확실해졌다. 미래에는 기업이 처한 환경의 복잡성과 빠른 변화 속도에 따라 환경의 불확실성이 증대될 것이다. 따라서 최고 경영자는 환경과 조화되는 장기 계획 수립에 있어서 많은 어려움이 예상된다. 환경이 점점 불확실해 가고 있는 과정에서 기업의 경영자는 환경의 변화와 기업의 변화 의지에 따라 다양한 전략적 태도를 취한다. 예를 들면 회피(avoid), 설득(influence), 적응(react), 기대(anticipate) 등을 들 수 있다.

- 회피는 기업과 환경에 있어서 변화하는 것 자체를 싫어하기 때문에 현실에 안주함으로써 더 이상 발전은 기대할 수가 없다.
- 설득은 기업이 변하지 않으면서, 환경은 바꾸고 싶기 때문에 정부로부터 특혜나 또는 기업의 장점을 선전한다든가 다시 로비 활동을 통해 다양한 전략을 취하는 것이다.
- 적응은 기업을 둘러싸고 있는 환경은 변하면서 선도 기업들의 벤치마킹을 적용하고 또한 비용 절감과 새로운 상황에 적응함으로써 환경의 불확실성에 대처하는 것이다.

지금까지 회피, 설득, 적응을 놓고 봤을 때 경영자로서 업무에 충실하지 않았다. 기대를 할 수 있는 경영자라면 기업이 직면하고 있는 불확실성을 적극적으로 받아들여 기업을 쇄신하고 발전적으로 이끌어 나갈 것이다.

② 일반 환경 분석

　　일반 환경은 모든 기업들에게 영향을 미치는 가장 넓은 의미의 환경으로, 기업의 목표달성과 의사결정에 영향을 주는 다양한 사회적 사건과 추세의 거시적 환경으로서 기업마다 구성하는 환경 요소가 다르게 작용한다. 특정 기업에게는 새로운 기회를 인식되는 환경 요소가 다른 기업들에게는 위협 요인으로 작용될 수 있기 때문이다. 예를 들면 인터넷 발달은 전자상거래 활성화로 전통 유통업자들에게는 사업상 위협요인이 되지만, IT업체들은 수익을 창출할 수 있는 요인이 된다. 또한 일반 환경은 수많은 요인들로 이루어져 있기 때문에 복잡하다. 이러한 복잡성을 해결하기 위해 경제적 환경, 사회적 환경, 정치적 및 법적 환경, 기술적 환경 등으로 나눈다. 따라서 일반 환경을 구성하는 요소들은 매우 유동적인 특성을 가지며 끊임없이 변화해 나간다. 그러므로 경영자들은 지속적인 환경 변화를 주시해야 한다.

1) 경제적 환경

　　경제적 환경의 주요 주체는 기업이다. 기업이 속해 있는 경제의 현황과 추세를 가리키며, 천연 자원을 포함한 물질적 자원과 함께 상품과 서비스가 유상으로 교환되는 모든 시장이 포함된다. 이러한 경제적 환경은 소비, 소득, 저축, 자본과 노동의 가용성, 물가변동 등에 반영되어 있다. 그리고 경제지수들도 경제적 환경을 대변해 주는데 대표적으로는 국민총생산, 가처분소득, 경제성장률, 인플레이션, 이자율, 저축률, 통화 공급량, 물가상승률, 실업률, 환율변동, 에너지비용, 무역수지, 경제적 부와 그 집중도, 소비자 물가지수 등이 있다. 경제적 환경의 변화는 일상적으로 발생하며, 과거부터 현재까지 경제적 불확실성이 경제적 환경에서 연속적으로 일어나고 있다. 경제적 환경이 기업에 미치는 영향은 직접적이고 가장 크다. 상품 수요의 크기와 성장률, 원료 미 중간재의 가격, 상품의 생산원가, 판매가격, 자본의 조달 가능성에 많은 영향을 준다. 따라서 내구 소비재의 경우 경기 변동에 따른 수요의 변동 폭이 상대적으로 크지만, 일상생활 용품인 치약과 같은 수요 경기 변동에 따른 영향은 크지 않다.

2) 사회적 환경

사회 문화적, 종교적, 인종적 조건에 기반을 둔 구성원들의 특성, 가치, 관습 등을 말하는 것으로써 생활양식, 소비자 행태, 인구성장률, 출생률, 평균수명, 연령별, 인구분포, 지역별 인구분포, 성별 인구분포, 일종구성, 교육수준, 건강에 대한 관심, 환경에 대한 관심, 마약 중독률 등이 있다. 또한 사회적 환경은 크게 인구 통계적 패턴의 변화, 다양한 라이프 스타일, 사회적 가치관 등으로 나눠 볼 수 있다. 인구 통계적 패턴은 사회의 인구, 연령 구조, 지역적 분포, 인종적 배합, 소득 분포 등을 의미하며, 사회 내부의 장기적 변화를 초래하는 것으로 연령구조에 있어서 노년층이 증가함에 따라 실버산업이 등장하므로 기존 산업의 규모도 변화가 일어나고 있다. 라이프 스타일은 가족구성, 일, 교육, 소비패턴, 레저 활동 등 소비패턴에 영향을 주며 기업의 의사 결정에 영향을 주게 된다. 예를 들어, 자동차 산업에서 젊은 층의 구입 비율이 증가하면서 디자인과 색상면의 변화와 광고방식, 영업에서도 새로운 변화를 가져온다. 사회적 가치관으로는 개인이나 집단의 행동 규범으로 작용하고 이들의 목적과 수단을 선택하는 데 영향을 미치게 된다. 또한 환경에 대한 관심과 여성의 사회적 참여 등은 사회적 가치관의 변화에 기인하고 있다.

3) 정치적 및 법적 환경

기업이 사회의 구성원으로서 존재하는 데 있어서 정치적 및 법적으로 환경의 변화가 기업에 미치는 영향의 중요성은 매우 컸다. 대기업과 중소기업을 불문하고 기업의 모든 부문에서 정치적 및 법적 환경의 영향을 받지 않은 부문이 없을 정도였다. 정경유착은 기업이 이들 환경과 밀접한 연관을 가져왔으며 기업이 발전하는 데 있어서 단적으로 예를 들면 독점 규제, 정부의 안정성 등이 있다. 따라서 정치적 환경은 이익 단체들이 자신의 가치관과 권력을 얻고 영향력을 행사하면서 자신들의 의사를 관철시킨다. 또한 법적 환경은 기업 경영에 직·간접적으로 영향을 미치는 각종 법률과 규제 조치를 포함하며, 이러한 법률적 규제조치를 관리하고 집행하고 수행하면서 판결하는 정부기간과 법률기관을 포함하는 의미이며, 정부는 다양한 규제조치로써 요율산정, 표준제정, 인센티브 제공 등이 해당된다.

4) 기술적 환경

기술은 주로 공학, 산업 기술, 응용과학을 의미하며 기술적 환경의 변화는 기업의 연구나 행동으로 새로운 지식이 창출되거나 이러한 지식을 이용하여 새로운 제품을 만들어 냄으로써 발생한다. 기술적 환경의 변화가 지속적으로 사회적 변화를 초래하면서 사회의 모든 측면에 직접적인 영향을 준다. 기술혁신, 신제품, 기술이전, 생산자동화, 연구개발비 지출, 기술적 초점, 특허권 보호, 산업 재해 등이 사회 각 부문에 영향을 미친다. 또한 기술 변화는 산업을 재생시키거나 소멸시키기도 하고, 새로운 산업을 등장시키기도 한다. 그래서 사회제도와 사회구조도 변화가 일어나는 것이다.

③ 산업 환경 분석

산업을 같은 유형의 제품과 서로 상이한 제품을 생산하면서 기업의 수익성과 산업의 경쟁 양상을 분석하는 것이다. 그러므로 같은 제품을 생산해 내는 기업들의 경쟁이 더욱 치열하다는 것 또한 알 수 있다. 따라서 산업에서는 일반 환경보다는 산업 환경에 의한 직접적인 영향을 더 많이 받는다. 산업 환경에서 porter는 산업 내 경쟁을 유발하는 요인을 통해 기존 기업 간의 경쟁정도, 신규 기업의 진입 위험, 대체품의 위험, 구매자의 협상력, 공급자의 협상력 등 산업 구조의 다섯 가지 구성 요소에 의해 크게 작용한다. 그리고 경쟁기업·분석에서는 산업 구조도 시간에 따라 변화해 나간다는 산업 환경의 변천에 대해서도 언급하고 아울러 전략군에 대해서도 살펴본다.

1) 포터의 산업구조분석

포터 모형은 산업의 매력도 즉 수익성을 결정짓는 경쟁의 본질과 경쟁을 결정짓는 산업 구조를 분석한다. 또한 이 모형은 산업 구조와 경쟁의 동태적 본질을 파악하지 못한다는 한계를 가지고 있다. 이는 경쟁의 본질은 균형이 영원히 달성되지 않으며 산업 구조는 끊임없이 변화한다는 것을 의미한다. 이러한 분석을 바탕으로 산업의 매력도를 높이기 위해 기업이 어떤 사업 전략을 사용할 것인지 알 수 있다. 산업 구조의 구성 요소 다섯 가지는 산업 구조에 영향을 줌으로써 산업의 매력도를 높일 수 있는 일반적 수단을 나타내고 있다.

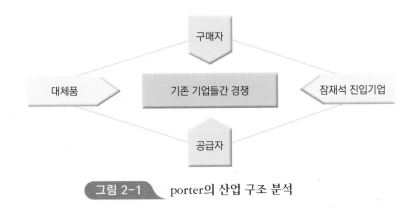

그림 2-1　porter의 산업 구조 분석

(1) 기존 기업 간의 경쟁

기업들은 상호 의존적이다. 한 기업이 경쟁상의 우위를 차지하면 상대적 경쟁기업은 매출이 감소되므로 보복 조치를 하게 된다. 기존 기업 간 경쟁은 다음과 같은 상황에서 더욱 치열해진다.

① 다수의 경쟁 기업들

경쟁기업들이 많으면 전략적 경쟁이 고조된다. 규모나 세력이 비슷하면 경쟁이 치열해지면서 상대기업의 매출이 증대되면 타 기업은 매출 감소로 이어져 경쟁이 심화될 수밖에 없다.

② 낮은 산업성장률

성장률이 낮아지면 경쟁 기업들은 시장 점유율을 높이기 위해서 경쟁이 치열하다. 경제가 불경기일 때 어느 한 기업이 매출을 높이면 타 경쟁 업체는 매출을 잠식해야 하기 때문이다.

③ 낮은 전환비용

고객은 제품의 질과 성능보다는 제품의 가격이나 서비스에 따라 선택을 결정한다. 제품의 차별화가 없을 경우 경쟁은 더욱 더 치열해진다. 또한 전환 비용이 낮은 제품의 경우 언제라도 교체할 수 있기 때문에 공급업체들 간 경쟁은 더욱 치열해진다.

④ 높은 고정 비용

전체 비용에서 고정비용이 차지하는 비중이 높은 기업일수록 고정 비용을 보전하기 위해 가격을 낮춘다. 그러면 기업 간 경쟁은 또한 치열해질 것이다.

⑤ 과잉 생산 능력

기업이 제품 생산 시설을 늘리면서 제품 단위 당 원가를 낮추면서 여기에 동참하는 기업이 많을 경우 수요보다 공급이 과잉되어 가격의 저하와 이에 따른 부작용이 발생한다.

⑥ 높은 철수장벽

기업이 종사하는 산업에서 이탈하는 것을 어렵게 만드는 요인을 말한다. 철수장벽이 높은 경우, 기업은 큰 손실을 보지 않는 한 기존의 사업을 계속 할 것이다. 예를 들면, 정부의 철수규제, 기존 사업에 대한 경영층의 지나친 애착, 과도한 해직 수당, 전문화 된 자산, 사업단위 간 상호연관성 등이 여기에 해당된다.

⑦ 다양한 경쟁 기업들

기업마다 제각기 독특한 기업 문화가 있다. 서로 상이한 경쟁 방안으로 사업 상 충돌하거나 서로의 영역을 침범하기도 한다. 특히 해외 경쟁기업들의 산업 참여로 경쟁은 더욱 심화될 것이다.

(2) 신규기업의 진입위협

새로운 신규 진입 기업이 기존 기업들의 시장 지위를 급속히 잠식하거나 혁신을 통해 공정 기술을 변화시킨다면 기존 기업에게는 상당히 위협적인 요소가 되기 쉽다. 또한 기존 기업들은 신규 기업의 진입 위협으로 인해서 만약에 산업의 수익성이 낮다면 광고 선전과 충성도가 높은 고객들을 대상으로 진입 장벽을 높일 수가 있을 것이다. 그러나 새로운 산업에 참여를 어렵게 만든다는 것을 진입 장벽이 높다는 것이다. 때문에 신규 진입이 어려워진다는 것은 산업 내 기존 기업들이 계속해서 높은 이익을 얻게 된다는 것이다. 진입 장벽을 구성하는 요소들을 열거 해 본다.

① 규모의 경제

총 생산량이 일정기간 동안 대량 생산할 때 제품원가가 하락한다는 것이며, 이 같은 영향으로 큰 산업일 경우 신규 기업의 진입이 어렵다는 것이다. 기존 기업들과의 경쟁을 하려며 대규모 시설을 갖추어 규모의 경제를 갖추어야 하는데 만약에 소규모로 진입할 경우 비용 상의 불이익을 감수할 수밖에 없기 때문에 성공적으로 산업에 진입하기가 어렵다.

② 제품 차별화

선발 기업들은 상표인지도 및 선전이나 고객서비스로 충성도가 높은 고객들을 확보한 경우이다. 선발 기업은 시장 장악력이 뛰어난 반면에 신규진입 기업은 초기에는 많은 비용과 시간을 요할 뿐만 아니라 실패하면 큰 손실을 보게 되며, 높은 제품 차별화가 진입 장벽으로 작용한다.

③ 필요자본

진입 장벽이 형성되어 있는 상황에서 새로운 산업에 진입하여 경쟁하기 위해서는 많은 자본 투자를 필요로 한다. 특히 광고, 연구 개발비 등 모험적이고 회수 불가능한 선행 투자의 성격을 띠고 있을 때 진입 장벽은 더욱 높아진다.

④ 전환 비용

전환 비용이 높은 경우 신규 진입 기업으로서는 비용, 성능 면에 많은 투자를 통한 개선을 해야 구매자의 전환을 얻어낼 수 있다. 소비자들이 전환 비용 때문에 타 제품의 사용을 꺼리는 경우는 없어야 하겠다.

⑤ 유통경로 접근

기존 기업들은 이미 유통망을 확보해 높은 상태에서 신규 진입 기업은 기존 기업들이 장악하고 있는 유통망에 접근할 수 없기 때문에 진입장벽이 높다. 따라서 신규 진입 기업은 가격 파괴, 홍보물품 지급 등을 통해서 유통망에 침투해 들어갈 수밖에 없기 때문에 이로 인하여 기업의 이윤을 낮추는 결과를 가져온다. 특히 도·소매 유통경로는 기존 기업들이 확고하게 잡고 있어서 불가능하다. 기존 유통망은 포기하고 새로운 유통 경로를 개척한다.

⑥ 원가 우위

기존 기업들은 비용우위를 가지고 있기 때문에 신규 진입 기업들이 모방할 수 없다. 이 또한 진입장벽이 형성된다. 독점적 생산기술, 원료획득 용이성, 유리한 입지조건, 정부의 보조, 학습 경험 곡선 등이 포함된다.

(3) 대체품의 위협

타 제품과 동일한 기능을 갖추고 있거나 유사한 용도에 쓸 수 있는 제품을 대체품이라 한다. 따라서 모든 기업들은 그 대체품을 생산하는 기업과 경쟁 관계에 있다고 말할 수 있다. 그러나 대체품이 가격, 효능 측면에서 우위성을 가질 경우 그 산업의 잠재수익률이 낮아 메리트가 없어진다. 아울러 전환 비용이 낮은 대체품은 산업에 영향을 크게 미칠 수 있다. 설탕을 대체한 뉴트라스위트(Nutrasweet)가 대표적인 예이다.

(4) 구매자의 협상력

구매자의 협상력을 결정하는 것은 구매자들이 얼마나 가격에 민감한가 또는 공급자에 대한 구매자들의 상대적인 협상 능력 등이다. 제품 차별화가 심할수록 구매자는 가격에 민감하지는 않지만, 차별화되지 않은 제품인 종이나 철강 제품, 메모리형 반도체 등은 구매자들이 어느 특정 회사 제품에 대해 브랜드 충성도를 갖고 있지 않으므로 싼 가격의 제품으로 대체하려고 한다. 그러나 어떤 특정 부품이 제품의 품질을 결정하는 데 중요한 역할을 한다면 소비자들은 특정 부품은 비싼 가격을 지불하고서라도 구입할 것이다. 따라서 구매자의 협상 능력은 구매자의 공급자에 대한 상대적 크기가 중요한 요소가 될 때, 구매자들이 공급자의 제품, 가격, 비용 구조에 대해 보다 자세한 정보를 가질수록 구매자의 협상력은 강해진다. 그리고 구매자들이 공급선을 바꾸는데 전환 비용이 든다면 구매자의 교섭력은 떨어지며, 수직적 통합을 할 수 있는 경우 구매자의 협상력은 훨씬 강화된다. 아울러 구매자가 공급자보다 더 큰 기업일수록, 구매자의 금액의 크기가 공급자의 매출에서 차지하는 비중이 클수록, 구매자가 훨씬 가격에 민감할수록 공급하는 기업의 수익률은 낮아진다. 고객인 구매자들은 가격, 품질, 서비스에 만족을 얻기 위해 기업들 상호 간에 경쟁을 붙인다. 구매자의 교섭력이 강화되려면 먼저 구매자가 공급자 시장에서 큰 비중을 차지하는 경우, 공급자를 전환하는 비용이 적게 드는 경우, 구매자의 이윤이 낮아 구입 가격에 민감한 경우, 구매자가 시장 수요 및 가격, 공급자의 원가 구조 등을 훤히 알고 있는 경우 등이 있다.

(5) 공급자의 협상력

강력한 구매자가 협상력을 행사하여 가격을 낮춤으로써, 공급자로부터 이익을 빼앗을 수 있는 것처럼 공급자들도 자신의 협상 능력이 강할 때 가격을 높임으로써 자신의 이윤의 폭을 넓힐 수 있다. 구매자의 협상능력을 분석하는 데 사용된 똑같은 요인들이 공급자의 협상능력을 결정한다. 제품이 덜 차별화되고 일상재화가 될수록 공급자의 구매자에 대한 상대적 협상력은 떨어지고 공급자의 이윤은 점차 낮아진다. 노동조합 역시 노동 서비스를 공급 하는 노동자들의 단체 교섭력을 높여 구매자인 기업으로부터 더 많은 이익을 얻어내기 위한 조직이다. 공급자는 공급제품의 가격은 높이고 품질을 낮춤으로써 산업에 영향을 준다. 공급자의 교섭력이 강화되려면 첫째, 공급자가 여러 산업에 걸쳐 판매하고, 특정 산업에의 판매가 중요한 비중이 아닐 경우 둘째, 공급 제품이 구매자의 사업에 중요한 투입요소인 경우, 셋째, 공급 제품이 차별화 되어 있거나 다른 제품으로 전환비용이 많이 드는 경우, 넷째, 공급자가 직접 고객들과 거래할 가능성이 있는 경우이다.

(6) 산업 환경의 변천과 제품 수명 주기

산업 환경의 변천 과정에 관하여 가장 대표적인 이론이 제품수명주기론(product

life-cycle theory)이다. 우리가 생산해서 쓰는 상품들도 생물처럼 수명이 있다는 이론이다. 130년이나 된 카메라 필름의 대명사 코닥이 파산했다. 누적 적자로 인해 더 이상 버티기 어려운 상황이 됐기 때문이다. 한 때 90달러까지 갔던 주가는 1달러에도 훨씬 못 미치는 수준이 됐다. 이는 디지털 카메라의 등장으로 필름이 필요 없어졌기 때문이다. 이 이론에 따르면 상품은 도입기(introduction), 성장기(growth), 성숙기(maturity), 그리고 쇠퇴기(decline)의 과정을 겪는다는 것이다. 하나의 제품은 사회적 수요와 기술 수준에 따라 아이디어가 탄생하고 상품으로 구체화 된다. 이것이 도입 단계다. 도입 단계에서 상품으로서의 경제적 가치가 확인되면 시장 수요가 늘면서 성장의 단계로 접어든다. 기업의 생산은 늘고 이윤도 점차 커지게 된다. 그렇게 되면 시장에 참여하는 기업들이 하나둘씩 증가하면서 경쟁이 치열해지고 마침내 시장 참여 기업들의 매출이 점차 감소하는 쇠퇴의 단계를 맞이하게 되는 것이다. 제품수명주기론은 경영학에서 단계별로 변화하는 수요에 대응에 어떠한 마케팅 전략을 강구할 것인가와 관련하여 많이 알려져 온 모형이다.

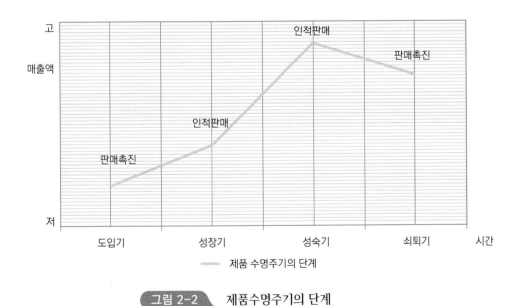

그림 2-2 제품수명주기의 단계

표 2-1 제품수명주기 단계별 경쟁적 특징[1]

	도입기	성장기	성숙기	쇠퇴기
기술	고	중	저	저
규모의 경제	저	중	고	고
상표충성도	저	저	고	고
가격경쟁	저	저	고	고
전반적 경쟁	저	저	고	고

표 2-2 제품 수명 주기에 따른 기업의 전략 경쟁 성과[2]

	도입기	성장기	성숙기	쇠퇴기
구매자 및 구매자 행동	- 고소득구매자 - 확신에 찬 구매자	- 구매집단의 확산 - 균일하지 않은 품질의 수용	- 대중소비 - 시장포화 - 반복구매 - 상표차별화	-까다로운 구매자
제품 및 제품변화	- 열악한 품질 - 비규격 제품 - 잦은 디자인 변경 - 기본적인 제품	- 기술적 제품 차별화 - 제품 개량 경쟁 - 좋은 품질	- 최상의 품질 - 제품차별화의 감소 - 규격화 - 제품변화 감소 - 트레이드인 확산	- 제품차별화 소멸 - 들쭉날쭉한 품질
마케팅	- 매우 높은 판매 대비 광고비 - 높은 마케팅 비용 - 제품인지도 증대에 주력	- 높은 판매 대비 광고비 - 상표인식도의 구축	- 비교적 낮은 판매 대비 광고비 - 시장세분화 - 생산라인의 확대 - 광고경쟁	- 낮은 판매대비 광고비 및 여타 마케팅 비용
제조 및 유통	- 과잉생산 능력 - 단기적 생산 - 고도의 기술인력 - 높은 생산비용 - 전문화된 유통경로	- 과소생산능력 - 대량생산으로 전환 - 유통경쟁 - 대량 유통경로	- 적정생산 능력 - 제조과정의 안정화 - 낮은 기술인력 - 효율성의 강조 - 장기 생산계획 - 유통경로의 축소 - 제품라인의 확대로 유통비용의 증가 - 대량 유통경로	- 초과잉 생산능력 - 대량생산 - 특수 유통경로

---

1) 박준용(2008), 전략경영, 청람.

2) 박준용(2008), 전략경영, 청람.

연구개발	- 생산기술의 변화			
무역	- 소량수출	- 대량 수출 - 대량 수입	- 수출 감소 - 수입 증가	- 대량 수입
종합 전략	- 시장점유율 증대의 호기 - 연구개발 및 기술 증대에 주력	- 가격조정 및 품질 이미지 개선의 적기 - 마케팅에 주력	- 경쟁력 원가구조 확보에 주력 - 마케팅 효율화에 주력	- 원가 통제에 주력
	- 소수의 기업들 - 제한된 경쟁 - 제품위주 경쟁	- 신규진입기업 증대 - 다수의 경쟁기업들 - 잦은 합병	- 가격경쟁 - 경기진정 - 자체상표의 증가	- 퇴출기업 증대 - 경쟁기업의 감소
위험성	- 높은 위험	- 위험 감수	- 주기적 위험	
수익성	- 높은 가격 / 이윤 - 낮은 수익 - 비교적 낮은 가격 탄력성	- 상당히 높은 가격 - 높은 수익 - 인수합병 성행	- 가격 / 이윤의 저하 - 수익의 저하 - 시장점유율 및 가격구조의 안정화 - 인수합병 퇴조	- 낮은가격 / 이윤 - 낮은 수익

2) 환경 분석

기업이 환경 변화에 대처하고 치열한 경쟁에서 살아남으려면 환경의 변화를 분석하여 이에 효과적으로 대처해 나아가야 한다. 경영자는 효과적인 환경 분석이 되기 위해서는 기업에 지대한 영향을 미치는 환경 요소들을 찾아내고, 적절한 환경 분석을 통해 전략 수립 과정에 반영한다. 또 기업의 환경 예측은 다양하나 실제적인 분석 방법에는 단순예측분석방법(STA : simple forecasting and analysis), 영향분석방법(IAM : impact and analysis method), 델파이방법(DM : delphi method), 시나리오방법(ST : scenario technique) 등이 있다. 이 분석 방법에 대해 살펴본다.

(1) 단순예측분석방법

① 단순추세분석방법

단순추세분석방법(STA : simple forecasting and analysis)은 기업들이 가장 많이 사용하는 분석 기법이다. 국제 환경의 일관성과 천천히 변화할 경우에 맞는 분석 기법이다. 따라서 과거의 일관성 있는 역사적 사건들을 가지고 미래를 예측할 수 있다. 기업의 과거와 현재의 환경을 고려하여 자료를 통해서 미래를 예측하고 분석하는 기법이다. 이 방법은 산업 환경 변화에 영향을 미치는 변수들이 정확하고 변화패턴이 일정한 경우에 유효하다.

② 분해분석방법

분해분석방법(DAM : decomposition analysis method)은 특정 산업과 환경 등 해당 분야를 분야별로 분석 또는 분해하여 자료를 가지고 미래의 산업 환경을 예측하고 분석하는 것이다. 또한 신규수요예측, 추가수요예측, 대체수요예측 등 수요 부문을 분해하고 분석하는 방법이다.

(2) 영향분석방법

① 상호영향분석

산업 상호 간에 연관성을 가지고 예측·분석하는 방법이 상호영향분석(cross-impact analysis)이다. 수요예측과 변수를 기본으로 해서 영향력을 행사하는 요인의 원인 분석을 통해서 변동 및 증감 현상을 정확하게 파악한 후, 실제 가능성을 확률로 분석, 예측하여 확률이론과 통계기법에 따라 계량적 분석을 해야 한다.

② 영향행렬분석

영향행렬분석(impact matrix analysis)은 환경 분석과 예측 분석과정을 체계화하여 평가 자료를 제공하며 이 방법은 순차적인 절차가 필요하다. 따라서 필요정보 분야 (information-need area)의 결정이라는 것은 기업 사업 단위에 영향 요소별로 구성되는 정도 등을 결정한다. 그리고 전략사업단위(strategic business unit)의 사업 단위와 설립 가능한 사업 단위가 전체 기업 전략에 어떤 영향을 미치는가를 분석하여 부정적인 영향과 긍정적인 영향의 정도를 결정한다. 이상과 같은 영향행렬분석은 필요 정보 분야와 사업단위가 설정되면 이를 연결시켜 영향행렬표(impact matrix)를 작성하게 된다.

(3) 델파이방법

델파이방법(Delphi method)은 전문가집단의 합의를 도출해내는 방법으로 전문가들의 의견을 상세히 수집하고, 이와 관련지어 관련 전문가들이 익명으로 검토하여 그리고 전문가들은 합의에 도달할 때까지 각자의 의견을 수정할 수 있는 기회를 가진다. 이 기법은 비용, 시간이 많이 드는 단점이 있다. 그러나 정치, 사회적 문제에 대한 예측이 필요할 때는 매우 유용하게 쓰인다.

(4) 시나리오 플래닝(7단계)

시나리오 계획은 기업에 있어서 미래가 어떤 모습으로 펼쳐질지 또는 기업에 전략 결정의 수단으로서 시나리오를 작성해 봄으로써 보다 포괄적이고 종합적인 환경 예측이 가능하며 기업이 처한 크고 작은 문제를 해결하는 데 목적이 있다. 따라서 시나리오 방법은 미래를 예측하고 분석하는 과정에서 비판적이거나 비현실적인 경우에 대비해서 3~4개 정도의 전략 대안의 시나리오가 작성되는 것이 적절하다. 이렇게 작성된 시나리오는 경영전략에 따라 차이는 있지만 예측 기간은 5년 정도가 관례이다.

① 핵심·이슈

회사에서 제기되는 이슈를 전략적으로 중요하게 다루면서 시나리오 플래닝을 통해 문제 해결, 의사결정 등을 통해 알아내는 것이 핵심 이슈다. 핵심 이슈를 선정함과 동시에 전통적인 거시환경 분석, 산업 환경 분석, SWOT 분석 등과 같이 좁은 범위에서 벗어나 더 넓은 미래의 영역으로 사고의 폭을 확장시키는 것이 필요하다. 핵심·이슈를 통해 시나리오가 도출될 미래의 폭 설정과, 대응전략의 범위까지 초점을 맞추게 되며, 기업의 미래를 위한 중요한 사안이기 때문에 반드시 경영진들을 비롯한 구성원들의 합의가 있어야 한다.

② 의사결정요소

의사결정요소(Decision factor)에 영향을 미치는 것이 외부 환경 요소이다. 일반 기업의 의사결정은 보통 시장의 크기, 성장률, 원부자재 가격 추이, 대체 제품의 잠재력, 경쟁사의 신규라인 증설 등 일반적인 사항을 알아야 하듯이 제일 먼저 알아야 하는 것이 의사결정요소인 것이다. 따라서 기업이 통제할 수 없는 외부적인 요소로서 의사결정요소를 도출하기 위해서는 기초자료 조사를 거쳐서 의사결정요소를 찾고, 토론을 통해서 최종적으로 확정하는 과정을 거치게 된다.

③ 변화 동인

변화 동인(Change driver)은 미래가 어떤 동력에 의해 변화되고 있는지 그 속에 어떤 불확실성이 내재되어 있는지 파악하는 단계이며, 의사결정요소 중 하나가 김치 냉장고의 시장 성장률이라고 한다면, 여기에 영향을 미칠 수 있는 소비자들의 입맛 변화나 김치연구 결과와 같은 환경 변수들이 바로 변화 동인인 것이다. 변화 동인이 의사결정요소의 향방에 영향을 미치고, 의사결정요소는 다시 핵심 이슈에 영향을 미치는 것이다. 결국 핵심적인 변화 동인이 무엇이냐에 따라 시나리오가 결정된다. 또한 변화 동인을 규명하는 작업은 시장이 작동되는 원리와 메커니즘을 이해하고 각 의사결정요소에 조금이라도 영향을 미칠 만한 변수들을 탐색해야 하기 때문에 상당한 시간과 노력이 요구된다.

④ 시나리오 도출

시나리오 도출을 위해서는 변화 동인을 평가하여 핵심이 되는 변화 동인을 추출해 내고, 그것을 토대로 시나리오를 수립하는 것이다. 변화 동인의 영향도와 불확실성 이라는 두 요소를 평가한 후 가장 영향력이 크고 가장 불확실한 것이 시나리오에 필 요하고 의미가 있는 변화 동인인 것이다. 이를 토대로 만든 4개 내외의 시나리오를 작성하는 것이 적합하다.

⑤ 시나리오 작성

미래의 이야기들을 서술하는 과정에서 긴급함과 중요성, 구성원들에게 미칠 효과 등을 고려해 적절하게 설정해야 한다. 시나리오를 작성함으로써 현재의 사업과 미래 의 사업 방향에 그 시나리오가 어떠한 영향을 줄 것인지 모든 구성원들에게 명확한 이미지로 인식시킬 필요가 있다. 시나리오 작성을 하는 절차는 변화 동인들 간의 인 과 분석이다. 인과 분석을 실시하고 이를 토대로 시나리오 줄거리를 잡은 다음, 미래 에 펼쳐질 이야기를 가능한 구체적으로 서술해야 한다. 그리고 나서 시나리오 형식 이 결정되면 이어서 시나리오를 쓰기 시작하면 된다.

⑥ 대응 전략

시나리오가 현실화되었다는 가정 하에 미래가 우리에게 어떤 기회를 부여하고 위 협을 가해올 지, 논리적인 사고를 통해 고찰해서 기회를 최대한 활용하고 위협을 최 소화하기 위한 전략 대안을 파악하는 것이다. 전략 대안은 외부의 요소가 아닌 기업 내에서 통제할 수 있는 요소만 구성해야 한다. 대응 전략을 수립하기 위한 절차로는 첫째, 시나리오 시뮬레이션이다. 시나리오가 현실화되었다고 가정하고 기업을 둘러 싼 여러 이해관계들 사이에 어떤 일들이 벌어질 것인지 상상해 본다. 그래서 미래의 상황이 어떤 기회 요소가 있는지, 위협 요소가 있는지 균형감 있는 시각으로 파악하 게 되는 것이다. 둘째, 일반적인 전략 요소로는 제품 및 서비스의 전개 수준, 목표 고 객, 기술 포지션, 지리적 위치 투자 수준, 핵심 파트너에 대한 것들이다. 전략 요소의 상태에 따라 수많은 대안들을 도출해 낼 수 있다.

셋째, 적합도 판단 기준들도 서로 비슷하게 중요도가 같아야 하며, 일반적으로 투자해야 할 자본의 크기, 비용의 최소화, 연계성, 고객만족, 제고 가능성, 예상 리스크의 최소화 등을 적합도 판단 기준으로 활용한다.

넷째, 적합도 평가에서 주의할 점은 시나리오를 망각한 채 현재의 상황 하에서 적합도를 평가하게 되면 특정 시나리오에서 적합한 대안이 될 수 있지만, 다른 시나리오에서는 부적절하게 판단될 수 있어 문제가 생길 수 있다.

다섯째, 최적의 전략 대안은 절대적인 전략이 아니고 최선의 전략이다. 시나리오의 발생 확률이 미래로 갈수록 끊임없이 변하기 때문에 항상 환경 변화에 촉각을 세워 새로운 대안을 준비해야 한다.

⑦ 모니터링

비즈니스의 세계에서 시간과 특히 정보를 누가 먼저 지배하느냐가 승패의 핵심 요소이다. 기업을 둘러싼 환경이 어떤 양상으로 펼쳐지는지, 새로운 변수로 미래의 시나리오가 달라질지 모니터링을 함으로써 특정 시나리오의 발생 징후를 먼저 파악한다. 따라서 모니터링의 중요성을 살펴보면 첫째, 시나리오 플래닝을 지표로 삼아 어떤 미래의 모습이 다가올지 위기를 식별하는 능력이 있어야 한다. 둘째, 모니터링을 통해서 플래닝의 상황이 닥쳤을 때, 적합한 의사결정을 실천할 수 있어야 한다.

셋째, 행동을 보이는 것이다. 적절한 타이밍에 올바른 의사결정을 가지고 실천하는 것이다. 그래서 모니터링을 시나리오 플래닝을 통해 위기 경영 체계를 완성하기 위한 중요한 단계가 되는 것이다.

3) 환경진단

환경 분석이 끝나면 미래를 예측하는 환경 진단이 꼭 필요하다. 전략 수립가는 환경으로부터 기회와 위협을 진단하는 데 있어서 경험이 많은 경영자라면 정확하게 진단을 하기 때문에 좋은 결과를 가져온다. 경험이 적은 경영자라도 욕구 수준이 높으면 동기가 부여되기 때문에 진단은 좀 더 나아진다. 긴장을 완화시키는 상황을 만들 수도 있다. 또한 기업이 환경을 예측하는 데 있어서 충분한 자원이 있다면 보다 더 효과적인 면에서 환경을 분석하고 진단할 수 있을 것이다.

4) 전략군 분석

한 산업에 종사하면서 상호 경쟁관계에 있는 기업들을 동일한 부류로 간주할 수 없다. 기업들에게는 각각 규모나 자원, 기량, 생산기술, 유통경로, 제품 등 서로 다른 기업 문화의 속성을 가지고 있기 때문이다. 따라서 동일 업종이라도 서로 경쟁관계에 있는 것은 아니다. 예를 들면 중저가 의류와 고급 의류를 취급하는 기업이 다르다면 이들은 서로 경쟁 관계에 있는 것이 아니기 때문에 경쟁하는 기업들만 따로 모아서 분석해야 하므로 따라서 전략군 분석이 필요한 것이다.

(1) 전략군의 개요

전략군(strategic group)은 상호 경쟁 상대이면서 유사한 전략을 사용하는 기업집단들이다. 이들 기업들은 하나 이상의 전략군으로 구성되어 있으며, 동일 전략군에 속하는 기업들의 전략이 유사하기 때문에 고객을 유치하기 위해 서로 경쟁이 치열해지기 쉽다. 따라서 기업의 수익성과 관련된 사항이기 때문에 경영자는 노력을 많이 해야 한다. 상이한 전략군들은 포터의 산업 구조 분석 모델에서 각각 다른 위치에 점하고 있다. 따라서 전략군에 따라 포터의 다섯 가지 경쟁유발요인들의 강도가 서로 다르다. 즉 단일 산업소 내에서도 전략군에 따라 상대적으로 기회요인이 많고 위협 요인이 적은 경우라면 이러한 전략군에 대해서는 외부 기업의 신규기업 진출이 늘어날 수 있다. 특정 산업 내 전략군들은 [그림 2-3]과 같이 좌표에 표시할 수 있다. 좌표의 2차원적 특성상 좌표측은 두 개로 제한되어 있다.

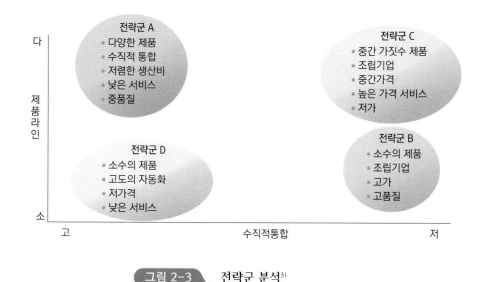

다

제품라인

소

고　　　　　　　　　수직적통합　　　　　　　　저

전략군 A
- 다양한 제품
- 수직적 통합
- 저렴한 생산비
- 낮은 서비스
- 중품질

전략군 C
- 중간 가짓수 제품
- 조립기업
- 중간가격
- 높은 가격 서비스
- 저가

전략군 D
- 소수의 제품
- 고도의 자동화
- 저가격
- 낮은 서비스

전략군 B
- 소수의 제품
- 조립기업
- 고가
- 고품질

그림 2-3　　전략군 분석[3]

(2) 전략군과 이동장벽

어떤 산업에 진입하고자 할 때 진입 장벽이 있듯이 기업의 전략군 간 이동을 억제하게 만드는 이동장벽(mobility barrier)이 생기게 된다. 이동 장벽의 높이는 자본 요구량, 규모의 경제, 전환 비용, 제품 차별화, 유통채널에의 접근성 등에 의해 좌우된다. 이러한 이동 장벽은 전략군 내부의 기업들을 외부의 경쟁으로부터 보호해 주는 역할을 하면서 지속적인 경쟁 우위를 누릴 수 있도록 해준다.

3) 박준용(2008), 전략경영, 청람.

그림 2-4   전략군 지도

💡 요약

우리 사회는 끊임없이 환경의 변화와 혁신을 요구한다. 산업의 경계가 무너지고 초경쟁 시대에 환경의 분석을 통한 변화와 혁신을 게을리 하는 기업은 생존 자체가 어렵다. 환경에는 일반환경(경제적 환경, 사회적 환경, 정치, 기술적 환경)과 산업 환경(기존 기업 간 경쟁, 신규진입기업의 위협, 대체품의 압력, 구매자의 교섭력, 공급자의 교섭력)이 있다. 따라서 성공한 기업들은 자신이 처한 환경과 조화를 적절하게 잘 이루어야 가능했다. 아울러 제품 수명 주기표에서 우리가 생산해서 쓰는 상품들도 생물처럼 수명이 있다는 이론이다. 이 이론에 따르면 상품은 도입기(intro duction), 성장기(growth), 성숙기(maturity) 그리고 쇠퇴기(decline)의 과정을 겪는다는 것이다. 또 기업의 환경 예측은 다양하나 실제적인 분석 방법에는 단순예측분석방법(STA), 영향분석방법(IAM), 델파이방법(DM), 시나리오방법(ST) 등이 있다. 또한 전략군 분석에서 동일 전략군에 속하는 기업들은 전략이 유사하기 때문에 경쟁이 치열하나 상이한 전략군들은 포터의 산업구조 분석 모델에서 각각 다른 위치에 정하고 있어서 경쟁 유발요인들이 강도가 서로 다르다는 것이다. 그리고 전략군 내부의 기업들을 외부의 경쟁으로부터 보호해 주는 역할을 이동장벽(mobility barrier)이 해주는 데 이동장벽의 높이는 자본 요구량, 규모의 경제, 전환 비용, 제품 차별화, 유통채널 등 지속적인 경쟁 우위를 누릴 수 있도록 해준다.

토의 과제

1. 환경의 변화와 혁신의 중요성을 토의하시오.

2. 일반 환경과 산업 환경에 대해 설명하시오.

3. 제품수명주기론에 대해서 설명하시오.

4. 전략군 분석에서 동일 전략군과 상이한 전략군에 대해 설명하시오.

고객만족 위해선 쓴 소리 청하라

외국계 기업은 사회 초년생들에게 동경의 대상이다. 하지만 막상 일해 본 사람들은 이곳이 '화려함'과는 거리가 멀다고 말한다. 한국은 시장의 절대규모가 크지 않아 본사에선 시장이 작다고 무시하기 일쑤이고, 한국에선 국내 대기업들이 버티고 있다. 이 틈바구니 속에서 외국계는 고달프다. 이런 외국계 기업에서, 상고 출신으로 35년간 살아남은 한국인이 있다. 이 중 18년은 한 회사에 있었고, 그중 13년을 지사장으로 살았다. 김효준 BMW그룹코리아 사장 이야기다. BMW그룹 독일 본사에서도 그는 임원이다. 올해는 전 세계 임원 중에서 가장 좋은 평가를 받아 '챔피언 오브 더 이어(Champion of the Year)' 자리에까지 올랐다.

노르베르트 라이트호퍼 BMW그룹 회장을 비롯한 최고경영진들은 그에게 '경쟁자보다 두 걸음 앞서 있다', '모든 부분에서 선도적이고 모범이 된다'는 평가를 했다. 덕수상고에서 숫자를 배워 졸업하자마자 직업 세계에 뛰어들었고, 주특기를 살려 MBA 출신이나 하는 것으로 여겼던 최고재무책임자(CFO) 자리를 거머쥐었으며, 13년간 사장 자리를 지킨 사람. 그를 지난 8일 서울 남산 스테이트타워에 위치한 BMW그룹코리아 사무실에서 만났다. 김 사장은 자신의 성공을 '운'과 '호기심'에서 찾았다. 그의 표현대로 '가진 것이 없고', '배움이 짧았기에' 무엇이든 관심을 갖고, 호기심을 가지면서 일해 창의적으로 일하는 방법을 찾아냈다는 것이다.

– 가장 성공한 외국계 기업의 한국인 지사장이라는 평가가 있다.

▶ 운이 좋았던 것 같다. 1995년 BMW코리아에 합류했을 때부터 지금까지 회사를 지켜온 좋은 사람들이 많았고, 수입차 사업에서 핵심적인 좋은 딜러도 있었다. 수입차 시장의 급격한 변화도 나에겐 득이 됐다. 욕심을 좀 더 부리면 시장을 예견하고, 선도하며 새로운 고객을 찾을 수 있는 기회가 있기 마련이다. 덕분에 13년 동안 사장 자리에 있으면서 나름 '성공했다'는 평가를 받을 수 있었던 것 같다.

– 1995년 BMW코리아에 재무담당 부사장으로 입사했다. 아직까지 대부분 외국 기업 CFO는 본사 파견 외국인이라는 점에서 이례적이다.

▶ 덕수상고가 말 그대로 상업학교다 보니 경리, 세무, 회계, 재무 등 여러 가지를 배

울 수 있었고, 이를 살려서 졸업 후 이쪽 일을 쭉 해왔다. 내가 가진 가장 큰 장점 중 하나가 호기심이 많다는 것이다. 학문적 배경이 짧다 보니, 어떤 분야든 호기심을 갖고 배우는 자세로 내 업무 밖의 일에 관심을 갖고 열심히 했다. BMW 전에 다니던 신텍스라는 미국계 제약회사에선 나를 두고 '다양한 실무 경험이 있다'고 했는데, 이건 학문적 바탕이 짧아 몸으로 많이 부딪쳤기 때문이다. 재무를 하는 사람이 이런 배경을 갖고 있으니 외국 기업 입장에선 상당히 신기하고, 또 그것이 장점으로 느껴진 게 아닐까 한다.

- 통상 한국 지사장들이 본사의 매니저급인 것과 달리 본사의 정식 '디렉터', 즉 임원을 맡고 있는데.

▶ 원래 본사 임원이 되려면 두 군데 이상 시장에서 성과를 내야 한다는 BMW그룹만의 룰이 있었다. 나는 한국에서만 일을 했으니, 아예 자격요건이 안 됐다. 그런데 BMW그룹이 나 때문에 이 규정을 바꿔주더라. 18년을 한 시장에만 있는 사람은 BMW그룹에서도 내가 유일하다. 물론 여러 시장을 경험하는 것도 중요하지만, 한 시장에서 최소 5년 이상 경험을 쌓아 전문성을 기르는 것도 중요하다고 본다.

- 본사와 지사 간의 커뮤니케이션, 갈등 조정은 어떻게 하는가.

▶ '기업의 성장'은 본사와 지사의 공통목표지만, 지사장은 한발 더 나아가 이 나라에서 플러스 알파를 만들어내겠다는 생각을 해야 한다. 본사에서 처음엔 이런 시도를 의심스럽게 볼 수 있다. 하지만 성과를 내면 그 다음부터 믿어주게 마련이다. 나에겐 차를 많이 파는 것도 중요했지만, BMW라는 외국 기업이 한국 사회가 추구하는 가치를 존중하고, 그 가치를 배가시켜야 한다고 생각했다. 고객과 기업이 함께하는 사회공헌을 위해 'BMW미래재단'을 만든 것, 100인의 고객평가단을 만든 것, 어린이 교육을 위한 주니어캠퍼스를 만든 것, 이런 것들은 이 업계에서도 최초지만, BMW그룹 본사에서도 최초의 일이다.

- 본사에서 반대는 없었나.

▶ 왜 없었겠나. 본사에서도 '이걸 왜 해야 하냐', '이게 되겠냐'는 우려가 많았다. 특히 100인의 고객평가단 구성 때 그랬다. 나는 '사즉생(死卽生)'을 떠올렸다. 지극히 한국적인 사고방식인데, 죽으려고 하면 산다는 정신이었다. 우리는 항상 고객

만족을 이야기하는데, 그 평가는 고객이 아니라 우리가 한다. 우리는 이만큼 하고, 경쟁사에 비해 이만큼 잘했으니 됐다는 식이다. 고객에게 우리를 평가해 달라고 하고 백서를 만드는 건 '죽을 각오'를 한 것이나 다름없었다. 얼마나 신랄한 평가가 나오겠나. 하지만 '나를 죽여서' 다시 출발할 수 있다면 그게 모든 회사들이 말하는 진짜 고객만족이다. 처음엔 반대했던 본사 임원들도 이제는 오히려 다른 나라에 이런 제도를 도입하겠다고 했다.

– 한국이 시장이 작다 보니 제대로 말이 안 먹히는 경우도 없지 않았을 것 같은데.

▶ 그런 적도 있었다. 그러나 지금은 아니다. 본사에서는 각 국가에 '목표'를 준다. 그러면 보통 지사는 그 목표에 충실하거나, 그 목표도 힘들다고 하며 하향조정을 한다. 하지만 BMW코리아는 언제나 본사에서 준 목표 이상을 하겠다고 했다. 2000년에 BMW의 최고급 세단 7시리즈가 나왔는데, 한국에 600대를 배정하겠다고 본사에서 그랬다. 나는 시스템 한글화만 시켜주면 1,500대 이상 팔겠다고 본사에 얘기했다. 본사는 놀라워하면서도 이를 받아들였고, 첫 해에 우리는 1,800대의 7시리즈를 팔았다.

– 외국계 회사에서 권한을 갖고, 일 처리하려면 어떻게 해야 하나.

▶ 외국계 회사라고 경영 방식이 다르진 않다. 나는 경영이 무수하게 반복되는 의사결정의 과정이라고 생각한다. 우수한 결정을 내리는 우수한 경영자를 많이 양성하는 게 핵심이다. 전문가를 최대한 많이 양성하고 이들에게 최대한 권한을 주는 것이다. 그리고 이에 따른 책임은 내가 진다.
예전에는 고객이 차를 수리할 때 이를 보증수리로 적용해야 할지, 아니면 기타로 적용해야 할지 딜러가 본사에 일일이 보고해서 허락받는 구조였다. 나는 그 권한을 딜러에게 위임했다. 그랬더니 오히려 작업강도나 비용이 줄어들더라. 믿고 맡기면서 함께 고민하는 과정이 중요하다고 본다.

(2013. 4. 20. 매일경제)

키위만으로 年 1조 5천억 매출 '제스프리'

'키위(KIWI)'. 우리는 흔히 털복숭이의 참다래처럼 생긴 과일 이름이라고 생각하지만 원래는 '뉴질랜드인'이라는 의미다. 키위의 역사는 중국을 방문했던 한 뉴질랜드 여성이 중국산 다래 종자를 들여오면서 시작됐다. 다래 종자는 개량을 통해 크기가 커지고 당도가 높은 과일로 바뀌었고, 런던 코번트가든 시장까지 건너가 팔리게 되었다. 당시에는 '차이니즈 구스베리'란 이름으로 판매됐는데, 이후 뉴질랜드인이 만든 과일이라는 의미에서 '키위 푸르츠'라는 이름이 붙여졌다. 그러다 '푸르츠'란 단어가 스르르 생략되고 뉴질랜드인과 과일 키위는 같은 이름으로 호명되게 됐다. 키위와 뉴질랜드는 뗄레야 뗄 수 없다는 얘기다.

그런 이유로 키위 하나로 연간 16억 달러(뉴질랜드 달러·1조 5,500억원)의 매출을 올리는 제스프리는 뉴질랜드의 '국민기업'으로 통한다. 매년 키위 1억 트레이(약 41만 t)를 전 세계 50개국에서 판매하고 있다.

지난 1일 뉴질랜드 타우랑가의 제스프리 인터내셔널 본사에서 만난 레인 제이거(Lain Jager) 대표는 "농가의 안정된 수입 보장과 소비자의 만족이라는 두 가지 목표를 향해 뛰고 있다"며 "이 두 가지 목표 달성을 위해 중요한 키워드는 '혁신'"이라고 강조했다.

‐ 어떤 혁신을 추구하고 있나.

▶ 농업이야말로 차세대 성장동력이 될 블루오션이다. 때문에 어느 분야보다도 연구개발(R&D)을 통한 혁신이 필요하다. 제스프리의 경쟁력은 '선도적인 제품(Leading range of product)'을 만들기 위해 맛과 품질을 지속적으로 혁신하는 데 있다. 제스프리는 뉴질랜드에 있는 원예작물연구소 플랜트앤푸드와 손잡고 차세대 품종개발에 공을 들이고 있다. 지금의 키위가 인기가 있어도 더 업그레이드 된 '미래형 키위'를 개발해야 뒤처지지 않는다. 키위 재배에 대한 연구에 매년 1,000만 뉴질랜드 달러를 투자하고 있다. 생산성을 높이고 저장성을 증대하는 개량작업도 동시에 이루어진다. 이뿐 아니라 영양성분과 맛, 껍질이나 과육 색깔까지 업그레이드 한다.

‐ 키위 신품종 개발에 시간이 얼마나 걸리나.

▶ 신품종 개발은 단기간에는 불가능하다. 농업은 '기다림'의 과정이다. 수십만 개의

종자를 접붙이기 등의 방식으로 교배하지만 맛, 품질, 저장성, 영양 등 어느 한 요소라도 기준에 맞지 않으면 상품화할 수 없다. 이런 기준을 충족시키는 제품을 탄생시키기 위해 10년 이상의 시간을 투자한다. 1만 5,000개 이상의 종자를 접목하는 실험을 하고, 접목에 성공한다 해도 2년 후에야 열매를 맺기 때문이다. 기존의 '그린키위'에 단맛을 강화시킨 '골드키위'를 만들어 내는 데는 15년이 걸렸다. 골드키위는 제스프리의 효자상품이 됐다. 그로부터 12년의 연구 끝에 개발된 '선골드'와 '스위트 그린'은 올해부터 상품화된다. '선골드'는 '골드키위'의 뾰족한 꼭지부분을 개선한 제품이다. 골드키위는 꼭지가 뾰족해 배송 중 서로 부딪혀 상처가 나는 문제점이 있었는데 외형을 둥글게 바꿨더니 제품이 망가지는 비율이 확연히 낮아졌다. '스위트 그린'은 외형은 기존 '그린키위'를 닮았지만 당도가 높고 과육이 부드러운 것이 특징이다.

– 현재 진행 중인 신품종 연구는.

▶ 키위 한 개의 비타민C 함유량이 1000㎎(1일 권장량 70~105㎎)으로 기존 키위의 10배에 달하는 신품종도 연구하고 있고, 껍질을 손으로 까거나 껍질까지 그대로 먹는 키위도 연구 중이다. 또한 딸기와 접목해 속이 빨간 키위, 매운맛이 나는 키위, 당뇨병에 좋은 키위 등 20여 종의 신품종 키위 연구가 진행 중이다.

– 어떻게 새로운 품종을 탄생시키나.

▶ 모든 연구는 유전자 조작 없는 100% 자연방식으로 이루어진다. 유전자 변형 등 좀 더 빠른 방법이 있지만 이곳에서는 암수 종자를 다양한 조건에서 교배해 '돌연변이'를 찾아내는 전통교배 방식을 고집한다. 시간이 오래 걸리지만 보다 안전한 식품을 원하는 소비자들의 욕구를 충족시키고, 지속가능한 농업을 위한 가장 선진적인 방법이기도 하다.

– 신품종 개발 외 혁신은 어떤 분야에서 이뤄지고 있나.

▶ 농가가 많은 수익을 올릴 수 있는 농사방법, 천적으로 해충을 없애는 곤충학, 키위의 저장성과 보관성을 높이는 다양한 연구가 이루어지고 있다. 지속가능성 연구도 활발하게 진행 중인데 키위에 붙이는 브랜드 스티커 라벨도 재활용이 가능한 소재로 바꿨다. 키위 껍질과 함께 땅에 버리면 거름이 된다. 키위 재배과정에서 발생하

는 폐기물과 바이오 플라스틱을 활용해 키위를 잘라 떠먹을 수 있는 나이프형 스 푼 '스파이프(Spoon+Knife)'도 개발하는 등 세심한 부분까지 신경쓰고 있다.

– 4월에 생산한 키위가 일년 내내 전 세계에 공급되는데 차별화된 품질 관리 기법은 뭔가.

▶ 생산부터 유통 등 모든 과정에 직접 참여해 생·유통 채널을 단일화 했다. 시장에 서부터 재배농장까지 제품을 역추적할 수 있는 바코드 카드를 도입해 팩 단위로 상품 추적이 가능하다. 수확기가 되면 본사가 제품의 크기와 당도 등을 체크하고 수확일정을 잡는다. 최적의 시기에 수확한 제품은 당일 팩 하우스로 옮겨져 포장 된 후 55척의 냉장 전용 선박으로 50개국에 배송된다.

또한 맛과 품질이 좋은 생산농가에는 높은 인센티브를 줘서 장려하는 정책을 쓰고 있다. 이런 농가는 가장 낮은 가격을 받는 농가와 비교했을 때 약 50% 더 높은 수 익을 올릴 수 있다.

– 제스프리의 기업 형태 역시 관심을 끌고 있다.

▶ 2600여 개 키위농가가 모두 주주로 참여하는 '기업형 조합'으로 현재 키위를 재배 하고 있거나 과거 키위를 재배할 당시 주주가 된 농가로만 이루어져 있다. 키위 재 배 농가의 경우 제스프리에 키위를 납품함으로써 판매수입과 함께 배당금이라는 부수입도 올린다. 1997년 내수시장보다 수출시장에 중점을 두고 '제스프리'란 브 랜드를 만들었다. 복잡한 유통구조를 축소하고 소비자와 산지를 직접 연결한 것인 데, 이 과정에서 키위 마케팅과 판매를 전담할 제스프리 인터내셔널이 탄생했다. 농가나 팩 하우스(패킹하는 곳) 모두 본사 소유가 아니다. 제스프리는 전 세계적으 로 직원은 290명밖에 안 되는 아주 작은 회사다. 제스프리는 농민들이 생산한 키 위를 판 대가로 받는 판매 수수료로 운영된다.

– 농가마다 이해관계가 달랐을 텐데 어떻게 기업형 농가조합이 가능했나.

▶ 60~70년대 뉴질랜드 정부는 농업과 축산업에 막대한 보조금을 지급했다. 그러나 보조금은 도움이 되기는커녕 농민 자생력을 약화시키고 정부 재정까지 발목을 잡 는 결과를 낳게 됐다. 악순환이 반복되자 뉴질랜드 정부는 80년대 들어 농가 보조 금을 철폐하는 과감한 결단을 내렸다. 정부가 이 같은 정책을 펴면서 고사위기에

놓인 키위 농가들이 자발적으로 어려움을 타개하고자 조합설립에 나서게 됐다. 절체절명의 위기에서 강력한 농업브랜드가 탄생하게 된 셈이다.

– 대표이사는 어떻게 선출하나.

▶ 농가에서 추천한 이사 5명과 외부인사 3명으로 구성된 이사회에서 선출한다. 2008년 대표로 취임해 현재 4년 반이 됐는데 임기는 없다. 그러나 나는 농가를 위해 고용된 사람이기 때문에 농가가 원치 않을 때는 바로 대표직을 떠나야 한다. 제스프리의 이념인 농가이익과 소비자 만족 두 가지를 위해 뛸 뿐이다.

– 대표이사가 된 후 이룬 가장 큰 혁신은 무엇이라고 생각하나.

▶ 북반구에 있는 국가에서 제스프리를 생산하게 돼 연중 공급이 가능해졌다는 점이다. 이전에는 4월 초 뉴질랜드에서 수확한 물량으로 8~9개월간만 공급이 가능했다.
그러나 프랑스, 이탈리아, 미국, 한국 등에 생산기반을 만들면서 일년 내내 공급할 수 있게 됐다. 한국에서는 2003년부터 제주 150여 개 농가에서 골드키위를 생산하고 있다. 하지만 한국에서 참다래라는 고유의 그린키위 종자가 출하되는 겨울에는 제품을 공급하지 않음으로써 상생관계를 유지하고 있다.

(2013. 5. 25. 매일경제)

Chapter

03

다각화 전략의 주요 분석 기법

Chapter 03
다각화 전략의 주요 분석 기법

전략을 수립하는 데 있어서 주로 분석적인 측면에 비중을 둔다. 경영자는 전략을 수립하기 전에 기업의 현 상황을 고려하여 전략적 요소들을 분석하며 기업의 전략적 대안들을 산출하게 된다. 따라서 외부 환경 전략분석과 내부역량분석 그리고 포트폴리오 모형별 분석 등을 통해서 경영지침으로서 역할을 할 수 있는지 좀 더 세부적인 주요 분석기법에 대해 알아보기로 한다.

1 외부 환경 전략분석기법

전략의 수립과정은 기업의 임무, 목표, 전략 그리고 정책에 관한 것으로써 성공하기 위해서는 외부 환경에 적절한 분석을 통해서 이루어져야 가능성이 높다고 하겠다.

SWOT 전략 세우기와 분석 방법은 강점(Strength), 약점(Weakness), 기회(Opportunity), 위협(Threat) 등으로 이루어지며, 강점은 기업이 보유하고 있는 장점을 말하며, 경쟁사보다 우위에 있는 기업 고유의 기술력 인력 등 경쟁사가 갖지 못한 것을 말한다. 약점은 기업이 보유하고 있는 단점을 말한다. 기회는 기회로서 기술개발 규제 개혁 등 외부에서 발생하는 요인으로 긍정적으로 작용한다. 또한 위협은 위협요소로 외부요인에 의해 기업에 부정적인 효과를 가져온다. 따라서 SWOT 전략을 각각 결합함으로써^(SO, ST, WO, WT) 전략을 잘 세운다면 어떠한 어려움도 극복해 나갈 수가 있다.

1) SWOT 분석

경영자는 전략 분석을 통해서 외적 환경의 위협과 내적 환경의 약점을 극복하면서 외적 환경의 기회와 내적 환경의 강점을 최대한 활용해야 한다. 기업이 처한 상황을 분석하기 위해 주로 사용하는 기법이 SWOT^(또는 WOTS TOWS) 매트릭스 분석이다. SWOT은 기업의 내적 강점(Strength)과 약점(Weaknesses) 그리고 외적 기회(Opportunities)와 위협(Threats)의 첫머리 약자의 명칭이다. 그러므로 내·외부의 전략적 요소들이 기업의 성과를 결정짓는데 외부 전략적 요소는 기업의 전략적 향방을 좌우하며, 내부 전략적 요소는 전략 실행에 결정적인 영향을 준다는 것이다. 따라서 강점과 기회를 최대한 살리고, 위협을 극소화하고 약점을 제거하며 이상적인 기업을 운영해야 한다.

[그림 3-1]에서는 기업이 당면하고 있는 네 가지 전략적 요소와 대응전략을 요약·제시해 놓은 것이 SWOT 매트릭스이다. 이 매트릭스는 기업이 당면하고 기회와 위협 요소들이 그 기업의 강점과 약점이 어울릴 때 전략적 대안이 나타낼 수 있다. 결과적으로 전략의 역할은 기회와 강점을 극대화시키고 약점을 피하거나 수정하고 보완함으로써 위협을 방어하는 일이라 할 수 있다.

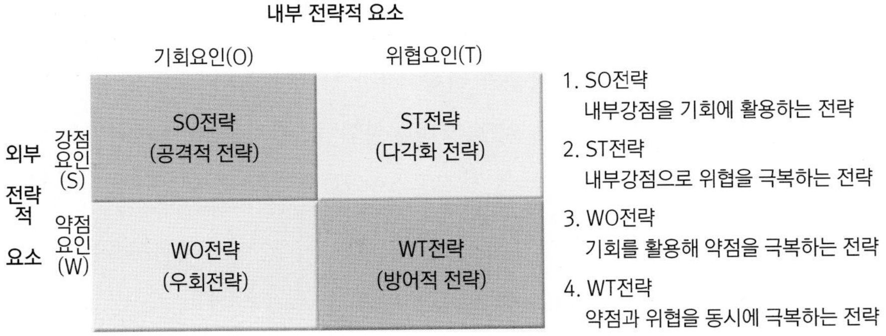

내부 전략적 요소

		기회요인(O)	위협요인(T)
외부 전략 적 요소	강점 요인 (S)	SO전략 (공격적 전략)	ST전략 (다각화 전략)
	약점 요인 (W)	WO전략 (우회전략)	WT전략 (방어적 전략)

1. SO전략
내부강점을 기회에 활용하는 전략
2. ST전략
내부강점으로 위협을 극복하는 전략
3. WO전략
기회를 활용해 약점을 극복하는 전략
4. WT전략
약점과 위협을 동시에 극복하는 전략

그림 3-1 SWOT 분석 내부 전략적 요소

(1) 전략적 요소

전략적 요소를 분류해 보면 외부 전략적 요소에는 기업의 강점과 약점이 있고 그리고 내부 전략적 요소에도 기회와 위협이 있다.

① 강점

경쟁기업에 비해 상대적으로 우위에 있는 자원이나 기술 등을 말하며 기업의 강점은 재무자원, 기업이미지, 구매자와 공급자의 관계 등에서 나타날 수 있다.

② 약점

자원이나 기술이 부족한 것을 말하며 따라서 기업의 효과적인 성과달성을 저해한다. 기업의 약점은 재무자원, 시설, 경영역량, 마케팅 기술, 상표·이미지 등에서 나타난다.

③ 기회

환경의 유리한 측면을 도약의 발판으로 삼아야 하고 규제환경의 변화, 시장의 발견, 기술의 변화 등을 기회 요인으로 본다.

④ 위협

기업이 당면한 환경의 불리한 측면이 기업 운영에 불리한 걸림돌이 된다. 즉 새로운 경쟁 기업의 진입, 기술의 변화, 시장 성장둔화, 구매자 및 공급자의 교섭력 증대 등이다. 이와 같이 강점, 약점, 기회, 위협 등 이것을 가지고 좀 더 이해하기 쉽게 예를 들면 '처음처럼' 브랜드를 가지고 SWOT 분석을 해보면 다음과 같다.

🔒 Strength(강점)

- 웰빙 트렌드에 맞는 알칼리의 컨셉
- 부드러운 목 넘김

- 숙취가 적음(몸에 덜 해로운 저도소주 20~21도)
- 새로운 brand로서의 신선함

Weakness(약점)

- 소주에 대한 사람들의 인식(경쟁사의 확실한 이미지 고착)
- 덜 성숙된 브랜드 파워
- 알칼리 수에 대한인지 취약, 저조

Opportunity(기회)

- 소주시장의 저도화 추세
- 여성고객의 영향력 커짐
- 지속적 웰빙 트렌드
- 경쟁사 이미지의 old화
- 특정 브랜드에 매료되지 않은 젊은 층의 독립적인 주류 선택권

Threat(위협)

- 경쟁사의 높은 Positioning
- 처음처럼의 약한 brand image
- 경쟁사의 저도수 소주 출시(J출시)

(2) 다각화 전략

기업의 내·외적 전략적 요소들을 보면 강점·기회전략(SO strategy), 강점·위협전략(ST strategy), 약점·기회전략(WO strategy), 약점·위협전략(WT strategy) 등이 있다.

① 강점·기회(Strength + Opportunity) 전략

기업의 목표를 달성하기 위해 강점을 활용하고 기업이 가진 능력을 환경적 기회로

연결시켜야 한다. 그래서 내부 강점을 기회로 활용하는 전략으로써 시장의 기회를 선점하고 다각화 전략을 추구하는 성장 위주의 공격적 전략(aggressive strategy)을 추구할 수 있다.

② 강점 · 위협(Strength + Threat) 전략

기업이 당면한 위협적 요소를 극복하고 회피하면서 강점을 활용해야 한다. 따라서 산업에서 치열한 경쟁을 피해 새로운 시장을 개척하는 다각화 전략(diversification strategy)이 유리하다.

③ 약점 · 기회(Weakness + Opportunity) 전략

기업의 약점을 극복하고 기회가 주는 이점을 충분히 활용하는 것으로 전략적 제휴(strategic alliance) 또는 우회전략(turnaround strategy)이 있다.

④ 약점 · 위협(Weakness + Threat) 전략

기업은 위협을 극복하거나 회피하고 약점을 최소화 시키는 것이 바람직하다. 또한 시장을 재구축(restructuring)하여 집중화하는 전략을 쓰거나 아니면 축소 또는 철수하는 등 방어적 전략(defensive strategy)이 필요하다.

2) 산업 매력도 분석[1]

기업이 포함되어 있는 시장 및 산업의 매력도는 외부 환경 분석을 토대로 도출하고자 하는 가장 대표적인 목적이자 결과물이라고 할 수 있다. 기업이 속해 있는 산업에서 사업을 영위할 만한 가치가 있는지 판단에 필요한 정보를 제공해 준다. 따라서 외부 환경 분석의 결과물로서 산업매력도를 파악할 수 있지만 반대로 산업매력도를 파악하기 위하여 제반의 필요한 외부 환경 분석을 통한 난이도 및 적정성 검증의 한

---

1) 김영수 · 이영진(2010), 경영전략, 학현사.

계가 존재한다.

산업매력도
(Industry Attractiveness)

산업성숙도
① 시장크기
② 시장 성장률
③ 산업 평균 수익률
④ 규제
⑤ 기술혁신 위험
⑥ 거시경제 지표

경쟁강도
① 경쟁자의 수/변화
② 내부경쟁 정도
③ 신규진입 여지
④ 구매자 위협
⑤ 고객위협
⑥ 대체재 위협

그림 3-2   산업 매력도 분석

② 포트폴리오 모형별 분석

사업포트폴리오는 전략이라기보다는 전략을 결정하기 위한 기법이라 할 수 있으며, 전략이 포함하고 있는 가장 중요한 개념 중의 하나가 자원의 배분에 대한 문제이고 둘 이상의 사업부에 배분하기 위해서는 최선의 선택을 해야 한다. 또한 기업의 환경 자료를 종합·분석하는 데 용이하므로 주로 대기업에서 전략을 수립할 때 많이 사용하고 있다. 포트폴리오 분석을 할 때 경영자는 핵심적인 사업이 무엇인가를 파악해야 한다. 이러한 핵심적 사업부를 보통 전략사업단위(SBU : strategic business unit)라고 부른다. 전략사업 단위는 다음과 같은 특징을 가지고 있다. 첫째, 하나의 사업에 종사하고 있어야 하며 둘째, 뚜렷한 사명이 있어야 되고 셋째, 경쟁자가 있어야 하며 넷째, 책임 있는 경영자가 있어야 하며 다섯째, 독자적으로 사업 계획을 짤 수 있어야 된다. 따라서 이러한 분석 기법은 사업 차원의 전략보다는 기업 차원의 전략을 도출하는 데 보다 유용하다. 포트폴리오에는 판매성장률, 상대적 경쟁지위, 제품수명주기별 단계, 산업 매력도 등 다양하다. 따라서 포트폴리오 매트릭스에 대해 중요한 것들을 소개하도록 한다.

1) BCG 매트릭스

보스턴컨설팅그룹(Boston Consulting Group)에 의해 1970년대 초에 개발된 BCG 매트릭스는 가장 간단하면서도 널리 쓰이는 포트폴리오 분석 기법이다. 또한 대기업들을 위하여 전략수립을 위한 모델로 개발한 것이다. 이 전략은 사업활동이 다각화되어 있거나 제품계열이 다각화되어 있는 기업경영의 경우 유용한 모형이다. 따라서 기업에 존재하는 여러 사업을 시장 점유율(relative market share)과 성장률(industry growth)이라는 두 개의 관점을 가지고 투자하고 배분하며 또는 철수하는 전략적 결정을 하기 위한 경영분석기법으로써 경쟁적 지위는 상대적 시장 점유율에 의해 결정되고 운영에 필요한 자금은 산업성장률에 따라 달라질 수 있다. BCG 매트릭스는 대기업이 취급하고 있는 여러 가지 사업을 전략적 사업단위(Strategic Business Unit)로 유용하게 사용되고 있다.

(1) SBU 유형

BCG 매트릭스에 기입된 사업 단위들은 상대적 시장 점유율과 산업성장률에 따라 대체로 네 가지 유형으로 구분된다. 이 유형에 속하는 기업들은 각각 상이한 자금흐름을 가지고 있기 때문에 제각기 다르게 관리되어야 한다. 따라서 산업성장률이 높은 사업일수록 많은 자금을 필요로 하며, 상대적 시장 점유율이 높은 사업일수록 많은 자금을 창출해 낸다는데 기반을 두고 있는 것이 BCG 매트릭스이다. BCG 매트릭스에는 다음과 같은 네 가지 유형이 있다.

① **별**(Star : 높은 성장률, 높은 시장 점유율)

성장률이 높은 시장에서 점유율 또한 높은 사업 분야이다. 시장에서 높은 경쟁지
위를 차지하고 있으면서 매출도 많이 올리겠지만, 그 만큼 그 지위를 유지하기 위해
많은 투자비용이 들어가는 사업 분야이다. 반면에 강력한 시장지위로 높은 이윤을
남기므로 자금흐름상 균형을 유지하기도 한다. 그러나 성장률이 떨어진다면 자금젖
소로 전환되는 경우가 일반적이다.^(제품수명주기 → 성장기)

② **물음표**(Question Mark : 높은 성장률, 낮은 시장 점유율)

성장률이 상당히 높은 시장에서 점유율은 낮은 사업 분야이다. 아직 돈이 되지는
않지만 상당히 매력적인 시장이다. 하지만 대규모의 투자가 필요하기 때문에 경영자
는 자금과 마케팅을 바탕으로 집중적으로 투입하여 스타로 키울 것인지 여의치 않으
면 시장을 포기하여 개가 될 것인지 그러나 투자를 하더라도 시장 점유율이 낮기 때
문에 단기간에 자본을 회수하는 것은 곤란하다.^(제품수명주기 → 도입기)

③ **자금젖소**(Cash Cow : 낮은 성장률, 높은 시장 점유율)

성장률이 낮은 시장에서 높은 시장 점유율을 가지고 있기 때문에 많은 자금이 유
입되어 다른 성장 사업에 자금을 대주는 역할을 한다.^(제품수명주기 → 성숙기)

④ **개**(Dog : 낮은 성장률, 낮은 시장 점유율)

성장률도 낮고 점유율도 낮은 사업 분야이다. 수익성이 없으며 낮은 시장 점유율
을 유지하는 것도 상당한 현금 투자가 요구된다. 따라서 기업은 사업을 계속 유지할
것인지 철수할 것인지를 진지하게 고려해야 한다. 또한 사업을 매각함으로써 나오
는 자금이 기업 전체의 흐름으로 봤을 때 더 효과적이라면 철수를 해야 한다.<sup>(제품수명주
기 → 쇠퇴기)</sup>

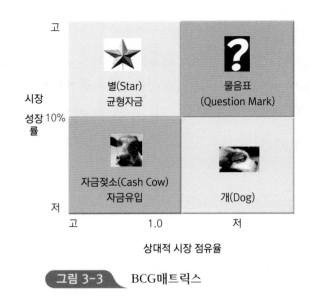

그림 3-3　BCG매트릭스

이와 같이 사업단위 유형 네 가지(별, 물음표, 자금젖소, 개)의 특징과 전략대안을 요약하면 아래 <표 3-1>과 같다.

표 3-1　사업단위별 특징과 전략대안

분류	수익성	투자요구액	현금흐름	전략대안
별	고	고	고	성장을 위한 지속적 투자
물음표	저	고	저	사업확대 또는 철수결정
자금젖소	고	저	고	현상유지 또는 재투자
개	저	저	저	사업축소 또는 철수

(2) 사업 및 자금의 이동방향

[그림 3-4]는 이상적인 사업의 이동방향과 올바른 자금의 이동방향을 보여 준다. 최고 경영자는 자금젖소(Cash cow)로부터 나오는 여유자금을 연구개발에 투자하거나 희망이 있는 물음표(question mark)에 투자하여 이것을 스타의 위치로 보낸다든지 아니

면 별에 직접 투자하여 그 위치를 유지할 수 있도록 할 것인지 결정을 해야 한다. 그렇지만 투자 대상으로 선택되지 못한다면 물음표 사업은 성장률이 둔화되면서 개로 분류되고, 별이었던 사업도 성장률이 둔화되면서 자금젖소가 된다. 자금젖소 또한 역할을 다하게 되면 개로 전락하여 축소나 처분의 대상이 되고 만다.

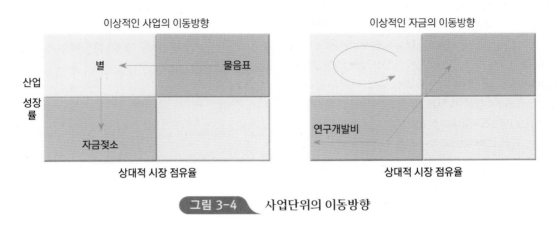

그림 3-4   사업단위의 이동방향

(3) BCG 매트릭스 도표

BCG 매트릭스 도표를 활용한 기업의 해당 사업 분야의 향후 전망을 도출해 낼 수 있다.

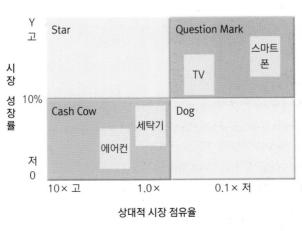

그림 3-5   BCG 매트릭스 도표

① Y축은 각 사업부가 속해있는 시장성장률을 나타내고, 시장 성장률을 통해서 해당 사업 분야의 향후 전망을 알 수 있다.

② X축은 RMS(Relative Market Share)라고 하는데 상대적 시장 점유율이다. 시장 점유율은 시장에서 해당 분야의 경쟁지위가 어느 정도가 되는지 알 수 있다. 그림을 보면 가운데가 1로 되어 있고 양 끝이 10과 0.1로 되어 있는데 수치를 구하는 식은 RMS = (해당 사업부의 M/S) / (최대 경쟁 기업의 MS)로 나타낸다. 그렇다면 사업부가 M/S 1위라면 2위의 경쟁기업의 M/S로 나누면 당연히 1이 넘는 수치가 나오게 된다. 그리고 2위 이하의 기업이라면 반대로 1이하의 수치가 나온다.

③ 시장 성장률과 상대적 시장 점유율이 구해졌다면 plotting 하면 된다. 그러면 4분면 중 하나에 걸리게 된다. 그럼 plotting 하였을 때, 위 사항 중 4가지가 각각 어떤 의미를 갖는지에 대해서 한 번 이야기해 본다.

LG전자 사업부문 4가지(스마트폰, 평판TV, 세탁기, 에어컨)의 예를 들어 BCG 매트릭스에 plotting 해보면 다음과 같다.

스마트폰(MC : Mobile communications)

- 당사 매출의 51% 차지, 스마트폰 시장 성장률 매우 높음, 2009년 1분기 기준 노키아 36.2%, LG전자 9.9%의 시장 점유율.

LCD TV(HE : Home Entertainment)

- 당사 매출의 23%차지, 글로벌 기준 시장 점유율 2위, 2009년 3분기 기준 글로벌 LCD TV 시장 삼성전자 18%, LG전자 11% 시장 점유율.

세탁기(HA : Home Appliance)

- 당사 매출의 14%차지 냉장고, 세탁기 등은 성장률이 높지 않음, 2010년 세탁기 국내에서 LG전자 45%, 삼성전자 40% 정도의 시장 점유율.

에어컨 (AC : Air Conditioning)

- 당사 매출의 7%차지, 시장 성장률 높지 않음, 2008년 LG전자 휘센 글로벌 기준 시장 점유율 19.6% 1위, 삼성전자 시장 점유율 17.2% 2위임.

RMS = $^{(해당\ 사업부의\ MS)}$ / $^{(최대\ 경쟁기업의\ MS)}$

MC의 RMS = 9.9% / 36.2% = 약 0.27

HE의 RMS = 11% / 18% = 약 0.61

HA의 RMS = 45% / 40% = 1.125

AC의 RMS = 19.6% / 17.2% = 약 1.14

결과 이렇게 산출해서 매트릭스$^{(matrix)}$에 나타내본 결과 현재 LG 전자에서 가장 큰 매출의 비중을 차지하는 MC$^{(스마트 폰)}$와 HE$^{(LCD\ TV)}$가 물음표$^{(Question\ Mark)}$에 위치하게 되는 현상이 나타났다. 따라서 경쟁이 치열하고 기술이 빠르게 발전하면서 성장률도 높고 해서 나타나는 현상이다. 그리고 LG전자에서는 스마트폰과 LCD TV의 시장 점유율을 높여 별$^{(Star)}$로 보내는 전략을 세워야 한다.

2) GE 매트릭스

BCG 매트릭스가 단순하고 포괄적이라는 점 때문에 그 보완하는 차원에서 맥킨지$^{(Mckinsey)}$ 컨설팅 회사의 도움을 받아 개발한 것이 GE$^{(General\ Electric)}$매트릭스이다. GE 매트릭스는 산업매력도$^{(industry\ attractiveness)}$와 사업경쟁력$^{(business\ strength)}$이라는 두 가지 기준을 사용하여 전략사업단위를 평가하고 있으며, 또한 아주 다양한 변수들을 아우르고 있다. 구체적으로 산업매력도에서는 시장규모와 성장률, 규모의 경제, 산업 수익률, 경쟁강도, 자본집약도, 주기성, 기술 수준 등의 환경적 기회 및 위협요소들을 포괄하고 있다. 그리고 사업경쟁력에도 경영력, 수익률, 시장 점유율, 생산성, 가격 및 품질경쟁력, 시장지식, 기술력 등의 경쟁적 강점 및 약점들로 이루어져 있다.

GE 매트릭스의 사용방법

첫째, 매트릭스의 두 축은 기업외적 요인인 산업매력도와 기업내적 요인인 사업경쟁력이다.

둘째, 산업매력도와 사업경쟁력의 평가요인들에 대한 기업의 관리자 및 실무자의 경험과 판단에 따라 가중치를 부여한다.

셋째, 산업매력도와 경쟁적 위치의 평가요인들을 특정산업에 진출해 있는 자사 사업단위별로 평가한다.

넷째, 매트릭스에 각 사업단위별 산업매력도와 사업경쟁력의 평가 점수를 타원형으로 위치시킨다. 타원의 의미는 각 사업단위가 속한 시장 또는 산업의 크기를 나타내고 타원 속에 색칠된 부분은 해당 산업 내에서 자사 사업단위의 시장 점유율을 의미한다.

다섯째, 매트릭스에는 9개의 셀이 만들어지는데, 각 셀이 가지는 의미는 상이하다. 좌측 상단에 있는 3개의 셀은 전반적인 매력도가 높아 기업이 투자 또는 성장전략을 펼쳐야 하고 대각선 방향의 3개의 셀은 전반적인 매력도가 중간 정도여서 선택과 집중의 전략을 펼쳐야 한다.

또한 우측하단의 3개 셀은 전반적인 매력도가 낮아서 수확 또는 철수전략을 고려해야 함을 의미한다. 따라서 각 사업단위의 평가가 어느 셀에 위치하는지 주의 깊게 살펴볼 필요가 있다.

산업매력도
① 시장규모
② 시장 성장률
③ 산업 수익률
④ 규모의 경제
⑤ 경쟁강도

사업경쟁력
① 시장 점유율
② 수익률
③ 생산성
④ 품질 경쟁력
⑤ 시장지식

	강	중	약
고	투자/성장 전략	투자/성장 전략	선택/집중 전략
중	투자/성장 전략	선택/집중 전략	수확/철수 전략
저	선택/집중 전략	수확/철수 전략	수확/철수 전략

산업매력도

사업경쟁력

그림 3-6 GE 매트릭스[2]

---

2) 김영수 · 이영진(2010), 경영전략, 학현사.

표 3-2 GE 매트릭스의 평가기준

산업매력도	사업경쟁력
• 시장규모	• 시장 점유율
• 시장 성장률	• 수익률
• 산업 수익률	• 생산성
• 규모의 경제	• 가격 및 품질경쟁력
• 경쟁각도	• 시장지식
• 주기성	• 기술력 및 핵심성공 요인 보유
• 자본집약도	• 경영능력
• 기술수준	• 경쟁적 강점 및 약점
• 환경적 기회 및 위협요소	• 상대적 원가지위
• 진입장벽 및 철수장벽	• 고객과 시장에 대한 지식

〈표 3-2〉는 일반적으로 사용되고 있는 변수들의 예를 들고 있으며, 산업에 따라서는 수익성을 결정하는 주요 변수가 무엇인가 하는 것이 잘 알려져 있는 경우도 있으나 어떤 산업에서는 여기에 대해 논란이 많은 경우도 있다.

표 3-3 산업매력도 및 사업경쟁력 전략대안

		산업의 매력도		
		고	중	저
사업경쟁력	강	성장 시장지배 촉구 투자의 극대화	성장시장 파악 많은 투자 현재지위 고수	현재지위고수 현금흐름 확보 현상유지 투자
	중	세분화를 통한 선두 확보 약점파악 강점구축	성장시장 파악 특화 선택적 투자	제품계열 축소 투자 최소화 투자 회수 준비
	약	특화 틈새시장 추구 기업인수 고려	특화 틈새시장 추구 시장철수 고려	선두기업에 의존 경쟁기업 현금창출 사업공격 시장철수 및 투자회수

〈표 3-3〉은 매트릭스의 각 부문별로 제시되는 전략 대안의 한 예이다. 이들 표준적 전략은 전략의 전반적 방향에 있어서 경영자들의 상반된 의견을 수렴시켜 주는데

도움을 준다.

3) 시장 수명주기 매트릭스[3]

컨설팅 자문회사인 리틀(A. D. Little)사가 개발한 수명주기 매트릭스는 전략사업단위의 경쟁지위를 양축으로 크게 세 부분으로 나누어 각각의 적절한 투자전략을 제시하고 있다. 따라서 수명주기의 전반부에 속하고 경쟁지위를 가지고 있을 때에는 적극적인 투자전략이 바람직하다. 반면에 수명주기의 후반부에 속하고 낮은 경쟁지위를 가지고 있을 때는 수확하는 전략을 택하는 것이 좋다. 그러나 양극단의 중간지점에 해당하는 수명주기는 전반부에 낮은 경쟁지위와 후반부의 높은 경쟁지위에 따라 투자 전략의 선택이 달라질 수 있다.

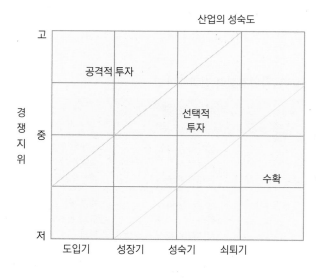

- 수명주기의 전반부에 속하고 경쟁지위를 가질 때 적극적인 투자전략 바람직하다.

- 후반부의 낮은 경쟁지위는 수확하는 전략이 바람직하다.

- 중간지점은 경쟁지위에 따라 투자전략의 선택 폭이 크다.

그림 3-7　시장 수명주기 매트릭스

---

3) 박준용(2008), 전략경영, 청람.

③ 내부역량 분석기법

　기업이 보유한 내부자원과 능력을 평가하여 경쟁 우위의 원천이 되는 것을 파악하기 위해서는 내부 역량의 다수의 분석기법들을 활용해 보는 것이 좋다. 핵심역량이나 능력의 개발과 축적을 통해 강점인 부분은 강화시키고, 약점이 있는 경우에는 보완함으로써 경쟁우위를 지속시켜야 하기 때문에 여기서 내부역량 분석기법들의 중요성을 인식하고 열거해 보기로 한다.

1) 경험곡선 분석

　원가 우위의 중요한 원천으로 경험곡선(experience curve)을 들 수 있다. 경험곡선은 점진적으로 우하향하는 곡선이 되는데 경험곡선 효과의 크기는 누적산출물의 합이 두 배로 증가됨에 따라 원가가 감소하는 비율로 측정된다. 제품의 단위당 실질비용이 누적생산량의 증가에 따라 일정비율로 하락한다는 것이다. 대체적으로 누적생산량이 2배가 되면 25% 정도 떨어진다.

　이 곡선의 성립 이유는 첫째, 노동자의 학습효과이다. 일이 반복적으로 진행되면서 숙달되고 능률이 향상됨으로써 생산량이 증가하는 것이다. 이런 학습효과는 작업의 효율성을 증가시키면서 산출물의 증가속도가 빠를수록 학습효과도 빨라진다. 이러한 학습효과는 모든 부문에 적용이 된다. 예를 들면, 판매, 관리부, 마케팅 등 다양하다.

　둘째, 분업을 통한 전문화는 작업의 효율성을 증대시킨다. 생산 공정을 한 사람이 담당하여 완제품을 생산하는 것보다 생산 공정을 각 단계별로 전문화함으로써 효율성이 높다.

　셋째, 공정의 혁신과 개선을 통한 원가절감효과는 특히 자본집약적 산업일수록 그 효과가 크다.

　넷째, 생산요소의 투입비율 변화다. 경험이 축적되고 생산기술이 안정됨에 따라

보다 저렴한 생산요소의 투입이 가능하다.

다섯째, 경험으로 제품성능에 대한 소비자의 요구 수준을 알 수 있다. 그리고 제품의 표준화를 통해 부품 수를 줄이거나 반복 작업을 가능하게 하여 학습효과를 증대시킬 수 있다.

여섯째, 경험곡선이 발생하는 중요한 근거가 규모의 경제다. 규모의 경제는 기업의 생산규모가 커짐에 따라 단위당 생산비가 감소하는 현상이다. 규모의 경제는 기업의 생산규모가 커짐에 따라 단위당 생산비가 감소하는 현상이다. 규모의 경제를 발생시키는 대표적 요인으로는 투입물과 산출물의 기술적 관계, 규모의 불가분성, 전문화의 이익을 들 수 있다.

[그림 3-8]은 경험곡선이 75% 기울기를 갖는다고 가정하면, 이것은 누적생산량이 두 배로 증가함에 따라 총생산비용이 25% 감소할 것이라는 의미이다.

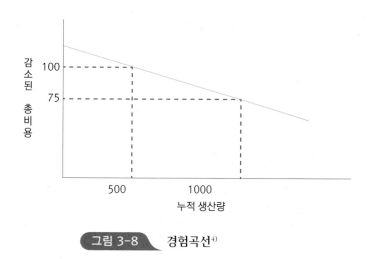

그림 3-8 경험곡선[4]

---

4) 강영철 외(2008), 전략·경쟁분석, LG경제연구원.

2) EVA 포트폴리오 관리[5]

경제적 부가가치(Economic Value Added)는 기업이 본원적 사업 활동에 투하한 자산이 얼마나 많은 이익을 창출하였는가를 나타내는 지표로서 투하자산 이익률에서 가중평균자본비용을 차감한 후, 투하자산을 곱하여 산출한다.

EVA 산출법

경제적 부가가치(EVA) = (투하자산 이익률-가중평균자본내용)×(투하자산)

단, 투하자산 이익률 = 매출액 영업이익률×투하자산 회전율

매출액 영업이익률 = 영업이익/매출액

투하자산·회전율 = 매출액/투하자산

가중평균자본비용 = (타인자본비용 +자기자본비용)/투하자산

투하자산 = 순 고정자산 +운전자본+기타 산업용 자산

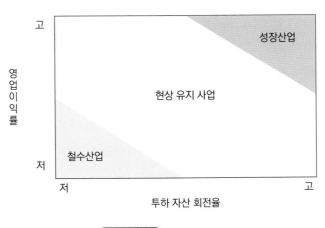

그림 3-9   EVA 포트폴리오

이러한 EVA를 전략산업단위의 평가에 이용하면 기업 전략의 일환으로 이용할 수

---

5) 강영철 외(2008), 전략·경쟁분석, LG경제연구원.

있다.

[그림 3-9]는 매출액 영업이익률과 투하자산 회전율을 가지고 사업포트폴리오를 관리하는 방법을 보여주고 있다. 매출액 영업이익률이 높고 투하자산 회전율이 높은 사업은 EVA가 크므로 자원을 투입하여 사업을 확대해야 한다. 반면에 영업이익률이 낮고 투하자산 회전율이 낮은 사업은 EVA가 작은 사업이므로 철수를 고려해야 하는 사업이다. 가운데 있는 사업들은 영업 이익률은 높은데 투하자산 회전율이 낮든가, 영업 이익률이 낮은데 투하자산 회전율이 높은 사업이다. 이러한 사업은 상황의 변화가 없는 현상 유지가 적당한 사업이다.

3) 성장벡터 매트릭스[6]

특정 제품시장에서 기업이 성장을 위해서 선택하는 과정을 말한다. 성장벡터는 기업의 성장기회를 연구하며, 성장 계획을 규정하는 하나의 중요한 전략 기준이 된다. 특정 제품 시장 분야에서 어떠한 방향으로 성장행동을 취할 것인가 하는 것이 성장벡터의 전략 기준에 의해 결정된다. 성장벡터는 제품과 시장의 양자를 각각 현재와 신규로 구별하여 시장 침투, 제품개발, 시장개척 및 다각화를 매트릭스 형으로 나타낸다. 이 중에서 시장 침투는 현재의 제품과 시장영역에서 시장 점유율을 높이는 성장 방향을 의미한다. 반면에 시장개척은 기존 제품으로 새로운 시장을 개척하는 것이고, 제품개발은 기존 제품을 대체할 만한 신제품을 개발해 기존 시장에서의 시장 점유율을 높이고 새로운 제품으로 확대하는 전략을 의미한다.

표 3-3 엔소프의 제품시장 매트릭스

구분	시장	제품
현재	시장 침투	제품개발
신규	시장개척	다각화

6) 김영수·이영진(2010), 경영전략, 학현사.

4) 시장 점유율 분석[7]

시장 점유율은 시장의 판도를 파악하는 중요한 지표가 된다. 즉 현재 자사의 위치, 시장리더와 도전자, 그리고 추종자는 누구인지 또한, 시장이 매우 안정적인 상태에서 기업 간의 순위를 뒤집기 어려운 상황인지, 아니면 반대로 매우 역동적인 상황에서 기업 간의 순위 변화가 가능한지 등 기초적인 추이를 분석하는 것만으로도 많은 정보를 얻을 수 있다. 분석에서는 시장 침투율(market penetration)이라는 개념이 중요하다. 이는 전체 시장(total market)대비 시장 커버리지(market coverage) 비율을 의미한다.

[그림 3-10]을 보면 전체 시장 대비 자사가 확보하고 있는 시장 점유율은 25%에 불과하며, 일반적인 개념에서는 커버된 시장, 시장 침투율 70%를 100%로 보기 때문에 자사의 시장 점유율은 35.7%가 된다. 그러나 이 모델에서처럼 커버된 시장 70% 외에 나머지 커버되지 않은 30%의 시장까지 전략적 공략 대상으로 고려한다면 그만큼 전략적 의사결정 범위가 넓어진다.

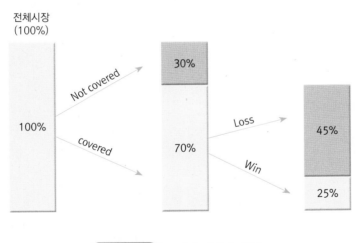

그림 3-10   시장 점유율 분석

---

7) 최승호(2005), 전략기획에센스, 새로운 제안.

💡 요약

기업은 상황분석 결과에 따라 전략대안이 산출되면 SWOT 분석을 통해 기업의 내부적 강점(Strengths)과 약점(Weakness) 그리고 외부적 기회(Opportunity)와 위협(Threats)을 분석하여 효과적인 전략 제시를 한다. 또한 포트폴리오 분석은 주로 대기업들이 전략을 수립할 때 널리 사용되며, 복수의 제품과 사업 단위를 가지고 있는 기업의 환경 자료를 종합 분석하는 데 가장 용이하다. 아울러 환경 및 내부적 여건에 따라 별도의 전략을 제시하며 기업차원의 전략 도출에도 유용하며 양축으로 포트폴리오 매트릭스 구성을 한다. 대표적인 포트폴리오 매트릭스는 BCG 매트릭스, GE 매트릭스, 시장 수명주기 매트릭스 등이 있다. 그리고 내부 역량 분석기법으로는 경험곡선 분석, EVA 포트폴리오 관리, 성장벡터 매트릭스, 분석 등이 있으며 먼저 경험 곡선 분석은 우하향하는 곡선이 되는데 누적 생산량의 증가에 따라 일정 비율로 하락한다는 것이다. 이 곡선의 성립 이유는 노동자의 학습효과이다. 일이 숙달되고 능률이 향상됨으로써 생산량이 증가하면서 단위당 생산비는 감소하는 현상이다. EVA 포트폴리오 관리는 기업이 본원적 사업 활동에 투하한 자산이 얼마나 많은 이익을 창출하였는가를 나타내는 지표이다. 시장 점유율 분석 또한 시장의 판도를 파악하는 중요한 지표로써 기초적인 추이를 분석하는 것만으로도 많은 정보를 얻을 수 있다.

토의 과제

1. SWOT 분석을 기업과 연계해서 토의해 보시오.

2. BCG 매트릭스의 특징과 전략 대안을 토의해 보시오.

3. GE 매트릭스의 산업매력도와 사업경쟁력의 변수에 대해 언급해 보시오.

4. 시장 수명주기 매트릭스의 적절한 투자전략을 제시해 보시오.

5. 경험곡선의 누적산출물에 대해 설명하시오.

국내 컨설팅 잔혹사

국내 기업인들 사이에서도 컨설팅을 받을 필요가 있나, 없나를 놓고 의견이 분분하다. 컨설팅 무용론자들이 흔히 드는 사례 중 하나가 LG전자이다. LG전자가 스마트폰 시장 대응에 뒤처진 원인 중 하나가 컨설팅 회사라는 것이다. 맥킨지는 2007년 남용 부회장이 취임하면서 LG전자 경영전략에 깊숙이 관여했다. 당시 맥킨지는 단기간 내에 스마트폰 시장 성장이 제한적일 것으로 보고 저가 휴대폰이나 저가 노트북 등 신흥국용 제품을 확대하라는 조언을 한 것으로 알려져 있다. 당시 맥킨지는 매년 300억 원 내외씩 총 1000억 원 정도의 컨설팅 수수료를 받아간 것으로 알려지고 있다. 국민은행도 김정태 행장 시절 맥킨지를 즐겨 썼다. 국민은행은 1999년부터 4년간 맥킨지에 500억 원 가량을 지급한 것으로 알려져 있다. 그러다 강정원 행장으로 바뀌면서 규모가 급감했고, 어윤대 회장 때부터는 일절 쓰지 않았다. 어 회장은 "수백억씩 들어가는데 비용 대비 별로 도움 안 된다. 조직에 대해 제일 잘 아는 것은 직원"이라고 말하곤 했다. 웅진은 아예 보스턴컨설팅그룹 컨설턴트 출신들을 임원으로 영입했는데, 이들이 극동건설 인수 등 확장 전략을 주도하면서 재무 건전성이 나빠졌다는 이야기가 나온다. STX와 금호그룹도 컨설팅업체의 조언을 받고 적극적인 M&A에 나섰다가 그룹 전체가 어려워진 경우다. 그러나 컨설팅 업체가 관여해 잘된 경우도 있다. 맥킨지가 두산그룹을 구조조정한 것은 성공 사례로 꼽힌다. 1990년대 중반 맥킨지는 두산그룹이 비핵심 자산을 매각, 계열사 통폐합 등 구조조정에 나서야 한다는 보고서를 제출했고 두산은 그것을 그대로 따랐다. 두산음료와 OB맥주를 매각하고, 현재의 중공업 중심 산업구조를 짰다. 올리버와이만이 관여한 2005년 신한은행과 조흥은행 합병 프로젝트 비교적 잘 처리됐다는 평가를 받았다.

◇ 컨설팅 회사 활용법

컨설팅을 가장 잘 활용하는 방법은 무엇일까. 전문가들은 "모든 걸 전부 맡기지 말고 필요한 것을 확실하고 구체적으로 요구하며, 경영 판단 참고 자료로만 활용하라"고 조언한다. 삼성전자는 구매에서 납품업체 평가하듯 컨설팅 업체를 철저하게 평가하고, 분명하게 요구하며, 요구한 부분을 반드시 확인한다. A컨설팅사 관계자는 "삼성전자에서는 아무리 컨설턴트가 좋은 아이디어를 내더라도 구체적인 실행 방안이 부족하면 다음부터는 그 컨설턴트를 회사에 발도 못 붙이게 한다."고 했다. 현대자동차는 정보는 아이디어를 얻는 목적으로 컨설팅 업체를 많이 활용하는 편이다. B컨설팅사 임원은 "현대차는 '일단 프레젠테이션 해봐'라는 식으로 아이디어만 빼내가려는 경향이 있다."고 전했다. 박영훈 엑센추어코리아 경영 컨설팅 대표는 컨설팅을 현명하게 활용하는 방법으로 세 가지를 제안했다. 첫째, 컨설팅 업체에 컨설팅을 의뢰하는 목적에 대해 조직 내 100% 합의가 필요하다. 둘째, 의뢰한 컨설팅 결과에 대해 조직 내에 책임을 지는 사람이 있어야 한다. 셋째, 아이디어 50%, 실행 50%의 비중으로 컨설팅 용역을 발주해야 한다는 것이다. 이명우 한양대 경영대 교수는 "의뢰하는 사람이 준비가 안 된 채로 돈만 많이 주는 것은 소용없다."면서 "고민을 정확히 컨설턴트에게 전달해야 한다."고 말했다. 그는 또 "우리 회사뿐만 아니라 다른 회사에 가서도 똑같은 이야기를 할 것 같은, 다른 경쟁사의 문제에도 똑같이 적용할 수 있는 내용이라면 영양가가 없는 것"이라고 말했다.

삼성, 브랜드지표 '인지도'서 '선호도'로 바꾼 이유는?

2005년 삼성전자는 세계적인 브랜드 컨설팅업체 인터브랜드가 선정하는 글로벌 100대 브랜드 순위에서 소니를 추월하는 쾌거를 이뤘다. 한국 브랜드의 새로운 획을 긋는 낭보였다. 그 얼마 뒤 삼성에 근무하는 후배들을 만난 적이 있었다. 이제는 브랜드 명성에서도 삼성이 소니를 이겼다고 좋아하는 그들의 모습을 보고 필자가 짓궂은 질문을 던졌다. "만약에 같은 급이 차를 갖게 된다면, 도요타가 좋아요, BMW가 좋아요?" "BMW가 좋죠!" "그렇죠? 그런데 인터브랜드의 글로벌 100대 브랜드 순위에서는 도요타와 BMW 중 누가 더 높은지 아나요?" "….." "도요타가 높죠. 이게 뭘 의미할까요? 소비자들이 생각하는 브랜드 순위와 인터브랜드의 브랜드 가치가 다를 수도 있다는 것이겠지요." 브랜드의 힘을 보여주는 지표는 한 두 개가 아니기 때문에 단순히 하나의 성과나 지표만 갖고 일희일비해서는 안 된다는 우려의 표시였다. 필자는 당시 오랜 경쟁자이자 벤치마킹의 대상이었던 소니를 앞지른 기쁨에 가득 차 있는 후배들에게 잠시 '찬물'을 끼얹은 셈이었다. 그러나 후배들은 곧 "지금 잘하고 있지만 모든 면에서 완전히 이길 때까지 결코 자만하면 안 된다."는 선배의 고언(苦言)을 받아들였고, 그런 후배들이 믿음직스러웠다.

◇ 소비자 마음 사로잡은 소니의 견고한 아성

실제로 2005년 당시만 해도 브랜드 인지도를 나타내는 다른 여러 지표에서는 삼성이 열세였다. 특히 브랜드를 알고 있는지를 묻는 '보조 인지도(aided awareness)' 설문조사와 소비자들이 알고 있는 브랜드들을 스스로 열거하라고 묻는 '비보조 인지도(unaided awareness)' 설문조사에서 많은 차이는 아니지만 소니에 뒤져 있었다. 특히 브랜드 선호도와 연결될 수 있는 브랜드 '최초 상기도(top of mind)' 결과가 좋지 않았다. 이는 특정 제품 군(群)에서 어떤 브랜드가 제일 먼저 떠오르냐고 물어보는 것으로 여러 브랜드 평가 지표 중에서도 소비자의 마음속에 들어있는 브랜드를 파악하는 데 중요한 지표이다. 예를 들어 '휴대폰 하면 가장 먼저 생각나는 브랜드가 뭐냐'고 물어보는 식이다. 당시 전자제품의 최초 상기도는 소니가 50% 가까운 수치로 1위를 차지한 반면, 삼성은 10% 남짓에 불과했다. 이는 소비자의 절반이 '전자제품 하면 소니'라고 생각한다는 의미였다. 회사의 성장률이나 수익성 면에서는 삼성이 훨씬 잘하고 있었고, 이런 재무적 성과가 반영되어 인터브랜드가 평가하는 브랜드 가치에서는 앞섰지만, 소비자들의 마음속에 자리한 브랜드는 여전히 소니였던 것이다. 이처럼 브랜드란 소비자 마음에 들어가기도 어렵지만, 소비자 마음에 한 번 자리 잡으면 오래 유지되는 특성이 있다.

◇ 소니 잡고 브랜드 평가 더 강화한 삼성

그러나 그 뒤 삼성이 TV와 휴대폰에서 연이어 히트 제품을 만들어 내며 지속적으로 뛰어난 경영 성과를 창출한 결과, 브랜드 인지도를 나타내는 모든 지표에서 괄목할 만한 신장을 이루어내고 있다. 보조 인지도, 비보조 인지도는 두 회사가 모두 높게 나와 삼성, 소니 모두에 별 의미가 없는 지표가 되었고, 삼성 최초 상기도에서 눈에 띄는 신장을 이루어냈다. 유럽 시장에서는 소니를 큰 차이로 앞서고, 다른 많은 시장에서도 소니와 대등한 결과를 보여 명실공히 리딩(leading) 브랜드로서의 지위를 확보했다. 최근 삼성 브랜드의 최초 상기도가 얼마나 개선되었는지를 연구 조사하던 중 필자는 몇 년 전 짓궂은 질문을 던졌던 후배 중 한 사람을 만났다. 후배는 8년 전 필자의 쓴 소리를 회상하면서 그동안 삼성이 브랜드파워 변화를 여러 관점에서 확인하고 부족한 점을 찾으려 노력해 왔다고 설명했다. 이제는 '전자제품 하면서 제일 먼저 떠오르는 브랜드가 무엇인가?'(최초 상기도)를 넘어 '전자제품 중에 어느 브랜드를 제일 좋아하느냐?'(최고 선호도)에 맞추어 브랜드 전략을 짜고 있다고 한다. 이런 전략에 따라 삼성전자는 몇 년 전부터 대표적인 최고 선호도 지표인 'MPSA(Most Preferred Single Answer·가장 선호하는 브랜드 하나만 답하도록 하는 조사방법)'를 정기 브랜드 태도 조사 항목에 포함하기 시작했다. 이제 삼성 브랜드는 '브랜드 인지의 게임'이 아니고 '브랜드 선호의 게임'에 들어간 것이다.

◇ 정교한 경영지표 여부가 경영 성패 가른다

모든 경영에는 성과를 가늠할 수 있는 지표가 필요하다. 브랜드 관리도 마찬가지다. 브랜드 경영 도입 초창기에 소비자들에게 브랜드를 알리는 것이 회사의 주요 관심사이던 시절에는 보조인지도와 비보조 인지도가 중요한 관리 지표였다. 뒤에 글로벌 브랜드로 도약을 꿈꾸던 동안은 선발 경쟁사와의 최초 상기도 비교가 주요한 브랜드 경영 지표가 됐다. 그러나 리딩 브랜드 수준에 도달해 이런 지표가 변별력이 없어지자 현재의 브랜드 리더십에 걸맞은 새로운 지표가 필요하게 된 것이고, 그것이 바로 브랜드 선호도인 것이다. 머지않아 삼성이 '가장 선호하는' 브랜드에서 다시 '(소비자가)가장 풍성(loyal)'하는 브랜드로 진화하기를 기대해 본다. 진화해야 할 게 어디 브랜드뿐이겠는가? 한 회사가 관리하는 경영지표의 변화를 보면 그 회사의 전략의 우선순위는 물론 그 회사의 시장에서의 위치를 가늠해 볼 수 있다. 필자는 이전의 글에서 거래처와의 관계 개선 사례를 설명하면서 '측량할 수 없는 것은 관리할 수 없다'는 화두를 던진 적이 있었다. 비슷한 맥락에서 사전적인 관리 지표가 없이는 전략의 결과도, 경영 성과도 효과적으로 관리할 수 없다. 경영의 성패는 나침반이 될 경영지표를 무엇으로 하느냐에 달려 있다고 해도 과언이 아니다. 경영이 고도화될수록 경영 현안에 걸맞은 정교한 지표가 필요하다.

(2013. 6. 29. 조선일보)

Chapter

04

내부 분석

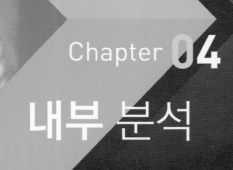

내부 분석

내부 분석에서 경쟁 우위의 원천이 되는 것을 파악하여 강점과 약점이 될 만한 변수들을 찾아내어 전략수립에 반영시킨다. 강점은 경쟁기업보다 우위에 있는 경우이고, 약점은 보완해서 경쟁우위에 지속시켜야 한다.

현재는 경영능력, 인력자원, 기술 등 기업 내부의 경영자원이 중요해짐에 따라 기술을 보유한 기업이 성패를 좌우한다. 과거에는 기업에 주어진 환경에 맞춰 전략도 수립하는 등 환경 결정론적 입장이 우세한 적도 있었다. 그러나 오늘날 기업의 경쟁우위는 경영자원의 핵심인 기술을 통해서만 가능해졌다. 본서에서는 내부 분석의 목적과 중요성을 살펴보고 또 내부 기능별 분석과 내부 분석 기법에 대해서 알아본다.

1 내부 분석의 목적과 중요성

경쟁우위는 기업이 보유하고 잇는 자원 즉, 내부역량에 있으며, 수익성 측면에 대해 언급해 본다.

1) 내부 분석의 목적

전략을 수립하기 위해서는 기업의 외부적 환경 분석도 중요하지만 가장 바람직한 전략이 되기 위해서는 기업의 내부역량에 철저한 분석이 있어야 한다. 내부적으로 볼 때 기업의 과거실적, 경쟁기업들 또는 산업 평균과 비교하여 이것이 상이할 경우, 그 변수는 주요 전략적 요소로 간주되며 전략 결정 시 고려되어야 한다.

아울러 기업이 보유한 내부자원은 평가하여 경쟁 우위의 요소인 강점과 약점을 파악하여 새로운 자원이나 능력의 개발과 축적을 통해 강점을 최대한 활용하고, 약점을 보완함으로써 경쟁우위를 지속시키는 데 그 목적이 있다 하겠다.

2) 내부 분석의 중요성

전략수립에 있어서 기업의 내부자원과 능력을 파악하고 이를 평가하는 것이 매우 중요하다. 기업들이 경쟁하는 불확실한 환경에서 외부 환경에 중점을 둘 경우, 기업의 안정적 기반을 얻는 데 도움이 되지는 않는다. 따라서 외부 환경이 급변할 경우 기업의 내부자원을 통한 장기 전략을 수립하는 것이 보다 더 안정적인 방법이 될 수 있다. 또한 산업의 매력도와 경쟁우위는 기업이 보유하고 있는 자원에 의해서만 가능한 일이다.

경쟁우위를 통하여 기업이 얻는 수익성 측면은 다음과 같다. 경쟁기업에 비해 원가 우위, 규모의 효율성이 높은 공장, 뛰어난 공정기술, 양질의 원료공급을 보유하는 등 브랜드명과 특허권도 차별화 우위로써 높은 수익성과 연결된다. 그러므로 기업이 누리는 경쟁우위와 수익성의 원천이 바로 기업이 보유한 내부자원에 있다는 것을 증명해 주고 있다.

② 내부 기능별 분석

기업들의 조직구조 유형과 이를 효과적으로 사용할 때 나타나는 시너지 효과와 기능별 경영자원을 통해 기업이 얻을 수 있는 이점들을 살펴본다.

1) 조직구조의 유형

챈들러(A. Chandler)는 1962년에 조직구조를 결정하는 요인이 전략임을 밝히고, "조직구조는 전략을 따른다(Structure follows Strategy)"라는 명제를 제안했다. 챈들러에 의하면 조직구조가 전략에 적합하지 않았을 경우 비효율성으로 성과가 낮아지므로 조직구조를 기업 전략에 맞도록 재설계가 이루어져야 한다는 것이다. 기업마다 조직구조가 다르지만 가장 중요한 유형으로는 단순구조, 기능구조, 사업부제 구조, 매트릭스 구조, 네트워크 구조가 있으며 기업마다 서로 다른 전략을 지원한다.

(1) 단순구조

단순구조(simple structure)는 가장 규모가 작은 조직구조로서 주로 규모가 작은 중소기업, 소규모 가게, 창업회사 등 제한된 자원을 가지고 사용하는 영세업자들이다. 계층이나 직무 할당이 단순하고, 권한이 소유경영자에게 있다 보니 판단 여하에 따라 조직의 성패가 좌우되기도 한다.

장점으로는 신속하고 유연성으로 의사결정이 매우 빠르며, 또한 비관료적이다 보니 진취적이고, 유지비용이 절감된다. 그러나 단점으로는 소유경영자가 사망하거나 부재 시 기업에 위험이 뒤따른다.

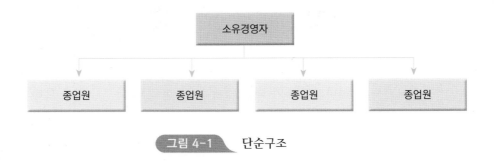

그림 4-1   단순구조

(2) 기능구조

기능구조(functional structure)는 기능분야의 전문가 관리자가 조직을 관리하는 구조이
다. 종업원들은 마케팅, 생산, 재무, R&D 등 주요기능의 전문가들이다. 경영자가 각
기능의 장을 직접 통제하며, 한 산업 내에서 여러 개의 생산라인을 가지고 있는 회사
규모에 있어서는 가장 기본이 되는 매우 효과적으로 사용하고 있는 조직구조이다.
단점으로는 상급자가 일상적 업무까지 처리하게 되어 과도한 부담을 지게 되는 경우
도 종종 있고, 또 하급자는 자율성이 결여되어 경직화 되는 경우도 생길 수 있다는 것
이다.

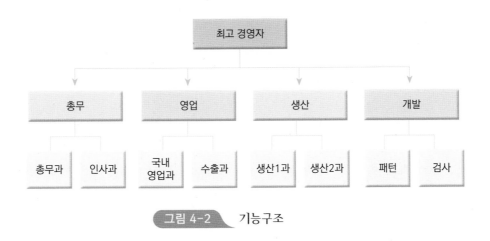

그림 4-2   기능구조

(3) 사업부제 구조

사업부제 구조(divisional structure)는 최고경영자가 각 사업부의 장들을 직접 통제하면서 보고를 받는다. 각 사업부마다 기능 조직을 갖추고 있으면서, 제품 사업부 한개 브랜드가, 하나의 회사가 되는 것이며, 즉 회사 내 다수의 회사 브랜드가 그룹 내에 존재하고 있는 것이다. 따라서 기능조직 밑에 사업부장의 책임 하에 각각의 브랜드 회사들이 독립적으로 운영되는 시스템이다. 이러한 구조는 브랜드별마다 다수의 생산라인을 가지고 있기 때문에, 중견 또는 대기업에 적합한 시스템이다. 종업원들은 제품과 시장에 따라 구분된 각 사업부 내에서 기능별 전문가에 의해서 모든 일이 이루어지고 있으며, 따라서 최고경영자는 사업부 간 횡적 연계를 통해서 각각의 독립된 사업부 간에 시너지 효과를 극대화시키는 데 주력하게 된다.

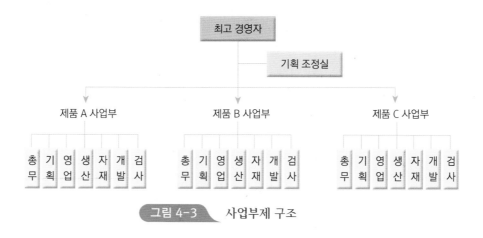

그림 4-3　사업부제 구조

(4) 매트릭스 구조

매트릭스 구조(matrix structure)는 효율성을 극대화시키는 기능별 조직구조와 시장적 응성을 높이는 사업부 조직구조로 두 조직형태의 이점을 얻기 위한 것이다. 이러한 구조는 기업이 처해 있는 환경과 시장여건이 복잡하고 변화무쌍한 경우에 활용되고 있다. 또한 각 사업부들 간에 아이디어 교류가 가능하고 자원이 부족한 경우에도 매트릭스 구조에서는 효율적으로 사용할 수 있다. 그러나 단점으로 종업원들은 기능별

그림 4-4　매트릭스 구조

장과 사업부장이라는 두 명의 상관을 두고 있으며, 두 사람 사이에 갈등이 끊임없이 이어질 가능성도 존재한다.

　다음은 금융지주회사 매트릭스 체제 도입 현황에 대해 예를 들어 설명해 본다.

 금융지주사 매트릭스 체제 도입 현황

　매트릭스는 지주 내 계열사들이 자산관리(WM) 기업금융(CIB) 부문 등을 통합 운영해 업무효율을 높이는 조직체계를 말한다.

　세계적인 금융회사들은 모두 매트릭스 체제를 갖추고 있으며 글로벌 금융그룹으로 성장하려면 매트릭스 체제가 반드시 필요하다. 매트릭스를 갖추면 은행부실을 없앨 수 있다. 금융가에 매트릭스 조직이 뜨거운 강자로 부상하고 있다. 4대 금융지주회사가 여러 계열사를 거느리는 공통 조직이 되면서 효율적인 조직 통제를 위해 매트릭스 조직을 속속 도입하고 있는 데 따른 것이다.

　2008년 하나금융이 처음으로 이 조직을 도입한 데 이어 신한 금융이 2012년 초에 부분적으로 도입했고, 우리금융도 도입을 검토하고 있다. 한국씨티은행이 속한 씨티그룹은 일찍이 이 제도를 시행하고 있다.

　매트릭스 조직에서 계열사 단위의 수직적인 보고 및 의사결정 체계와 별도로 개인·기업금융, 자산관리 등 각 계열사 공통 분야의 횡적 보고 라인을 별도로 두는 것을 말한다.

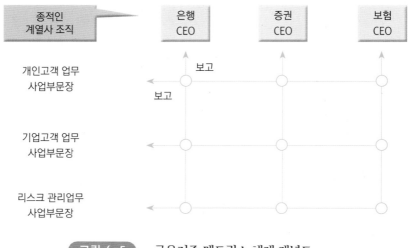

그림 4-5   금융지주 매트릭스 체제 개념도

예를 들어 은행·보험·증권사의 개인 금융 책임자가 자사 CEO뿐만 아니라 그룹의 개인금융 책임자에게도 보고하고 결재를 받는 방식이다. 또한 재벌의 기조실이나 구조본 같은 조직에서도 이를 통해 계열사 간 시너지 효과를 높이고 리스크관리도 이중으로 해서 리스크를 줄일 수 있다. 또한 하나은행과 외환은행도 매트릭스 조직을 통해 외환은행을 충분히 통제할 수가 있다. 매트릭스 체제는 국제적 금융사에서는 흔한 조직 구조다.

베인앤컴퍼니가 2011년 세계 100대 금융 그룹을 조사해 보니 중국계를 뺀 91개 금융그룹 중 77곳이 매트릭스 체제를 채택하고 있는 것으로 나타났다. 우리 기업들의 조직 충성도는 높지만 조직 간 수평적 교류는 힘겨워하는 한국 특유의 조직 문화도 매트릭스 도입을 어렵게 하는 요인인 것 같다.

(5) 네트워크 구조

네트워크 구조(network structure)가 효율적인 방안이 될 수 있었던 것은 정보기술의 발전과 전자상거래가 확산되는 영향이 매우 컸다. 급변하는 환경과 국제무역 및 경쟁의

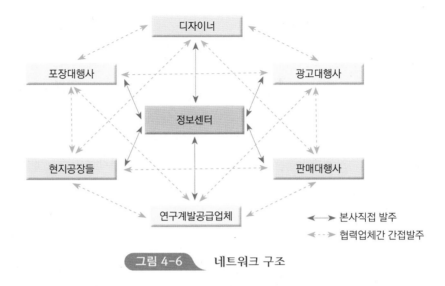

그림 4-6   네트워크 구조

변화 추이에서도 네트워크 구조는 융통성과 적응력을 높여준다.

예를 들어 나이키는 매년 수십 억 달러의 판매액을 가지고 있지만, 소유하고 있는 설비는 거의 없으며 종업원의 수도 수백명에 지나지 않는다. 자체생산보다는 외주(outsourcing)에 기인하기 때문이다. 자사의 모든 제품을 전 세계에 널리 퍼져 있는 생산자들과의 계약을 통해 조달하고 있다.

본사에서는 디자인만 생산자 측에 제공한다. 반대로 좋은 아이디어를 생산자 측에서 본사로 제공을 해서 좋은 호응을 얻으면 바로 생산에 투입되기도 한다.

즉, 나이키는 네트워크 구조의 효율성 있는 기업 운영으로 전 세계인의 사랑을 받고 있다.

2) 경영의 기능별 자원

경영자가 기업경영을 성공적으로 운영한다는 것은 기본적으로 유형 자원(자금, 시설, 근로자수)과 무형자원(기술, 브랜드, 서비스, 능력)의 밑바탕이 있기 때문에 가능한 일이다. 또한 기능별 경영자원을 살펴보면 인적자원, 재무자원, 마케팅 자원, 생산자원 등이 있다.

(1) 인적자원

인적자원은 조직에 필요한 능력 있는 인재를 발굴하여 교육시키고 동기 부여시키고, 유지하는 데 있다. 또한 인적자원의 기능을 경영관리 중에서 가장 기본적인 관리기능이며, 기업의 경영성과를 좌우하는 중심적인 활동이 된다. 따라서 기업이 효율적으로 인적자원을 관리함으로써 기업의 성장·발전이 가능하게 된다. 그러므로 기업의 인적자원관리는 기업자체의 목표달성뿐만 아니라 직원 각 개개인의 목표의 실현도 동시에 이루어질 수 있는 것이다. 그리고 직무분석을 통해서 어떤 기술을 보유한 인력이 필요한지가 중요한 사항이 된다.

과거에는 기업이 전략에 맞추어 인력자원을 조달·배치했는데, 현재는 기업이 보유하고 있는 인력 자원에 기초하여 전략을 수립하기 때문이다. 훌륭한 전략이 있어도 수행할 인재가 있어야 기업의 미래가 보장되는 것이다.

예를 들어 중앙기상대에는 슈퍼컴퓨터와 기상관측을 할 수 있는 전국의 네트워크 통신망, 인공위성, 해양기상관측배 등 이 모든 우수한 기상관측장비를 갖추고 있어도 이 장비를 사용할 수 있는 인재가 없으면 무용지물인 것이다. 즉 인재가 곧 경쟁력의 핵심이며, 발전의 원동력이 되는 것이다.

그리고 신기술은 경쟁기업들에 의해 쉽게 모방될 수 있지만, 인적자원은 무형자산으로서 기업에 남기 때문이다.

(2) 재무자원

기업의 목표를 달성하기 위하여 연관부서들하고 협의하여 자금의 조달과 운용에 관해서 의사결정을 수행한다. 기업의 모든 경영활동은 자금과 관련되어 있으므로 기업의 발전을 위해서 협력업체에 채무를 변제할 수 있는 능력이 있어야 한다. 따라서 기업의 재무상태를 평가하기 위한 것으로 재무비율 분석이 있다.

유형으로는 차입비율(leverage ratio), 유동비율(liquidity ratio), 활동비율(activity ratio), 수익비율(profitability ratio) 등이 있다.

표 4-1   주요 재무비율[1]

	재무비율	정의	산정방식
차입비율	부채 자산율 (debt-to-assets ratio)	차입금이 기업의 운영에 쓰인 정도	총 부채/총 자산
	부채 지분율 (debt-to-equity ratio)	차입금 대 소유권자가 출자한 자금의 비율	총 부채/총 지분
유동비율	유 동 률 (current ratio)	단기채권자의 지급요구를 자산으로 충당할 수 있는 정도	유동자산/유동부채
	당 좌 율 (quick ratio)	재고처분 없이 단기 채무를 변상할 수 있는 능력	(유동자산-재고)/유동부채
	재고 대 운전자본 (inventory to networking capital)	운전자본이 재고에 묶인 정도	재고/(유동자산-유동자산)
활동비율	재고 회전율 (inventory turnover)	기업의 재고수준	판매액/재고
	고정자산 회전율 (fixed assets turnover)	공장설비 등 고정자산의 판매 공헌도 및 활용도	판매액/고정자산
	총자산 회전율 (total assets turnover)	총 자산의 활용도	판매액/총자산
수익비율	총 이익률 (gross profit margin)	조업비용을 충당하고 이익을 낳는 총 판매수익률	(판매액-비용)/판매액
	순 이익률 (net return on sales)	단위 판매액당 세후 이익	세후이익/판매액
	자산수익률 (return on assets)	기업의 총 자산에 대한 수익률	세후이익/총자산
	지분수익률 (return on equity)	주주의 투자에 대한 수익률	세후이익/총 지분
	경제적 부가가치 (EVA:economic value added)	영업이익에서 법인세·자본 비용 등을 제외한 금액	세후이익/자본비용

---

1) 박준용(2008), 전략경영, 청람.

(3) 손익분기점 분석[2]

기업전략을 보완하고 지원하는 수단으로써 손익분기점 분석을 들 수 있다. 목표 투자이익률에 따라 가격을 결정하였을 경우, 추정한 만큼의 매출이 달성되지 못하면 최소한 얼마만큼 판매해야 손실을 면할 수 있을까 여기에 대한 답을 제공하는 것이 손익분기점(break-even point) 분석이다. 대부분의 기업들이 활용하고 있는 분석기법이며, 기업은 손익분기점 이상에서 대부분 제품가격을 형성하고 있다. 따라서 판매량이 손익분기점보다 높으면 이익이 나고 반대로 낮으면 손실을 보게 된다. 그러므로 손익분기점을 구하는 식을 보면

$$\text{손익분기점(판매량)} = \frac{\text{총 고정비용}}{\text{가격} - \text{단위당 변동비용}}$$

$$\text{손익분기점(매출액)} = \frac{\text{총 고정비용}}{1 - \dfrac{\text{단위당 변동비용}}{\text{가격}}}$$

판매량과 매출액을 구할 수 있어 자금흐름과 전략적 의사결정에 정보를 제공할 수 있다.

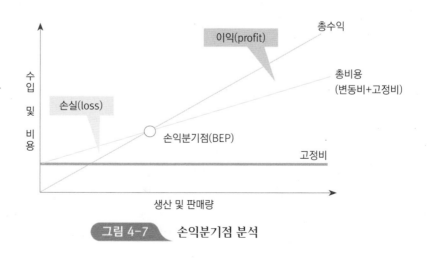

그림 4-7 손익분기점 분석

---

2) 안광호 외(2009), 마케팅원론, 학현사.

(4) 마케팅 자원

마케팅부서의 핵심은 시장조사에 있다. 시장의 수요를 정확히 파악하여 기업 전략에 이용하는 데 의미가 크다. 이러한 시장 조사를 통해서 기업은 제품별 및 서비스별 시장 세분화가 가능하고 이는 기업이 신제품 개발전략, 니치전략, 포트폴리오전략을 수립하고 실행하는 데 큰 효과를 가져 온다.

또한 마케팅을 설명할 때 4개의 P, 즉 '4P'를 든다. '4P'는 제품(Product), 가격(Price), 유통(Place), 촉진(Promotion) 등을 말하는 것으로 어떤 제품을 어떤 가격으로 어떤 채널을 통해 어떻게 프로모션할 것인가에 대한 개념을 한데 모아놓은 것이다. 하지만 사람들은 더 이상 '4P'를 찾지 않는다. '4P'의 자리를 대신한 것은 4개의 C, '4C'이다.

'4P' 중 첫 번째 요소는 어떤 제품을 만들 것인가 하는 '제품(Product)'의 개념인데, 이는 고객입장에서 어떤 가치가 있나 하는 '고객가치(Customer Value)'의 개념으로 바뀌었다.

이제는 단순히 어떤 제품을 출시할 것인가만 따져서는 안 된다. 고객에게 어떤 기회를 줄 수 있는지 살펴야 한다.

두 번째, 높은 가격으로 프리미엄 이미지를 줄 것인지 아니면 낮은 가격을 책정함으로써 많은 사람들이 쓸 수 있도록 할 것인지 하는 '가격(price)' 이슈는 '비용(cost)' 개념으로 바뀌었다.

가격·요소는 사실 다른 요소들에 비해 그 효과가 단기간에 나타나는 특성이 있다. 그래서 기업들은 다양한 가격 구조를 통해 최대의 효과를 누리려고 한다. 예컨대 지역에 따라, 혹은 시간대에 따라 가격을 다르게 설정하는 것이다. 이렇듯 기업 입장에서 얼마나 비용을 지불해야 하나 하는 '비용'의 이슈가 되었다.

세 번째, '유통(place)'도 같은 맥락이다. 유통·전략은 제품이 고객에게까지 전달되는 전 과정을 관리하는 일이다. 백화점을 통해 판매할 것인지, 할인점에도 입점할 것인지, 아니면 직영점 체제로 할 것인지 대리점을 구축할 것인지 등 유통에 관한 이슈만도 매우 복잡하다. 이런 '유통(place)'은 편리함(Convenience)으로 대체되었다. 다시 말해 유통 정책이라는 기업 관점의 문제를 고객 입장에서 바라본다면 구매의 편리성이 바로 '접근성'의 개념이 된다.

네 번째, '촉진(Promotion)'은 '소통(Communication)'으로 바뀌었다. 광고나 이벤트 등 기업의 프로모션 활동에 일방적으로 노출되던 수동적인 입장의 고객은 이제 그런 상황을 단호히 거부한다. 쌍방향적으로 기업과 상호 소통하기를 원한다. 이렇게 4개의 P는 4개의 C로 바뀌었다. '4P'에서 '4C'로의 변화 이 거대한 변화의 한 가운데 바로 고객이 있다.

표 4-2 마케팅믹스의 변화

마케팅 믹스의 변화 (4P⇒ 4C)	
과거 (4P)	현재 (4C)
제품 (Product)	고객가치 (Customer Value)
가격 (Price)	비용 (Cost)
유통 (Place)	편리함 (Convenience)
촉진 (Promotion)	소통 (Communication)

🌐 4C 전략

고객의 마음을 얻는 것이 4C 전략이다. 4C 전략은 제품이나 서비스를 통해 고객이 얻을 수 있는 혜택이며 고객들에게 더 큰 편안함과 편리함을 안겨 줄 수 있는 방법이다.

① 고객가치

제품과 서비스를 통해 고객들이 얻을 수 있는 혜택이다. 세계적인 디자인 회사 IDEO는 디자인을 할 때 늘 고객의 관점에서 화두를 던진다. 가령 단순히 보기 좋은 것을 넘어 어떻게 하면 고객들에게 더 큰 편안함과 편리함을 안겨 줄 수 있을까를 고민하는 것이다. IDEO는 그 누구도 생각지 못한 쇼핑카트를 만들 수 있었다.

쇼핑카트에 음료수병을 꽂아둘 수 있는 컵홀더와 아이를 앉힐 수 있는 의자 등을 더해 편리하게 사용하도록 하였다.

② 비용

비싼 가격임에도 불구하고 소비자에게 가치창출을 통한 구매욕구가 가능하다. 국내 주방용품업체 한샘은 경쟁업체들 보다 가격이 높았으나 매출은 증가했다. 이것은 고객의 마음을 얻을 수 있는 가치를 잘 부각시켰기 때문이다. 즉, 한샘은 주방이 주부의 업무공간임과 동시에 가족 모두에게도 중요한 공간임을 어필한 것이다. 그 결과 주부들은 디자인과 공간활용면에서 우수한 한샘제품을 구입하려는 인식이 생겨난 것이다. 또한 한샘은 프리미엄 브랜드 '키친바흐'를 출시했는데, 이 역시 고가의 제품이지만 많은 주부들의 라이프스타일과 품격에 적합한 제품이라는 점을 강하게 부각시켰다.

③ 편리함

고객들이 관련된 제품을 편리하게 구입할 수 있는 방법이다. 미국에서 어린이용 양말을 판매하는 '리틀미스매치드'(Little Miss Matched Socks)는 장난감가게나 사탕전문점에서 어린이용 양말을 편리하게 구입할 수 있게 하였다.

④ 소통

일방적 광고보다는 소통을 통해 자사제품을 알린 경우이다. 국내 영어교육업체 해커스토익은 '해티즌커뮤니티'를 만들었다. 이곳의 강의를 들은 학생들이 모여 강의, 교재선택, 또는 영어공부비법 등을 공유한다. 영어공부를 하는 학생들에겐 소통의 통로가 되며 마케팅효과도 효율적으로 이루어지고 있다.

(5) 생산자원

생산을 효율적으로 관리할 수 있다는 것은 제품 품질에 많은 영향을 준다. 또한 최소의 비용으로도 우수한 품질의 제품을 생산할 수 있다. 그럼으로써 생산능력과 관련하여 적정량의 생산을 적시·적소에 제공함을 목적으로 한다. 재고가 부족하면 생산차질이 발생하거나 매출기회의 상실이 발생하고, 재고가 너무 많으면 기업의 수익성과 자금유동성에 영향을 미친다. 따라서 재고는 합리적이고 과학적인 방법에 의해 적정량의 재고를 보유하는 것이 바람직하다. 그리고 좋은 품질을 유지하기 위해서는 표준화 작업으로써 생산의 양과 품질을 개선하려는 노력이 있어야 한다. 따라서 과거는 공급자 위주의 품질개념에서 고객중심의 전사적 품질개념으로 확대되어야 한다. 그러므로 경영자는 경험곡선에 따라 미래의 생산비용을 예측하여 현재의 제품가격을 낮춤으로써 시장 수요를 늘리고 경쟁을 배제하여, 궁극적으로는 기업의 판매 및 이윤까지 높일 수 있다. 최근에는 컴퓨터에 기반을 둔 생산시스템인 유연생산시스템(Flexible Manufacturing System)으로 말미암아 다양한 고객수요를 창출시킬 수 있는 소량다품종 생산 시스템이 가능하게 되었다.

③ 기업문화와 리더십

기업문화는 사회적 평판을 극대화 시킴과 동시에 리더십을 통한 비전 제시와 변화의 주역으로 성공의 이면을 살펴본다.

1) 기업문화

기업문화는 조직의 구성원들이 갖고 있는 가치관을 말하는 것이며, 기업의 목표와 전략에 많은 영향을 미친다. 즉 기업문화는 기업의 성과를 내는데 큰 역할을 하고 경쟁 우위의 원천이 될 수 있다. 예를 들면, 한국의 이랜드는 기독교 정신에 입각하여 기업문화가 녹아 있다. 따라서 비용우위를 확보하는데 큰 성과를 내고 있다. 전 임직원이 기독교 정신으로 낭비를 줄이는 등 경쟁사에 비해 비용 면에서 경쟁우위를 창출한다는 것은 기업문화의 가장 좋은 예이다.

또한 기업에 따라서 시장 지향적, 제품 지향적, 기술지향적인 성향을 가질 수 있다.

그리고 기업의 구성원들을 통해 항상 기업문화를 주입시키기 때문에 조직을 떠나게 되더라도 기업문화는 존속하게 된다. 전문 경영인도 자사의 문화를 잘 숙지하고 이해해야 한다.

기업문화와 달리 기업에 대한 사회적 평판(reputation) 또한 중요하다. 기업은 자사에 유리한 여론을 이끌어내기 위해서 기업의 사회적 평판을 전략적으로 좋게 가지고 가려고 노력한다. 사회적으로 호평 받는 기업들은 정부의 정책적 배려로 혜택을 많이 받기 때문이다.

따라서 최고경영층의 리더십의 영향으로 기업문화의 형성, 기업에 대한 평판, 기업의 전략적 향방에 많은 영향을 미친다. Kotler의 리더십은 구성원들의 비전공유를 통해 변화를 이끌어내는 원동력이 되었고, 실제로 창업자의 가치와 믿음이 기업문화를 성공시켰다.

2) 리더십

최고경영자의 리더십은 기업문화의 유지와 창출이고, 전략적으로 기업문화에 크게 영향을 준다. 리더십이 차지하는 중요한 역할을 보면 비전제시 및 변화의 주역과 정치적 협상이 있다. 전자는 조직이 지금까지 수행했던 전략에서 새로운 비전을 제시할 수 있는 사람들로 하여금 좋은 아이디어를 찾게 하고, 동기를 유발시키고 새로운 가치관 정립과 기업의 나아갈 비전을 찾게 해준다. 또한 최고경영자는 조직구성원으로 하여금 창의적인 생각을 갖도록 이끌어 주고 있다. 후자는 정치적인 감각과 정치적인 협상과 타결점을 찾는데 능숙해야 한다.

그리고 최고경영자의 주요 업무 중의 하나가 기업윤리를 강조한 것이다. 높은 윤리적인 기준을 갖고 있는 조직은 대부분 최고경영자들이 윤리적인 행동이나 도덕적인 활동을 강조한다.

또한 기업들은 윤리강령(code of conduct)을 제시하며, 종업원들에게 윤리적인 행동의 필요성을 숙지시킨다. 그런 바탕 위에서 리더십이 형성되고 기업의 문화가 보존되며 더 나아가 기업 고유의 전략적 가치가 높아질 수 있다.

그리고 실패를 두려워하지 않는 도전정신이 없었다면 세계 무대에서 기업들을 이끌고 나갈 수 없다. 따라서 리더십 구현방식은 상황에 따라 바뀌지만 비전제시와 이를 실현할 추진력은 시대를 막론하고 지도자의 리더십을 갖춰야 할 덕목이다. 경부고속도로 4차선인 428Km를 2년 5개월만인 1970년 7월 7일 준공한다. 빈곤에서 벗어나 국가경제를 발전시키려면 도로 같은 사회기반시설부터 갖춰야 한다는 신념의 결과였다. 자동차시대가 열리고 주변에 공업단지 건설이 이어지면서 이후 국가경제는 도약의 길로 접어들었다.

한글창제의 반대에도 무릅쓰고 혼신의 힘을 기울였듯, 신은 아직 12척의 배가 있다고 소신을 굽히지 않은 것은 현안에 대한 고민과 통찰력으로 지도자의 결단력 즉, 리더십이 가져온 성공사례들이다.

맹자의 품격 있는 리더십이란 자신이 한말에 대해 책임을 지는 것이다.

장군의 리더십

집안이 나쁘다고 탓하지 마라.
나는 몰락한 역적의 가문에서 태어나
가난 때문에 외갓집에서 자라났다.
머리가 나쁘다 말하지 마라.
나는 첫 시험에서 낙방하고
서른 둘의 늦은 나이에 겨우 과거에 급제했다.
좋은 직위가 아니라고 불평하지 마라.
나는 14년 동안 변방 오지의 말단 수비장교로 돌았다.

윗사람의 지시라 어쩔 수 없다고 말하지 마라.

나는 불의한 직속 상관들과의 불화로

몇 차례나 파면과 불이익을 받았다.

몸이 약하다고 고민하지 마라.

나는 평생동안 고질적인 위장병과

전염병으로 고통 받았다.

기회가 주어지지 않는다고 불평하지 마라.

나는 적군의 침입으로 나라가 위태로워진 후

마흔 일곱에 전라좌수사가 되었다.

조직의 지원이 없다고 실망하지 마라.

나는 스스로 논밭을 갈아 군자금을 만들었고

스물세번 싸워 스물세번 이겼다.

윗사람이 알아주지 않는다고 불만 갖지 말라.

나는 끊임없는 임금의 오해와 의심으로

모든 공을 뺏긴 채 옥살이를 해야 했다.

자본이 없다고 절망하지 말라.

나는 빈손으로 돌아온 전쟁터에서

12척의 낡은 배로 133척의 적을 막았다.

옳지 못한 방법으로 가족을 사랑한다 말하지 말라.

나는 스무살의 아들을 적의 칼날에 잃었고

또 다른 아들들과 함께 전쟁터로 나섰다.

죽음이 두렵다고 말하지 말라.

나는 적들이 물러가는

마지막 전투에서 스스로 죽음을 택했다.

④ 내부 분석 기법

경쟁우위는 기업의 내부자원을 활용하는 과정에서 창출된다. 우수한 인적자원과 풍부한 자금으로 설비투자를 통한 원가 우위가 경쟁기업과의 차별화로 이어진다. 그리고 이러한 활동들이 어떻게 상호작용하는가를 알아보고 그와 연관지어 가치사슬 (value chain)과 PIMS, 7-S 등 기법들을 살펴보기로 한다.

1) Porter의 가치사슬 분석

기업이 창출하는 가치는 제품과 서비스에 있다. 구매자가 대가를 지불함으로써 기업에 가치가 생성되는데, 가치를 창출하기 위해서 들어간 비용보다 초과하면 수익성이 있는 것이고, 아울러 경쟁우위를 유지하려면 경쟁기업을 보다 적은 비용과 차별화된 제품을 만들어 구매자로 하여금 선호하도록 만들어야 한다.

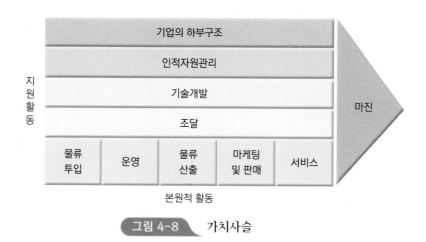

그림 4-8   가치사슬

이러한 가치창출기능은 포터에 의해 제시된 가치사슬 개념을 빌려 설명할 수 있다. 따라서 가치사슬 분석은 기업의 여러 내부 활동들을 포함하여 시너지의 성격과 범위를 조사하는 기법이다. 기업의 전반적인 활동을 본원적 활동과 지원 활동으로 구분하여 기업이 구매 및 재고관리부터 물류, 생산, 판매, 설계, 배달에 이르기까지 각각의 부문에서 드는 비용과 창출되는 부가가치를 정교하게 분석할 수 있게 해주고 이 기법을 통한 개별 내부 활동의 체계적 검토는 기업의 강·약점들을 보다 잘 이해할 수 있도록 도와준다.

표 4-3 가치 활동의 예

	가치 활동	예
지원 활동	기업의 하부구조	일반관리, 재무/회계, 리더십, 정보시스템전략
	인적자원관리	모집, 훈련, 개발, 보상, 노조관계
	기술 및 제품개발	연구개발, 제품/프로세스 혁신
	조달	자재구입, 기계, 설비, 공급
본원적 활동	구매/물류투입	자재관리, 저장, 재고관리
	생산/운영	공장 및 작업설계, 자동화, 포장, 조립, 시험
	배송/물류산출	저장, 자재관리, 유통/배달
	마케팅/판매	시장조사, 광고, 판촉, 이미지개선
	서비스	설치, 수리, 보증, 고객만족

지원활동

① 조달(purveyance)

기업의 가치사슬 내에서 사용되는 투입요소를 구매하는 기능으로 원재료, 비품, 소모품과 기계류, 실험실시설, 사무기기, 건물 등을 포함한다.

② 기술개발(technical development)

기업에서 사용되는 기술의 종류를 문서작성기술은 물론 제품운반기술 그리고 제품 자체에 포함된 기술까지 그 범위가 넓다. 기술개발은 최종 제품에 직접 연결된 기술에만 적용되는 것이 아니라 기초적인 연구·제품설계에서부터 광고매체 연구, 공정설비 설계, 서비스 절차까지 여러 형태로 발생한다.

③ 인적자원 관리(human resource management)

채용, 훈련, 교육, 보상 등 인사관리의 제반활동으로 구성, 인적자원 관리활동은 채용과 교육비용, 종업원들의 기술능력과 동기부여의 정도에 따라 기업의 경쟁우위에 영향이 크다.

④ 기업 하부구조(firm infrastructure)

기업 하부구조는 일반관리, 기획업무, 재무관리, 회계, 법률문제 관리, 대정부관계 그리고 품질관리로 구성 간접비로 고려되기도 하지만 산업에 따라서는 경쟁우위 확보에 중요한 역할을 담당하기도 한다.

🌐 본원적 활동

① 조달물류(inbound logistics)

투입요소를 구입, 저장하고 제품에 이것을 분배하는 것과 관련된 활동으로서 자재관리, 저장, 재고관리, 장비사용계획, 공급자에게 반품하는 것과 같은 활동이다.

② 운명(operations)

투입요소를 최종 제품형태로 가공하는 것과 관련된 활동으로서 기계가공, 포장, 조립, 장비유지, 테스트, 인쇄, 설비운영과 같은 활동을 말한다.

③ 판매물류(outbound logistics)

제품을 구매자에게 유통시키기 위한 수집, 저장과 관리 활동 및 구매자에게 제품이 직접 유통되는 활동이 완성품보관, 자재관리, 운송장비 관리, 주문처리, 유통계획과 같은 활동이다.

④ 마케팅과 판매활동(marketing & sales)

구매자가 제품을 구입할 수 있는 수단을 제공하는 활동으로서 광고, 판매촉진, 판매원 및 판매량 할당, 유통경로 선택, 유통망 관리와 가격설정과 같은 활동이다.

⑤ 서비스 활동(service)

제품가치를 유지하거나 높여 주는 활동으로서 제품설치, 수리, 사용방법 교육, 부품공급, 제품조정과 같은 활동이다.

2) 맥킨지 7-S분석

전략의 실행 가능성을 판단하거나 조직 전체의 적합성을 측정할 때 용이하도록 만들어진 것이 맥킨지가 제창한 "7S모형"이다. 이 모형은 주로 맥킨지사가 조직전략 및 조직문제의 분석을 수행하는 데 주로 사용하였다.

이 기법은 전략(Strategy)과 조직구조(Structure), 시스템(System), 인재(Staff), 기술(Skills), 스타일(Style), 공유가치(Shared Value)의 일곱 가지 조직변수에 대한 정보를 수집하여 내부분석에 사용하며, 7S 모형이라 부른다.

특히 공유가치는 조직문화형성에 가장 중요한 역할을 하며, 전략과 조직구조가 하드한 요소(hard factors)라고 한다면 나머지 5S는 소프트한 요소(soft factors)라고 할 수 있다. 또한 기업경영에서는 전략과 조직구조에 대해서 중점적으로 다루어 왔다. 이들 7S모형의 구성요소를 각각 살펴보면 다음과 같다.

첫째, 공유가치(Shared Value)는 조직구성원이 공유하고 있는 가치관, 이념, 전통가치, 기본목적 등을 포함하여 조직문화 형성에 중요한 위치를 차지하고 있다.

둘째, 전략(Strategy)은 조직의 이념과 목적을 중심으로 조직운영에 틀을 제공하고 다른 구성요소에 영향을 준다.

셋째, 조직구조(Structure)는 제도와 함께 구성원들의 행동에 영향을 준다.

넷째, 시스템(System)은 구성원들의 행동을 체계화하고 특정 방향으로 유도하는 중요한 역할을 하게 된다.

다섯째, 구성원(Staff)은 행동을 통해 실제로 나타낸다.

여섯째, 스타일(Style)은 구성원들을 이끌어 가는 전반적인 조직관리 스타일을 말한다.

일곱 번째, 기술(Skill)은 장기적인 목적과 계획이 전략이라면, 기술은 그 전략을 어떻게 실행할 것인가를 말한다. 또한 전략은 변하지 않더라도 기술은 시대에 따라 변할 수도 있다.

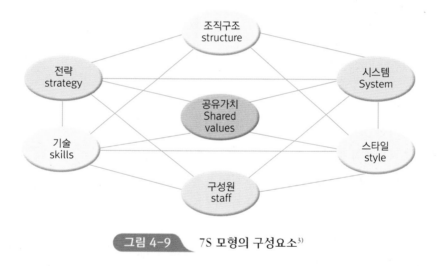

그림 4-9   7S 모형의 구성요소[3]

3) PIMS 분석[4]

PIMS(Profit Impact of Market Strategy)는 전략적 행동의 결과를 특정하기 위해 100여 개의 변수들에 대해 수천 개 사업 단위의 계량적 측정치를 사용하는 수학적 모형이다.

---

3) 어윤대 · 방호열(2004), 전략경영, 학현사.
4) 박준용(2008), 전략경영, 청람.

PIMS 테이터 베이스는 전략계획연구소^(SPI:Strategic Planning Institute)가 북미와 유럽에 걸쳐 있는 여러 전략사업단위들의 내부전략적 자료들을 수십년에 걸쳐 광범위하게 수집해 놓았다. 이 연구들은 전략과 환경 등 많은 성과 부분을 얻었으며, 상당 부분 밝혀내는 결과도 얻었다. SPI의 연구결과에 따르면 낮은 자본집약도에 해당되는 고정자본비율과 운영자본비율 또 높은 시장점유율, 높은 품질, 높은 가동률, 높은 조업효율성, 낮은 단위성 직접비용과 같은 특성을 가진 기업들은 높은 수익률을 올렸다. 따라서 PIMS는 기업의 핵심이 되는 내부 전략적 요소들을 경영자들에게 도움을 주었다는 것만으로도 유용한 분석기법이다.

⑤ 전략적 조직유형

마일스와 스노^(R.Miles & Snow)의 모형은 환경이 이미 결정된 상황에서 기업의 반응 전략을 구분한 것으로 조직유형은 기업이 처해 있는 환경과 직결되기 때문에 기업이 나름대로 선호하는 전략을 선택하게 된다. 따라서 공격형, 방어형, 분석형, 낙오형 등 네 가지 조직유형으로 구분되어 있으며 각 전략에 대해서 살펴본다.

1) 공격형(Prospector)

새로운 제품과 시장기회를 포착·개척하는 전략으로 보통 진입장벽을 돌파하여 시장에 막 진입하려는 기업이 활용하는 전략이다.

그리고 제품혁신과 시장기회창출을 끊임없이 추구하며 기업의 성공원인을 안정성에서 찾지 않고 새로운 제품과 시장기회를 포착하고 개척하는 데 있다고 보는 경영전략을 말한다.

2) 방어형(Defender)

조직의 안정적 유지를 목표로 환경변화에 신중한 현상, 유기적 태도를 취하는 유형이다. 즉 새로운 사업기회를 찾지 않으려는 경향과 기존사업의 효율성에만 관심을 갖는다.

3) 분석형(Analyzer)

상술한 전략의 결합형으로 수익의 기회를 찾으면서 위험도 회피하려는 전략으로 시장에 적응한 기업이 주로 택하는 전략이다. 또한 안정적인 시장과 유동적 시장 모두에서 조업하는 기업을 말한다. 안정적인 영역에서도 효율성에 치중하면서 유동적인 면에서는 혁신을 선택하기도 한다.

4) 낙오형(Reactor)

경영자가 환경변화에 불확실성을 감지하고 있으나 이것에 효율적으로 대처하지 못하는 기업으로서, 이러한 기업은 일관성이 없으며 환경의 압력에 의하여 불가피하게 되기까지 어떤 변화도 대응하지 않는다는 것이다. 이러한 환경변화에 적응하지 못하는 기업이 불안한 상태로 남아 있는 것으로 보통 수명을 다한 기업이 별다른 전략 없이 쇠퇴할 때 나타나는 유형이다.

내부 기능별 분석에는 단순구조, 기능구조, 사업부제 구조 매트릭스 구조, 네트워크 구조 등이 있다. 단순구조는 영세업자에 해당되지만 신속하고 유연성으로 의사결정이 빠르며, 기능구조는 해당 전문가·관리자가 조직을 관리하는 구조로 회사 규모에 있어서 기본이 되는 조직구조이다. 또한 사업부제 구조는 중견기업과 대기업에 적합한 구조이며, 매트릭스 구조는 두 조직의 형태의 이점을 얻기 위한 것으로써 환경과 시장 여건이 복잡하고 변화무쌍한 경우에 활용되고 있다. 그리고 네트워크구조는 국제무역 및 경쟁의 변화 추이에서도 융통성과 적응력을 높여 준다.

또 경영의 기능별 자원으로는 인적자원, 재무자원, 마케팅 자원, 생산자원 등이 있으며, 인적자원으로는 인적자원을 관리함으로써 기업의 성장·발전이 가능하게 된다. 재무자원에 있어서는 연관부서들하고 협의하여 자금의 조달과 운용에 관해서 의사결정을 수행하면서 기업은 성장한다.

마케팅 자원에서는 더 이상 '4P'를 찾지 않는다.

'4P'의 자리를 대신한 것은 4개의 C, '4C'이다. 이것은 제품(Product)에서 고객가치(customer value) 개념으로 바뀌었다. 가격(price)은 비용(cost)개념, 유통(place)은 편리함(convenience), 촉진(promo-tion)은 소통(communication)으로 바뀌었다. 생산자원에서는 생산을 효율적으로 관리할 수 있다는 것은 제품 품질에 많은 영향을 준다.

기업문화와 리더십은 기업의 목표와 전략에 많은 영향을 주어, 기업의 나아갈 비전을 찾게 해준다.

내부 분석 기법으로는 porter의 가치사슬 분석과 맥킨지7-S분석 그리고 PIMS분석이 있다.

아울러 전략적 조직유형으로는 마일스와 스노(Miles & Snow)가 기업의 반응 전략을 구분한 것으로써 공격형, 방어형, 분석형, 낙오형 등이 있다.

토의 과제

1. 세계적인 금융회사들이 매트릭스 구조를 선택하는 이유는?

2. 마케팅 믹스 4P에서 4C로 옮겨가는 이유는?

3. porter의 가치사슬 분석에 대해 설명하시오.

4. Miles & Snow의 전략적 조직유형에 대해 설명하시오.

삼성전자 말레이시아서 3년새 10배 성장한 비결

매년 기업들이 성과급을 지급하는 시기가 되면, 많은 사람들이 삼성전자에 근무하는 지인들은 얼마나 받을까 하는 생각을 자연스럽게 한다. 물론 지난 5년간 삼성전자가 매출액과 영업이익 관점에서 지속적으로 기록을 경신하면서 한국을 대표하는 성과를 창출하고 있기 때문에 발생하는 즐거운 일이다.

하지만 삼성전자가 도대체 해외 시장에서 어떤 전략을 사용하기 때문에 우리에게는 거의 불가능해 보이는 엄청난 성과를 창출하는지에 대해서 궁금해 하거나, 더 나아가서 전체 매출액 중에서 90% 이상을 해외에서 발생시키고 있는 삼성전자의 해외시장 노하우를 본격적으로 배우려고 노력하는 기업들은 많지 않다.

삼성전자는 해외시장에서 무엇을 어떻게 하고 있을까? 한마디로 말하면 삼성전자의 해외시장 전략은 단순한 시장 진입전략을 사용하는 것이 아니라, 해당 시장에서 가장 효과적이고 적합한 현지 전략을 창조한다. 특히 말레이시아 시장에서 삼성전자가 사용한 현지 전략은 대표적인 창조경영 사례라고 할 수 있다. 왜냐하면 말레이시아에서 삼성전자는 불과 3년이라는 짧은 시간 동안 현지 시장 점유율을 10배 이상 증가시키면서 압도적인 현지 시장 1위라는 지위를 창출했다.

삼성전자 말레이시아법인은 현지 시장에서 완전히 새로운 유통전략을 창조했다. 특히 이런 창조적인 전략은 휴대폰과 스마트 모바일 기기 부문에서 더욱 뚜렷하게 나타난다. 법인 설립 초기부터 10여 년간 삼성전자의 휴대폰 영업 방식은 말레이시아 현지 시장에서 단일 딜러(Distributor)에게 제품을 공급하고, 해당 딜러를 통해 전국 소매 채널로 제품을 공급하는 전략을 사용했다. 대다수의 제조기업들이 해외시장에서 사용하는 딜러망을 활용한 현지시장 전략은 시장 진입 초기에 빠른 성과를 창출할 수 있는 장점이 있는 반면, 시간이 지날수록 판매 현장의 소리를 들을 수 없을 뿐만 아니라, 기업의 마케팅 활동이 단절되는 단점이 있다. 특히, 어떤 딜러를 사용하느냐에 따라서 채권을 회수하기 어려운 재무적 리스크까지 발생한다.

2008년 글로벌 금융 위기를 계기로 영업체질의 혁신적인 개선을 고민하던 삼성전자는 2010년부터 말레이시아 휴대폰 사업 전략을 단일 딜러에 의존하는 대신, 전국적으로 소규모 유통망에 직접 침투하는 역발상 전략을 채택했다. 가장 효과적인 소매점과 순차적으로 개설해야 할 소매채널을 찾기 위해 현지 시장을 최대한 정밀하게 분석할 수 있는 채널 매핑(Mapping)전략을 개발했다. 한 번 개발한 딜러에게는 단순 판촉 활동 정도에 그치지 않고, 브랜드 가치를 창출하기 위한 매장 진열 방식, 채널 광고 기법, 고객 응대 방식까지도 철저히 관리하는 전략을 실행했다. 뿐만 아니라 영업활동을 책임지는 주재원들이 판매 현장을 주중 및 주말까지 종횡무진 누비면서 철저한 현장 관리까지도 놓치지 않았다.

단기적으로 비용이 적게 소요되는 톱 다운(Top-Down) 방식의 딜러 관리 전략 대신 개별 소매점을 개발하는 보텀 업(Bottom-Up) 방식의 현지 시장 전략은 불과 3년이라는 시간 만에, 말레이시아 무선 사업부문을 삼성전자의 해외 시장들 중에서 가장 높은 현지 시장 점유율을 가진 시장으로 새롭게 창조했다. 남들보다 현지 시장을 더욱 깊이 있게 분석하고, 남들과는 정반대 전략으로 이루어낸 성과였다.

한국 기업들은 해외시장이 너무 어렵다는 말만 되풀이하면서 낮은 시장 점유율이 마치 당연한 것처럼 생각하는 경우가 많다.

사실은 국내 시장이건 해외 현지 시장이건 시장은 항상 어렵다. 왜냐하면, 시장에는 언제나 상상하기 어려운 경쟁이 있기 때문이다. 하지만, 자신만의 전략을 창조하려는 자세를 갖춘 기업에 해외시장은 마치 아주 멋진 그림을 그리기 위해서 잘 준비된 도화지와도 같다. 문제는 얼마나 멋진 그림을 창조하느냐 하는 것이다.

(2013. 5. 25. 매일경제)

'한국판 알리바바'는 왜 없나

"세계에서 가장 큰 시장(The World's greatest bazzar)."

영국의 경제전문지 이코노미스트가 중국의 인터넷 기업 '알리바바닷컴(alibaba.com)'에 달아준 수식어다. 곧 기업 공개에 나설 알리바바닷컴의 예상 시가총액은 550~1,200억 달러. 페이스북(10일 현재 633억 달러)을 뛰어넘을 기세다. 대중에겐 생소한 기업이 이렇게 높은 평가를 받는 이유는 세계 최대 인터넷 전자상거래 업체이기 때문이다. 알리바바닷컴 계열 서비스의 거래액(연간 1,700억 달러)은 인터넷 전자상거래의 대명사인 미국의 이베이(eBay)나 아마존닷컴(Amazon.com)을 합친 것보다도 크다.

1998년 12월 중국 항저우(杭州)의 한 아파트 골방에서 탄생한 알리바바닷컴이 10여년 만에 세계 최대 인터넷 상거래 업체가 된 비결은 7,000만 개에 이르는 중소기업(회원수 기준)들을 촘촘하게 엮어낸 방대한 '기업 간(B2B) 전자상거래 네트워크'다. 자칭 인터넷 강국인 한국엔 왜 이런 기업이 등장하지 못한 걸까. 알리바바닷컴의 성공은 중소기업과 대기업 상생 해법을 고민하는 한국에 많은 시사점을 던져준다.

◇ 중국 중소기업의 판로 개척 허브 역할

알리바바닷컴의 성공은 중소기업을 떼놓고 생각하기 어렵다. 알리바바닷컴이 급성장한 것은 중국이 '세계의 공장'으로 부상한 2000년대 초중반. 개혁·개방 이후 우후죽순처럼 생겨난 중국의 중소·벤처 기업들이 판로와 소재 공급처를 찾아 허우적댈 때, 알리바바닷컴은 인터넷의 힘으로 이들을 국내외 바이어와 기업에 연결해주는 '허브(hub)' 역할을 했다.

알리바바닷컴은 전자상거래를 못 미더워하는 중국인과 중국 기업들을 위해 알리페이(Alipay)라는 지불결제 서비스를 제공했고, 기본 서비스를 모두 무료로 제공해 중국 중소기업들의 마음을 사로잡았다. 세계 무대로 승천하는 중국 중소기업들의 마케팅·조달 인프라 역할을 하면서 스스로도 큰 성공을 일궈낸 셈이다. 컨설팅업체 맥킨지는 "알리바바닷컴은 세계 최초로 1조 달러의 거래액을 돌파하는 전자상거래 기업이 될 가능성이 높다"고 평가했다.

◇ 중소기업 키우려면 '한국판 알리바바' 있어야

우리나라도 연간 전자상거래 규모가 1,400조원(2012년)이 넘는 전자상거래 강국이지만, 알리바바닷컴처럼 중소기업들을 위한 강력한 B2B 전자상거래 기업이 나타나지 못했다. 이유가 뭘까. 한 업계 관계자는 "2000년대 초중반 한국에도 중소기업과 자영업자를 대상으로 하는 B2B 전자상거래 벤처 붐이 일었지만, 대기업들이 인터넷을 통한 MRO(소모성 자재 공급) 사업에 대거 나서면서 성장의 싹이 꺾인 측면이 있다"고 말했다.

MRO란 대기업이 사무실 비품 등을 대량으로 구매해 공급받는 일종의 대리구매 사업이다. LG그룹의 서브원이나 과거 삼성그룹 계열이었던 아이마켓코리아가 대표적. 가뜩이나 우리나라 중소기업들이 대기업 의존적으로 커온 상황에서, 대기업들이 B2B 전자상거래 시장마저 장악해갔다는 얘기다. 국내 중소기업 입장에선 판로 개척이나 소재·중간재 조달에 있어 알리바바닷컴 같은 전자상거래 인프라를 등에 업은 중국 기업과 비교하면 불리할 수밖에 없다.

조부연 제주대 교수(한국인터넷전자상거래학회 사무국장)는 "국내 대기업의 협력업체로 성장해 세계적 경쟁력을 확보한 중소기업이 '한국판 알리바바닷컴' 같은 국내외 시장을 아우르는 강력한 B2B 전자상거래 인프라의 뒷받침을 받으면 세계적 기업들이 앞다퉈 찾는 강소 기업이 더 많이 나오게 될 것"이라고 했다.

(2013. 4. 11. 조선일보)

구조조정 전략

구조조정 전략

구조조정 전략을 기업전략(corporate strategy)이라고 부르기도 한다. 기업규모가 커지면 여러 사업에 참여하여 경영활동을 할 경우 기업 전체의 관점에서 수익성이 높은 사업을 하기 위해 사업 포트폴리오를 구성하게 된다. 즉 구조적인 산업들을 연구하여 기업의 방향성을 결정하는 것으로 기업의 성장전략(다각화, M&A, 수직적 통합), 기업의 안정전략(사업구조조정), 기업의 축소전략(매각, 투자회수, 철수) 등을 결정하게 된다.

① 기업의 성장전략

글로벌 시장경제에서 기업의 성장은 원가 절감, 신제품 개발 및 새로운 시장을 개척함으로써 달성된다. 기업의 성장 전략은 집결전략과 다각화 전략이라는 두 가지 유형으로 구분되며, 현재의 산업이 매력적이면 자원을 집결하는 것이 바람직하고, 그렇지 않으면 타 산업으로 다각화하여 기업의 성장을 도모할 수도 있다. 이러한 기업의 성장전략을 추진함에 있어서 기업은 내부적 성장 또는 외부적 성장의 두 가지 방안을 모색할 것이다. 신제품 및 서비스 개발을 하는 반면에 외부적 성장은 외부기업과의 전략적 제휴와 인수합병(M&A)을 통해 성장을 할 수 있다. 기업은 인수합병을 통해 외형을 키우거나 기업 가치를 높인다. 또 사업 다각화나 시너지 효과를 거두기 위해 M&A를 하기도 한다. 예를 들어 SK그룹은 알짜배기 공기업을 인수해 덩치를 키운 대표적 기업이다. 유공을 물려받아 SK에너지로 키웠고, SK텔레콤은 한국이동통신을 모태로 하고 있는 좋은 예이다.

1) 집결 전략

집결 전략(concentration strategy)은 사업경쟁력이 강한 기업이 산업 내에서는 새로운 경쟁기업을 끌어들이는 효과를 초래해 기존 기업들 간의 산업 내 경쟁이 치열해 질 수 있다. 그러나 규모가 큰 대기업에서는 완전 통합(full integration)으로써 그룹에서 생산한 물건들을 자체적으로 소화시킬 수 있기 때문에 산업 내 경쟁은 미미하다. 오히려 부분통합(taper integration)에서 생산한 물건들은 별도 판로를 통해서 처분하기 때문에 산업 내 경쟁이 치열할 수 있다. 아울러 인수합병 등을 통해서 부분통합에서 완전 통합으로 이동할 수 있으며, 이럴 때 기업으로서의 이점은 생산비의 절감, 시장 비용의 회피, 품질관리의 개선, 독점 기술의 보호 등이 있다. 하지만 불리한 점도 있다. 예를 들어 경쟁을 할 필요가 없어 효율성이 떨어져 원가에 악영향을 줄 수 있다. 그리고 기술혁신에도 관심이 없으며 관리비용도 많이 들어가 부작용도 나타날 수 있다.

따라서 집결전략은 매력적인 산업에 종사하고 있으면서 사업 경쟁력이 강한 기업이 취할 수 있는 성장전략으로서 대개 수직적 통합 또는 수평적 통합 경로를 거친다.

🌐 수평적 통합(horizontal combination)

수평적 통합은 유사업종의 기업이 진행하는 제휴, 인수, 합병 등의 과정을 말한다. 비용절감과 시장 지배력 강화에 적합하다.

① 타 회사와의 합병
② 타 회사의 주식매입을 통한 실질적 합병효과
③ 공동운영을 통한 수익분배 모델개발

표 5-1　수평적 통합의 비교

장 점	단 점
- 규모의 경제를 통한 원가절감 - 제품일괄 판매에 의한 교차판매 가능(가치증가) - 경쟁산업 관리 유용 - 구매자 파워증가 - 독점적 시장 지배력강화	- 가치창조의 한계성 - 합병과 인수로 인한 자금마련 및 리스크 감수 - 독점 금지법에 따른 위험성 내포

수직적 통합(vertical combination)

원재료, 중간재료, 조립공정 등 기업이 자신의 투입요소를 제조하거나 산출물을 처리하는 것을 말한다.

① 시스템 직접소유 및 관리

② 관련공장의 인수

③ 후방통합 : 투입요소에 대한 소유권 및 통제능력을 갖는 것이다.

④ 전방통합 : 산출물에 대한 유통부문 소유권 및 통제능력을 갖는 것이다.

표 5-2　수직적 통합의 비교

장 점	단 점
- 진입장벽의 설치 - 전문화된 기업에 투자 촉진 - 제품의 품질 보호 - 작업계획의 향상	- 관리비용의 증가 - 기술 및 시장변화에 따른 유연성 저하 - 수요예측 불확실성 증대

2) 다각화 전략

다각화 전략(diversification strategy)은 신제품 및 시장진출로서는 경쟁력은 있으나 매력적이지 못한 산업에 종사는 기업의 전형적인 성장전략이다. 그리고 기업이 다각화 전략을 추진함으로써 얻을 수 있는 이점은 핵심경쟁역량의 활용, 하부조직의 공유, 재정자원의 균형, 성장유지, 위험감소 등이 있다. 또한 기업의 수익성이 다각화 전략의 유형에 따라 달라질 수도 있다는 것이다. 관련 분야로 다각화하는 기업들의 수익성이 높은 반면에, 비관련사업으로 다각화하는 기업들의 수익성은 낮았다. 관련 다각화는 기존의 사업과 관련이 많은 사업으로서 성장하는 전략으로 다각화를 통해서 시너지 효과를 얻을 수가 있다. 기술, 고객, 유통채널, 경영기법, 제품 등을 공유할 수 있기 때문이다. 예를 들어, 관련 다각화와 연계해서 성공한 기업의 한 단면을 들여다보면 다음과 같다. 한 우물을 파서 성공한 사례가 파리바게뜨로 알려진 SPC그룹이다. 삼립식품 창업주는 둘째 아들에게 샤니를 물려주었다. 당시 샤니의 매출 규모는 삼립식품의 10분의 1이었다. 샤니 경영자는 빵에 올인했다. 미국 대학 경영학과(MBA)를 포기하고, 미국 제빵학교에서 빵과 과자를 배웠다. 그러고는 미국 빵집에 들어가 밑바닥부터 일했다. 귀국 후 프랑스식 빵에서 영감을 얻어 파리크라상과 파리바게뜨를 설립, 태극당과 고려당이 장악했던 한국 빵시장에 새로운 돌풍을 일으켰다. 미국 제빵학교 시절 친했던 인맥을 통해 던킨도너츠와 배스킨라빈스 브랜드를 국내에 도입했고, 파스쿠찌라는 커피브랜드도 만들어 성공한 반면에 비관련 다각화는 기존에 종사하는 사업과 관련이 적은 사업에 종사하는 것으로써 기업의 경쟁력이 뛰어나지도 못하고 종사하는 사업의 매력도가 낮은 경우이다. 비관련 다각화는 기업내부의 자원을 이용 또는 인수 합병과 같은 외부적 방법에 의존하는 경우로써 발전을 도모하지만 성공률은 크지 않다.

🌐 관련 다각화

① 동종업종 사업의 기술 및 자원을 공유함으로써 규모의 경제와 시너지 효과가

가능하다. 그 예로 현재의 사업과 관련이 있는 유통매장건립 및 제조시설 공유가 가능해진다.

② 마케팅, 생산, 연구개발과 같은 관리기능에서 다각화가 두드러지게 나타난다. 그 예로 잉여설비의 이용, 상표의 활용, 서비스 능력의 공유, 연구기술능력의 이전 등을 들 수 있다.

🌐 비관련 다각화

① 사업 간 공통성의 부족으로 규모의 경제나 결합효과가 힘든 경우를 말하며, 만약 사업부가 적절한 자금할당을 통해 투자수익률이 증가할 경우 자금젖소에서 창출된 현금은 물음표나 별에 투자가 가능해진다.

② 다각화의 동기는 성장이나 수익성 등에서 매력적인 시장에 진출하기 위하여 필요하지만, 한 제품에 지나치게 치중하거나 의존하면 위험이 증가할 수도 있다.

③ 비관련 다각화가 성공하지 못하면 기업은 자본과 자원을 무리하게 분산하게 되며, 결국 핵심 산업에 손상만을 입히는 결과를 초래한다.

④ 또한 전혀 다른 기술과 노하우의 요구로, 새로운 사업에 경험이 없는 관리자가 이를 충족시키기 위하여 신규인력고용 또는 장기간의 시간적 비용이 소모되며 관리가 어려워진다.

② 기업의 축소전략

기업의 축소전략(retrenchment strategy)은 기업의 경쟁력 약화로 판매 감소와 이윤저하를 나타내는 경우에 취하게 되는 전략으로 철수전략(exit strategy)이라고도 하며 축소전략을 선택함으로써 손실을 최소화할 것이다. 따라서 선회전략(turnaround strategy)은 매력적인 산업에서 기업 전반에 걸친 문제점으로 경쟁력이 약화된 경우이다. 주요인은 성과부진에 있다 하겠다. 성공적인 선회전략은 축소와 회복의 두 단계가 있다. 축소는 자산을 줄이고 비용을 삭감하는 등 기업의 재무 상태를 빨리 안정시키는데 의미를 두고 있다. 회복은 기업이 안정화 된 상태에서 재가동을 할 수 있는 프로그램을 실행하는 단계를 말한다. 또한 처분전략은 낮은 매력도를 가진 기업에게 적합하며, 기업이 자력으로 일어나지 못하거나 성과가 없어서 타 업체들과 협력이 어려울 때 취하는 조치이다.

🌐 **축소전략은 방어전략**(defensive strategy)**이라고도 하며, 다운사이징**(downsizing)**, 구조조정**(restructuring)**, 영업양도전략**(divestiture)**, 현상유지전략**(stability strategy) **등의 의미를 내포하고 있다.**

① 방어전략(defensive strategy)

시장 환경이 부정적으로 변하거나 자사의 경쟁력으로 극복하기 힘든 외부환경변수가 발생하는 경우 기업은 무리한 성장보다는 기업의 규모를 줄이거나 자산을 처분, 청산하는 전략이며 비용절감을 통해 기업의 효율성을 제고하는데 전략이 더 유리할 수 있다.

② 구조조정(restructuring)

조직의 효율성을 높이고 성과를 개선하기 위하여 조직의 규모나 운용내용을 바꾸는 것으로 인원교체, 자본지출 축소, 광고촉진비 절감, 신규인원 채용중지, 비용통제 등이 여기에 해당된다.

③ 다운사이징(downsizing)

규모의 축소를 통한 기업의 외적축소를 의미한다. 비용절감과 영업효율성 제고를 기대하고 조직규모를 줄이는 것으로써 하나의 기업 또는 기업의 한 부분의 매각을 의미하기도 한다.

④ 영업양도전략(divestiture)

비용을 절감하고 영업효율성을 개선하며 핵심사업에 집중할 목적으로 사업의 일부를 매각하는 것을 의미한다.

⑤ 현상유지전략(stability strategy)

새로운 사업진출에 따른 위험부담, 축소전략으로 인한 내부 반발을 야기하지 않기 위해 현재의 시장점유율을 유지하는 영업활동을 하려는 안정전략을 의미한다.

3 기업의 안정전략

기업의 안정전략(stability strategy)은 성공한 기업들이 현상 유지를 시키기 위한 전략이며, 단기적으로는 유용하지만 많은 시간이 지나면 경쟁력 약화를 가져온다. 기업의 안정전략에는 중단 전략과 불변전략, 수익 전략이 있다. 중단 전략(pause strategy)은

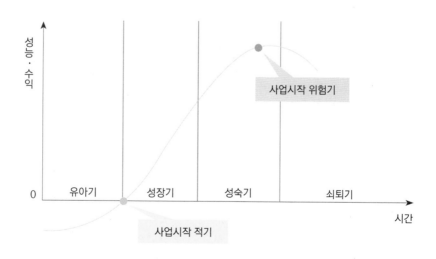

그림 5-1 제품수명주기 (수익 전략)

저성장을 유지하는 등 급성장한 기업들이 주로 사용하는 전략으로써 불확실한 위험을 배제한다는 의미이다. 그리고 불변전략(no change strategy)은 환경 상 기회 및 위협요소가 없고, 강점과 약점도 없는 기존의 전략적 방침 그대로 유지하는 전략이다. 성숙기에 도달하면 매력도가 하락하고 판매 및 이익 또한 감소하는 추세이다. 이런 경우 기업은 수익 전략(profit strategy)을 따른다. 일시적인 현상이라는 기대 하에 안정적인 수익을 확보하기 위해 연구 개발비, 유지비, 광고비 등을 줄인다. 하지만 이러한 전략은 임시변통으로 당장의 어려움을 극복하는데 유용할 뿐 이 전략을 오래 고수하게 되면 기업의 경쟁력 저하를 가져올 수 있다.

예를 들어, 제품의 수명 곡선을 가지고 설명해보면 다음과 같다. 휴대폰을 가지고 설명해보면 처음 유아기에는 기본 성능의 구현 여부가 중요하다. 이 기간은 꽤 길다. 투자하지만 수익이 없는 적자 시기다. 개발 중인 휴대폰이 이 시기에 있다면 기본 기능을 빨리 구현하는 데 노력을 쏟아야 한다. 이 기간을 줄이고 생존하기 위해서는 깊어지는 적자를 감내할 준비를 해야 한다. 경험적으로 이 시기에 들어가는 비용은 초기 예상보다 3배 정도 많이 들고, 특허를 출원할 좋은 시기라는 것이 통설이다. 따라서 창업을 준비하는 사람이나 회사는 이때의 어려움, 소위 '개발의 함정'을 잘 넘겨야 한다.

휴대폰 개발이 어느 정도 완성되면 시장이 비로소 이 휴대폰을 알아주기 시작하는 성장기에 들어선다. 초기 성장기가 사업 시작의 적기다. 수익이 나기 시작하고, 아직 경쟁자가 없어 수익률도 높다. 이때는 투자 규모를 늘리고 사용 편의성, 디자인, 수익률 향상과 불량률 축소에 더 많은 노력을 기울여야 한다. 제품이 잘 팔려 큰돈을 벌면 경쟁자들이 나타나 성숙기에 접어든다. 이때가 새로운 사업을 준비할 적기다. 우리나라 제조업이 이 구간에 많이 분포해 있다. 성숙기 말기, 쇠퇴기 초기가 사업을 철수하거나 투자를 멈추고 새로운 사업, 기술, 제품을 출시해야 하는 시기다. 일반인들의 경우 성숙기 후기에 사업에 뛰어들어 고생하는 경우가 대개 일반적으로 이때다. 매스컴이나 사람들 사이에서 이 사업이 회자되고 있다면 성숙기 후기에 들어선 업종이 아닌지 검토해봐야 한다. 사업이 쇠퇴기에 접어들면 전체적으로 S자 곡선을 그리면서 추억 속으로 사라진다. 이때 새로운 S자 곡선을 탄 기업은 지속적으로 발전해 간다. 사업과 연구·개발은 타이밍이 중요하다. 유아기인지, 성장기인지, 쇠퇴기로 가는 중인지 파악해야 한다. 사업·제품마다 그 주기가 다르다는 점도 감안해야 한다. 요즘은 S자 곡선의 주기가 급격히 짧아지고 있다. 인터넷 등으로 정보가 폭증하면서 사업의 진부화 속도가 크게 빨라진 것이다. 잘나가던 사업도 1년이나 6개월 단위로 꺾이는 모습을 많이 본다. 고객과 시장이 까다로워지고 변화가 빨라져 사업을 할 때는 신사업 발굴, 투자와 철수시기를 면밀하게 살펴야 한다.

💡 요약

기업의 성장전략은 집결전략과 다각화 전략이라는 두 가지 유형으로 구분되며, 현재의 산업이 매력적이면 자원을 집결하는 것이 바람직하고, 그렇지 않으면 타 산업으로 다각화하여 기업의 성장을 도모할 수 있다. 또 기업의 축소전략은 기업의 경쟁력 약화로 판매 감소와 이윤 저하를 나타내는 경우 취하게 되는 것으로 손실을 최소화 하는 것이다. 아울러 기업의 안정전략은 성공한 기업들이 현상 유지를 시키기 위한 전략이며, 단기적으로는 유용하지만 시간이 지나면 경쟁력 약화를 가져온다. 기업의 안정전략에는 중단 전략, 불변전략, 수익 전략이 있다. 중단 전략(pause strategy)은 급성장한 기업들이 주로 사용하는 전략으로 불확실한 위험을 배제한다. 그리고 불변전략(no change strategy)은 환경 상 기회 및 위협요소가 없고, 기존의 전략적 방침을 유지하는 전략이다. 수익 전략(profit strategy)은 판매 및 이익이 감소하는 추세로써 안정적인 수익을 확보하기 위해 일시적으로 연구 개발비, 유지비, 광고비 등을 줄이는 전략이다.

토의 과제

1. 집결전략을 위해 기업이 M&A을 추구하는 이유는 무엇인가?

2. 다각화 전략에서 기업이 얻을 수 있는 조건이 무엇인지 생각해 본다.

3. 기업의 안정전략이 경쟁력 저하를 가져오는 이유는?

'빚 34조원' JAL 살려 낸 '아메바'

이나모리 가즈오 교세라 명예 회장은 '아메바 경영'의 창조자로 유명하다. 그가 창업한 교세라와 KDDI 외에도 300여 개의 일본 기업들이 아메바 경영을 도입했다. 이 중에는 2010년 34조원의 빚을 안고 침몰하다 기적처럼 회생한 일본항공도 포함돼 있다. 이나모리 명예회장은 2010년 일본항공 회사를 살려냈다. 아메바 경영의 핵심은 회사 전체를 20명 이내의 소집단(아메바)으로 쪼개어 독립채산제로 운영한다는 것. 각 아메바는 리얼타임으로 각자의 매출과 비용을 들여다보며 독립된 중소기업처럼 경영된다. 아메바 경영의 장점은 아메바별 책임경영이다. 이나모리 명예회장은 과거 한 강연에서 "아메바 리더 각자가 중소기업 경영자와 같은 의식을 갖게 된다."며 "이를 통해 경영책임을 함께 담당하는 동료, 이른바 공동경영자로 키워진다."고 밝힌 바 있다. 아메바별로 리더의 책임 경영 아래 매출 최대, 비용 최소의 원칙에 따라 이익을 극대화 한다. 그러나 아메바 경영은 아메바별로 이해관계가 돌출할 위험이 있다는 게 문제다. 예를 들어 제조 아메바는 높은 가격에 물건을 판매 아메바에 팔고 싶을 것이다. 그러나 판매 아메바는 최저 가격에 제품을 사고 싶을 것이다. 이 같은 아메바 간의 다툼을 교세라는 어떻게 해결하는 것일까. 첫째 비결은 인간성을 강조하는 교세라의 경영 철학에, 둘째 비결은 실적에 따라 보너스를 지급하는 미국식 성과주의를 철저히 배제한 데 있다.

성과주의는 인간성 나쁜 직원 만들 위험

– 아메바 경영이 부서 이기주의로 흐를 위험은 없는가.

"흘러가는 대로 방치하면 그렇게 된다. 특히(실적에 따라 부서별로 보너스를 차등지급하는) 구미식 성과주의에 바탕을 둔 아메바 경영을 하면 아메바끼리 서로 으르렁거릴 수밖에 없다. 실적·보너스·승진 등에 연연하는 사원들을 만들기 때문이다. 이는 회사 전체로 좋지 않다. 그래서 교세라는 성과주의에 연연하는 경영은 하지 않는다. (부서별 이기주의를 막기 위해) 가장 중요한 것은 아메바 리더의 인간성이다. 교세라는 아메바 리더에게 인간성 교육을 철저하게 시킨다. '인간으로서 무엇이 옳은가'라는 관점에서 교세라는 철학 수십 가지 항목을 배우게 된다. 다른 아메바를 돕는 훌륭한 인간성을 가진 사람이 아메바 리더가 되어야 한다."

– 성과와 실적대로 보상하지 않는다면 직원들은 열심히 일하지 않을 것 같은데.

"A라는 아메바가 큰 공을 세워 높은 성과급을 받았다고 하자. 그때만큼은 A아메바에 좋을 수도 있다. 그러나 다른 아메바로부터 질투를 받게 된다. 게다가 다음 기회에는 실적이 떨어져 성과급도 못 받을 수도 있다. 이처럼 어떤 때는 수입이 많고, 어떤 때는 수입이 낮으면 직원들이 행복하고 건강한 가정을 꾸릴 수가 없다. 반대로 A아메바가 공을 세워 회사 전체가 큰 성과를 올렸고, 그 결과로 회사 전체의 월급이 올랐다고 하자. 배려심이 많은 직원이라면 모든 직원들의 월급이 오르는 데 공헌했다는 사실에 기뻐하고 자랑스러워할 것이다. 물론 사람의 마음에는 이기심과 욕망이 있기 마련이다. 열심히 일한 대가를 보너스나 월급으로 평가받고 싶은 욕구가 있다. (이기적인 사람은) 입사 초기에는 보너스가 없더라도 열심히 일하지만, 나중에는 성과급이 없으면 노력을 하지 않기도 한다. 그러나 교세라는 이기적인 직원이 아니라 배려심이 많은 직원을 원한다."

– 경영의 목표가 '물신 양면으로 직원들의 행복을 추구한다.'라고 들었다.

직원들의 행복을 위해 무엇을 주었다고 생각하나. "교세라 창립 후 올해로 54년이 지났다. 그동안 세계적으로 경기변동이 심해 불경기로 많은 회사들이 정리해고를 했으며 보너스를 주지 못하기도 했다. 그러나 교세라는 단 한 번도 정리해고를 한 적이 없다. 나는 사원들에게 이런 말을 했다. '교세라는 창립 후 단 한 번도 적자를 내지 않은 회사다. 몇 년은 이익이 없어도 여러분들의 월급을 줄 수 있다. 그러니 (불경기라고 해서) 걱정하지 말라,'는 약속이었다. 안정적인 급여로 안정적인 생활을 할 수 있어야 사원들이 행복해진다. 나는 지금까지 약속을 지켜왔다."

본업과 무관한 통신사업 진출… 사명감 있었다.

교세라의 창업 당시 사명은 '교토세라믹'이다. 교토에서 세라믹을 만드는 회사라는 뜻이다. 사명에서 알 수 있듯이 교세라는 세라믹 기술을 바탕으로 부단히 사업 다각화를 추진해 왔다. 그 결과 파인세라믹을 활용한 각종 부품뿐만 아니라 태양열 시스템, 휴대전화, 복사기 등 종합전자기기 회사로 성장했다. 1984년에는 본업과 전혀 무관한 통신사업에도 뛰어들어 '다이니덴덴(현 KDDI)'을 설립해 공룡기업 NTT와 맞서는 도박을 했다. KDDI는 크게 성공해 현재 일본 2위의 통신사업자가 됐다.

– 경영자들의 공부 모임인 세이와주쿠에서 '본업에서 벗어난 사업은 손대지 말라'고 조언했다. 그러나 교세라는 본업과 무관한 사업에도 뛰어들었다.

"본업 외의 다른 분야에 뛰어들면 출발선에서 다시 시작해야 한다. 또한 이미 그 분야에서 오래전부터 기반을 다져온 기업들과 경쟁해야 한다. 이를 위해서는 많은 자금이 필요하고 상당한 고생을 해야 한다. 따라서 실패 확률이 높기 때문에 본업에서 벗어난 사업은 손대지 말라고 한 것이다. 사업 다각화를 위해 다른 사업을 하고 싶을 때에도 지금 하고 있는 일에 조금이라도 관련됐고, 발전할 수 있는 업종만 하라고 얘기했다. 바둑을 예로 들어보자. 고수는 미래의 한 수 한 수를 생각하면서 지금 자기의 땅과 연결해 집을 넓혀 나간다. 그러나 하수일수록 무리수를 둔다. 큰 땅을 얻기 위해 지금 있는 땅과 관련 없는 곳에 수를 놓아 버린다. 리스크가 높아지고 따라서 질 확률도 높아진다."

- 1984년 교세라는 본업과 무관한 통신사업에 뛰어들었다. 본업 아닌 사업에 손대지 말라는 철학과 모순되지 않나.

"교세라는 다가고하를 위해 전혀 다른 업종에도 진출한 게 사실이다. 그러나 새로운 사업에 전면적으로 투자할 수 있는 100% 여유가 있을 때 했다. 다이니덴덴을 설립할 당시에 나는 100% 여유가 있었다. 교세라라는 본업을 부하에게 안심하고 맡길 수 있는 상태였다. 내가 돌보지 않아도 걱정할 필요가 없었다. 새 사업을 시작할 자금도 충분했다. 덕분에 나는 전력을 다해 새로운 사업에 진출할 여유가 있었다. 전기통신사업에 대한 사명감도 있었다. 당시에는 통신사업이 독점이라 통신비가 매우 비쌌다. 독점보다는 경쟁을 통해 통신비가 싸지면 국민에게 이로울 것이라고 생각했다. 그런 사명감으로 시작했다."

- 교세라는 창립 때부터 중장기 경영계획을 세우지 않고 연간 경영 계획만을 세워 운영했다. 1년 단위로만 계획을 세우면 단기 경영성과에 집중되는 부작용이 우려되지 않나.

"그런 부작용은 없다. 2년, 3년, 5년 후의 미래는 어떤 상황이 될지 전혀 알기 어렵다. 알지도 못하는 상황에서 계획만 세운다면 현실성도 약해지고 실현 가능성도 낮아진다. 중장기 계획을 세워 에너지를 소모하고 싶지 않다. 반면 6개월이나 1년 후의 모습을 구체적으로 그릴 수가 있다. 어떤 마케팅 전략을 세워 어떻게 대처해야 할지, 어떤 기술을 개발해야 할지가 보인다. 그래서 지금 우리가 서 있는 곳의 연장선에서 연간 계획을 세워 실행한다. 다만 계획을 세울 때는 한 가지 전제 조건이 있다. 작년 보다는 올해, 올해보다는 내년이 더욱 발전해야 한다는 전제가 있다. 이런 식으로 지난 54년간 교세라를 경영해왔다.

(2013. 4. 20. 매일경제)

끊임없는'가이젠'으로 부활 액셀(TOYOTA)

지난달 17일, 독일 라인란트팔츠주 뉘르부르크에서 열리는 자동차 경주대회 '뉘르부르크링 24시 내구 레이스'장에 모리조(Morizo)란 이름의 선수가 일본 도요타자동차의 슈퍼카 '렉서스 LFA'를 타고 경기장에 등장했다. 여기저기서 박수갈채가 쏟아졌다. 모리조는 다름 아닌 도요타의 도요다 아키오 사장(57)이었다. 뉘르부르크링 24시 내구 레이스는 세계에서 내로라하는 자동차 기업들이 자사 차량의 성능과 내구성을 시험하고 경쟁하는 경기다. 총길이 25km에 달하는 난(難)코스를 24시간 내내 150바퀴 이상 쉬지 않고 돈다. 한 회사에서 여러 명의 선수가 팀을 짜서 출전하며, 선수들은 쉬는 시간 동안 경기장 한쪽에서 쪽잠을 잔다. 선수들의 체력 소모가 상당한 데다, 크고 작은 사고도 자주 발생하기 때문에 '지구상 최악의 레이스'로 꼽힌다. 이런 경기에 도요타 사장이 직접 선수로 나오면서 세계 자동차 마니아들은 들썩였다. "자동차회사 사장이 자동차 타는 맛을 모르면 안 된다."는 도요다 아키오는 격렬한 카레이싱을 즐기고, 명함에 자신을 캐릭터화한 마크를 새기고 다닌다. 일본의 전통적인 제조업계 수장들과는 다른 행보를 나타내고 있다.

◇ 창업주 4대손, '특별대우'는 없었다.

도요다 아키오는 도요타 창업 일가의 4세이자 도요다 쇼이치로 전 명예회장의 장남이다. 그는 1956년 나고야에서 태어나 게이오대 법학과를 졸업하고 미국 밥슨칼리지에서 경영학석사(MBA) 학위를 받았다. 뉴욕의 투자회사에서 근무하다가 부친의 권유로 1984년 도요타에 입사했다. 2000년 이사에 취임한 뒤 2002년 상무, 2003년 전무, 2005년 부사장 등 초고속 승진을 거듭하며 경영 승계를 준비해왔다. 언뜻 보기엔 전형적인 '온실 속의 화초'이자 '재벌가 도련님'의 이미지다. 하지만 실제 그의 회사생활은 '잡초'에 더 가까웠다. 아버지와 외부 경영진으로부터 혹독하게 훈련받았기 때문이다. 도요타 사장을 지낸 도요다 쇼이치로는 아들에게 서류전형과 필기시험, 면접 등 일반 사원과 동등한 절차를 거쳐 입사하도록 했다. 아키오의 첫 부서는 생산관리 및 영업 부문이었다. 사내의 가장 핵심 부서이자 밑바닥 현장을 제대로 경험할 수 있는 곳이었다. 아키오가 계장이었을 때 작은 실수를 했다. 다른 직원 같았으면 시말서 작성으로 마무리될 수 있는 일이었다. 그러나 도요다 쇼이치로는 아들의 직급을 평사원으로 강등시켰다. 특히

"아키오의 일을 부하에게 대신 책임지도록 하는 사람은 지금의 도요타엔 없다."는 게 도요다 쇼이치로의 철칙이었다. 회사에서 아키오를 대놓고 '모시는' 사람은 아무도 없었다. 그랬다간 즉시 도요다 쇼이치로의 불호령이 떨어졌다. 아키오는 "아버지는 '직언하는 부하를 믿어야 한다.'고 끊임없이 강조했다."며 "그 때문에 내게 잘 보이려고 하는 이들보다 나를 신경 쓰지 않는 사람을 더욱 신뢰했다."고 평사원 시절 당시를 회상했다. 아키오가 사내에서 인정받기 시작한 건 1998년 자동차 종합정보 사이트 '가주닷컴(Gazoo.com)'을 만들면서부터였다. 이 사이트를 통해 도요타의 이미지를 더욱 친근하게 변화시켰다는 평가를 받았다. 이후 그는 미국 제너럴모터스(GM)와 도요타의 합작법인 누미의 부사장이 됐고, 2000년 44세에 도요타 최연소 이사로 승진한 뒤엔 중국 등 아시아 지역 영업전략 업무도 맡았다.

◇ "사장이 된 뒤 한 일은 사죄뿐"

2009년 6월, 도요다 아키오는 도요타 사장으로 취임했다. 미국발 금융위기가 한창일 때 도요타 수장이 된 그에게 사장직은 결코 영광의 자리가 아니었다. 아키오가 사장이 되기 한 달 전인 2009년 5월 9일, 도요타는 2008회계연도(2008년 4월~2009년 3월)에 4,610억 엔의 대규모 영업이익 적자를 냈다고 발표했다. 도요타가 영업적자를 낸 건 창사 후 71년 만에 처음이었다. 무리한 확대 경영에 세계적인 금융 위기를 불러온 리먼브러더스 파산 사태가 겹친 탓이었다. 시련은 계속됐다. 때마침 프리우스를 비롯한 도요타 브랜드 차량에서 급발진 사고가 잇따라 터지면서 대규모 리콜 사태로 번졌다. 2009년부터 2011년까지 3년간 도요타가 글로벌 전역에서 리콜한 차량은 1,018만대에 달했다. 2011년엔 세계 1위 자동차 판매사란 타이틀까지 내려놓으며 GM과 폭스바겐에 밀려 3위로 주저앉았다. 아키오 사장은 2010년 2월 미국 하원의회 청문회장에 섰다. 그는 급발진 사고 사망자 유족들에게 울먹이며 고개 숙여 사과했다. 일부 미국 언론에선 "아키오는 좀 더 허리를 숙였어야 했다.", "아키오의 눈물에 진실성이 있는가."라며 비난의 화살을 쏘았다. 지난해 12월 콜린 파월 미국 에 국무장관을 만났을 때 아키오 사장은 "나에게 사장의 사자가 사죄의 사자였다."고 말했다. 두 한자의 발음이 동일하다는 것을 자신의 상황에 빗댄 것이었다. 대규모 적자와 리콜 사태, 2011년 동일본 대지진등 각종 고비를 넘기며 고객과 주주, 직원들에게 사과해야 할 일이 정말 많았다는 게 그의 설명이었다. 그는 "사장이 된 후 3초 안에 직감으로 결정해야 하는 순간이 많았다."며 "직감으로 결정할 때는 그 결정 때문에 고생하게 될 이들의 얼굴을 우선 떠올리곤 한다."고

덧붙였다.

◇ 가이젠 정신, 새 변곡점에 서다

지난달 8일 도요타는 2012회계연도(2012년 4월~2013년 3월)에 1조 3,209억 엔의 영업이익을 기록했다고 발표했다. 도요타의 영업이익이 1조 엔을 넘은 건 5년 만이었다. 아키오 사장은 "'가이젠(도요타의 혁신 활동)정신'을 바탕으로 한 집념의 결과물이 나왔다."고 목소리에 힘을 줬다. 실제로 작년에 거둔 영업 이익 중 비용 삭감에 의한 효과가 4,500억 엔에 달한다는 것이 회사 측의 추산이다. 엔화 가치 하락에 의한 추가이익(1,500억 엔)보다 세 배가량 많은 규모다. 도요타는 지난 4월 1일자로 대규모 조직개편을 단행했다. 아키오 사장은 유임돼 5년째 회사를 이끌게 됐다. 회장이던 조 후지오가 명예회장으로 물러나고, 우치야마다 다케시 부회장이 회장으로 승진했다. 4년 전 아키오 사장 취임 당시 함께 임명됐던 부사장 5명 중 4명이 교체됐다. 이로써 부사장들의 평균 나이는 67세에서 60세로 낮아졌다. 조직 구조는 뿌리부터 바뀌었다. 기획과 생산, 영업과 연구개발 등 기능 위주로 구성했던 사업 조직을 렉서스(도요타의 고급차 브랜드)·부품·제1도요타(북미 유럽 일본 담당)·제2도요타(기타 신흥국 담당) 등 철저히 시장 위주로 재구성했다. 무엇보다 라이벌인 GM의 부회장이었던 마크 호건을 사외이사로 발탁한 것은 큰 화제가 됐다. 보수적이고 폐쇄적인 일본 제조업계에서 외국인을 사외이사로 내정한 것은 매우 이례적인 일로 꼽힌다. 해외영업 책임자들도 현지인을 대거 기용했다. 아키오는 지난달 8일 실적 발표회에서 "우린 엔저든 엔고든 환율 변동에 관심없다."며 "끊임없는 가이젠을 통한 품질경영만이 생존 전략"이라고 강조했다.

(2013. 6. 28. 한국경제)

경쟁 전략

Chapter 06
경쟁 전략

경쟁전략은 사업전략(business strategy)이라 부르기도 한다. 경쟁전략(competitive strategy)은 기업이 경쟁에서 이기려면 경쟁상대기업보다 경쟁우위에 설 수 있도록 전략이 필요하며, 그 경쟁 우위를 확보하고 유지하는 전략이 경쟁전략이다. 즉 원료조달, 생산, 마케팅 등 기업의 핵심 활동을 수행함에 있어서 경쟁 기업보다 상대적으로 앞서는 핵심역량(core competences)을 만들어 활용함으로써 사업부의 경쟁우위를 확보할 수 있다. 그리고 사업전략의 성과측정은 주로 이윤 등으로 하게 된다. 아울러 본원적 전략, 공격적 및 방어적 전략 그리고 선발기업의 이점과 후발기업의 이점 등을 통해 사업전략을 살펴본다.

1 Porter의 본원적 전략

마이클 포터(Michael Porter)는 1980년 산업 내 타 기업들과의 경쟁에서 살아남기 위한 사업 차원의 경쟁 전략으로 차별화 전략, 원가주도 전략, 집중전략을 제시하였고, 1985년 저서에서는 차별화 전략, 원가주도 전략, 차별화 집중전략, 원가집중 전략으로 본원적 전략을 보다 세분화 하였다. 그리고 1990년 저서에서는 차별화 집중 전략을 원가집중 전략으로 본원적 전략을 보다 세분화 하였다. 그리고 1990년 저서에서는 차별화 집중 전략을 집중차별화 전략으로 바뀌었으며, 본원적 전략을 구분하는 핵심 변수로는 경쟁우위와 경쟁영역이 있으며, 이 두 변수에 따라 다양한 유형의 전략으로 나눈다.

1) 포터의 경쟁우위 유형

동일한 제품을 경쟁업체들보다 더 효율적으로 설계해서 생산하고 판매할 수 있는 기업의 능력을 말한다. 현대자동차에서 생산하는 제품을 놓고 비교했을 때 타 회사 동업종 차종 보다는 품질이 더 뛰어나다는 것이 원가우위에 있다 하겠다. 그럼으로써 현대자동차는 제품의 품질이나 특성, 그리고 사후 서비스 측면에서 독특하면서 우월하게 구매자에게 인식될 수 있는 차별화 우위 환경에서 매출의 극대화를 올릴 수 있는 것이다. 즉 현대자동차는 원가 우위와 차별화 우위를 갖추면서 글로벌 시대에 경쟁력이 강화되었다. 그렇지만 원가 우위와 차별화우위를 갖춘 기업은 흔하지 않다. 아울러서 둘 이상의 전략을 동시에 추구하는 상태를 중간치기(stuck in the middle)라 한다. 차별화 전략은 일반적으로 높은 비용을 수반하며, 원가주도 전략은 제품 표준화나 영업비용 삭감 등으로 차별화를 어렵게 만든다. 그 이유는 여러 가지 전략을 한꺼번에 추구하게 되면 상호 간의 모순으로 어느 하나도 제대로 달성하기 어렵다. 따라서 기업은 단지 하나만을 선택해야 성공할 수 있다. 그러므로 포터가 제시한 중간치기란 실제로 차별화하지도 못하고 그렇다고 낮은 원가를 달성하지도 못하여 경쟁우위가 없는 상태를 말하는 것이며, 그러나 원가 우위와 차별화 우위를 동시에 달성할 수 있으면 엄청난 혜택을 누리게 된다. 앞으로, 글로벌 경쟁 시대에 세계 일류기업으로 성장하려면 차별화 우위와 원가 우위가 동시에 이루어져야 된다. 그렇다면 세계적인 기업 애플사의 아이폰5에 대해 차별화 우위 및 원가 우위를 위해 어떻게 노력하고 있는지 살펴본다.

애플사의 차별화 전략을 살펴보면 다음과 같다. 최근 폭스콘 회장이 아이폰5 물량을 맞추기 힘들다고 털어놨다. 나사 개수에 따라 조립공정에 투입되는 라인이나 인력 등이 크게 늘어났기 때문이다. 여기에다 뒤판을 기존 강화 유리 대신 알루미늄 판으로 바꾸면서 흠집이 많이 발생했다. 이에 대한 고객 불만이 이어지자 애플은 제조사에 더 엄격한 검사를 하도록 압박했다. 또한 애플의 아이폰5가 생산 차질 이유가 다름 아닌 제품에 쓰인 54개나 되는 나사 때문이다. 경쟁제품인 삼성전자 갤럭시S3에 사용된 나사는 10~12개 들어가는 데 비해 아이폰5는 이보다 5배 많은 나사가 쓰여 조립공정에서 차질을 빚고 있는 것이다. 이는 애플이 아이폰5에 1,000개가 넘는 부품을 사용한 결과다. 반면 삼성전자는 기능별로 부품을 묶음으로 만드는 모듈화에 성공해 부품개수를 현저히 줄였다. 그렇다면 아이폰5처럼 많은 나사가 쓰인다면 제조능력이 현저히 떨어질 수밖에 없다면서 직접 제조를 하는 업체들은 부품 수를 철저히 줄여 생산 공정을 단축하는 게 경쟁력을 높인다는 걸 알지만 애플은 이런 점을 이해하지 못하는 것은 어디에 있을까 그것은 바로 애플사가 제품에 차별화를 두기 위해서다. 소비자들 조사에서 나타난 현상을 보면 애플의 아이폰5를 사용할 때 액정화면의 터치감각이 뛰어나 경쟁회사의 제품과 비교가 안 된다고 말한다. 검색은 빠르면서 쉽게 할 수가 있어 어린이들도 아이폰5를 선호한다고 한다. 경쟁사 제품과 함께 놓으면 애플사의 제품을 선택한다고 말할 정도로 제품의 차별성이 나타난다고 한다. 그리고 애플사의 원가 우위는 어떻게 진행되고 유지하고 있는지 살펴보면, 애플은 아이폰을 직접 제조하지 않고 대만제조사인 폭스콘(중국공장) 등을 통해 ODM(제조자 개발 생산)방식으로 공급받는다. 애플은 지금까지 자체 공장을 단 한 개도 보유하지 않은 채 협력 회사의 대량 납품과 값싼 중국 노동력으로 제품을 만들어왔다. 즉 저임금·장시간 노동은 널리 알려져 있다. 1%대의 영업이익률은 애플사의 원가 우위에 많은 영향을 미치고 있지만 일본에서도 예외가 없다. 'i팩토리(애플의 납품업체)저주'가 파다하다. 중견업체 시코는 아이폰용 자동초점 모터를 납품한 뒤 흥분했다. "생산량을 늘리라."는 독촉에 생산라인과 클린룸 증설에 물불을 안 가렸다. 하지만 하루아침에 주문이 싹 사라졌다. 알고 보니 애플이 경쟁사인 알프스 전기로 납품선을 바꿔버린 것이다. 시코는 법정관리에 들어갔다. 그뿐만 아니라 소니, 샤프, 도시바, 엘피다까지 애플에 목매고 있을 정도로 일본은 애플색(色)으로 물들고 있다. 애플은 "거래 사실조차 알리지 말라"며 하루 단위로 납기를 관리한다. 그러면서 '대량 구매'의 슈퍼갑(甲) 위치에서 자신이 부르는 납품

가격으로 압박한다는 것이다. 더 괜찮은 업체가 눈에 띄면 그쪽으로 옮겨가기 일쑤라 한다. 애플사의 원가 우위는 이런 방법으로 취하고 있다. 참고로 삼성전자의 갤럭시S3는 여전히 국산 부품 비중이 80%나 된다.

그러나 한편으로 보면 어려운 점이 많이 도출되고 있다. 원가 우위에 있는 기업이 차별화를 시키려면 원가상승 요인이 발생되기 때문에 어렵다. 또한 경쟁 우위의 유형으로 산업 자체가 매우 세분화 되어 있다는 것이다. 이러한 현상은 서로 다른 국적을 가진 기업들 간에 전형적으로 나타난다. 기본적으로 전체 시장과 같은 넓은 영역을 대상으로 하는 기업들이 있다. 예를 들어 승용차 산업하면 미국과 일본, 한국 기업들이다. 매우 다양한 제품들을 생산해 내고 있다. 반면에 독일의 BMW나 Benz는 고급차에만 전력을 다한다. 최근에는 일본의 도요타 자동차인 렉서스도 고급차에 가세하고 있는 실정이다.

🌐 포터의 경쟁우위

시장경쟁에서 이기는 본원적 경쟁전략을 제시하며 첫째 원가주도전략, 둘째 차별화전략, 셋째 집중전략이 있다. 이러한 것들 중 어느 것도 기업에 적용하지 못하면 현대사회의 기업경쟁우위에 서지 못한다.

① 원가주도전략

생산, 마케팅, 유통 등 조직 내의 모든 분야에서 원가를 낮추어 경쟁회사보다 제품의 가격을 저렴하게 함으로써 경쟁력을 확보하는 전략이다. 원가가 경쟁력 확보의 핵심이므로 매우 엄격한 비용관리를 해야 한다. 물론 이 과정에서 품질의 희생은 방지해야 한다.

그리고 효율적인 생산체계, 표준화된 제품 등으로 저렴한 제품을 대규모 시설투자 등으로 대량생산을 하고 규모의 경제 등을 통한 원가절감을 통해 경쟁우위를 달성하는 전략이다. 공격적인 저가격정책을 펴서 신속하게 시장을 점유함으로써 높은 시장점유율을 통한 대량구매를 통해 원가하락의 사이클을 통해서 경쟁사의 시장진입을 억제시킨다.

② 차별화전략

차별화전략은 경쟁사와는 다른 독창적인 제품을 공급함으로써 경쟁우위를 확보하고자 하는 전략이다. 고객들이 경쟁상품을 기피하고 우리 상품에 대한 충성도를 가지게 할 수 있다. 상품에 대한 성공을 위해서는 연구개발, 기술, 마케팅 등 여러 분야에서 조직이 경쟁력을 확보해야 한다.

경쟁사들과 차별화된 제품(서비스), 즉 고품질, 독특한 디자인, 서비스, 기술, 마케팅 기법을 활용하여 경쟁우위를 확보하는 기법, 차별화전략은 사업비용의 증대를 가져오나 판매가격을 올릴 수 있기 때문에 높은 매출액을 기대할 수 있다. 그러나 정확한 시장 세분화와 합리적인 표적시장의 선택이 필요하기 때문에 신중한 전략수립과 실행이 필요하다. 고가의 상품이지만 고객들의 브랜드에 대한 충성도를 높일 수 있다.

③ 집중전략

시장을 세분화하며 특정시장에서 경쟁사보다 낮은 원가를 기반으로 경쟁우위를 점하거나 제품의 독창성으로 경쟁우위를 확보하거나 하는 전략이다. 집중전략은 특정소득, 연령, 지역, 직업 등 특정시장을 대상으로 하는 전략이다.

다른 기업이 생각하지 못한 특정한 시장, 특정소비자욕구, 특정지역 즉 틈새시장을 집중 공략하여 소수의 하위 세분시장에 높은 점유율을 추구하는 것이다. 자원이 제한되어 있는 중소기업에서 많이 사용된다. 세분시장 상황악화, 고객니즈 변화 등과 같은 위험에 주의해야 한다. 자원이 제한된 중소기업이 특정 세분시장에 집중하여 효과적인 성과를 낼 수 있다.

2) 원가주도 전략

저원가 경쟁전략은 경쟁업체들로부터 자사의 보호와 진입 장벽 및 대체품의 위협 감소 등 기업 발전의 중추적 역할을 한다. 그렇지만 원가 경쟁이 글로벌 차원에서 지속적으로 원가 우위를 유지하기가 어려워지고 있다. 한국과 일본 기업들이 개발도상국 기업들에게 잠식당하는 형국이기 때문이다. 그렇지만 원가주도 전략은 비용절감에 주력하는 저원가 경쟁전략으로, 공략대상을 전체시장으로 한다. 이 전략을 제대로 수행하기 위해서는 효율적인 규모의 과감한 시설 증축, 경험 효과를 통한 꾸준한 원가절감, 원가 및 간접비의 강력한 통제, 그리고 연구개발, 서비스 영업, 광고 분야에서의 경비최소화를 필요로 한다.

그러나 원가주도 전략은 다음과 같은 위험요인들을 유의해야 한다.

첫째, 과거의 투자나 기술의 습득을 무산시킬 정도의 기술상의 변화가 발생함으로써 원가 우위가 소멸되는 경우이다.

둘째, 신규진출기업이나 추종기업들이 모방이나 설비도입을 통해 기술 및 묘책을 통해 원가 우위를 낮추는 경우이다.

셋째, 원가에만 관심을 갖다보면 제품과 마케팅 상의 시대적 변화요구에 부응하지 못하는 경우이다.

넷째, 경쟁기업들의 상표이미지나 차별화의 효과를 유지시키지 못하는 경우이다. 원가 우위를 추구하는 기업들이 차별화를 무시하는 경우 나타나는 현상이다.

원가주도 전략 성공요인

① 원가경쟁력 확보

② 효율적 규모의 시설, 철저한 원가 및 간접비 통제, 혁신적인 기술

③ 최신장비를 구입하기 위한 자본투자, 공격적인 가격정책, 그리고 시장점유율을 구축하기 위한 초기 손실(시장점유율 확보)

그리고 원가주도 전략은 비용절감에 주력하는 저원가 경쟁전략으로 전체시장을 공략대상으로 한다. 원가주도 전략에 따른 낮은 원가구조는 아무리 경쟁이 치열한 상황에서도 기업으로 하여금 보통 이상의 이윤을 남길 수 있도록 하므로 실제로는 경쟁업체들로부터 자사를 보호하는 역할을 한다. 결국, 낮은 원가구조는 산업 내 모

든 경쟁요인들로부터 기업을 방어해 주는 결과를 낳는다.

3) 차별화 전략

차별화 전략은 소비자에게 독특하게 인식될 수 있는 제품이나 서비스를 만들어 내는 전략으로 원가주도 전략과 마찬가지로 전체시장을 공략 대상으로 한다. 차별화 대상으로는 제품의 특성, 디자인, 기술, 고객서비스, 유통 등을 포함한다. 이 전략을 채택한 기업은 자신의 차별화 된 제품에다 서비스에 높은 가격을 매김으로써 수익을 높일 수 있다. 예를 들면, 삼성 전자의 스마트 폰은 차별화로 인하여 삼성그룹 전체 영업이익(2012년 3분기) 9조 3,197억 원 중에서 스마트 폰 영업이익 8조 1,247억 원(87.2%)을 달성했다. 삼성전자는 디자인, 기술, 고객서비스 등 타 경쟁업체와의 차별화 전략을 중심으로 스마트 폰의 이윤극대화를 통한 고속성장을 거듭해 글로벌 시장에서의 정상을 차지하고 있다. 또한 차별화에 성공하면 경쟁업체들을 무력화시킬 수도 있고 고객의 상표충성도를 높이고, 원가상승요인도 구매자에다 전가시킨다. 그러나 차별화 이후에도 경쟁에서 뒤처지지 않으려면 환경 변화와 더불어 끊임없는 연구개발에 노력해야 한다.

🌐 차별화 전략의 유형

독특하다는 인식을 갖게 하는 서비스를 창출하는 것이다. 브랜드이미지, 기술, 운송시스템, 고객서비스 등 경쟁사를 상대로 표적 고객의 선호를 창출하여 차별화 대상에 따라 여러 가지 전략을 구사할 수 있다.

① 제품 차별화

기존의 제품과는 다른 차별성을 추구함으로써 잠재소비자의 선호에 의한 수요를 이끌어낸다. 그리고 제품, 디자인, 포장, 판매조건, 판매경로 설정 등도 효과적으로 이루어지며 가격경쟁을 피할 수 있다.

② 서비스 차별화

차별화 대상을 서비스에 초점을 맞춘 것으로서 배달, 설치, 자문서비스, 애프터서비스, 종업원 등이 차별화의 주요 변수이다.

③ 가격 차별화

가격을 경쟁사 가격과 다르게 설정하여 마케팅목표를 가격요인으로 성취하려는 것으로써 저가전략이나 고가전략, 침투가격전략 등은 가격 차별화를 통해 마케팅 활동을 수행하는 사례이다.

④ 이미지 차별화

기업 혹은 상표이미지를 경쟁사와의 차별화로 소비자의 선호를 획득하려는 전략이다. 소비자는 기업의 상표에 따라 구매결정에 큰 영향을 미치고 있는데, 기업과 상표이미지를 경쟁사와 차별화 시켜 상표에 대한 호의적인 태도를 창출하려는 전략이다. 예를 들면, 콜라의 경우 특정 상표에 대한 상표 충성도가 높은 것은 이미지 때문이다. 이미지는 회사나 상표를 인식시키는 심볼이나, 제품, 광고 등에 의해 형성되는데 일단 한번 형성되면 그것을 바꾸는 데는 오랜 시간과 비용이 든다.

4) 원가집중 전략

원가집중 전략은 원가주도 전략과 마찬가지로 비용 상 우위를 추구하는 저원가 경쟁전략이다. 특정 구매자 집단이나 지리적 시장 등 특정 세분시장에만 주력한다는 점이 다르다. 예를 들면, 20대 초반의 대학생 및 젊은 세대를 목표로 한 중·저가의 의류 출시에 전력투구한다든가 또는 검소하고 합리적인 유럽시장을 겨냥한 소형차 생산 등을 들 수 있다.

좁은 세분시장에 전력투구하는 기업은 전체시장을 목표로 하는 기업보다 비용 측면에서 더 효과적이다. 이런 점에서 원가집중 전략의 가치는 크다고 할 수 있다.

5) 집중차별화 전략

집중차별화 전략은 차별화 우위를 주무기로 하고 있다.

특정 구매자 집단이나 특정 세분 시장을 경쟁영역으로 삼는 점이 다르다. 따라서 좁은 세분 시장에 전력투구하는 기업은 전체시장을 목표로 하는 기업보다 성과 측면에서 더 효과적이다. 따라서 특정 세분 시장을 집중적으로 공략함으로써 경쟁 우위를 확보하고자 하는 전략이다. 이것은 독특한 욕구를 갖는 소매자나 여타 산업의 제품과 다른 독특한 제품이나 유통망 등에서 고유의 특성을 지닌 세분 시장이 존재할 때 가능하다. 집중차별화 전략을 수행하는 데 있어 기업들은 다음과 같은 위험요인들에 주의를 기울여야 한다.

첫째, 넓은 시장을 상대로 경쟁을 벌이는 기업들과 특정 세분시장을 대상으로 이룩한 기업들 간의 가격 차이가 원가상의 이득이나 차별성이 없어져 지금까지 가지고 있던 경쟁우위가 무의미하게 될 수 있다.

둘째, 전략적인 목표가 되는 세분시장과 전체시장에서 요구하는 제품이나 서비스상의 차이가 별로 없기 때문에 전체 시장을 상대하는 기업들이 이 세분 시장을 쉽게 공략할 수 있다.

셋째, 경쟁대상 기업들이 전략적인 목표가 되는 특정 세분시장 안에서 보다 세분화된 단위의 목표 시장을 설정·공략함으로써 경쟁우위를 서로 확보하기 위해 집중적인 전략을 추구할 수 있다.

이와 같이 경쟁 우위를 어느 하나라도 제대로 달성하지 못한 기업을 중간치기(stuck in the middle)라고 하며, 낮은 수익성을 나타낸다. 중간치기라는 것은 이것도 저것도 아닌 상태를 말하는 것으로 본서에서는 차별화 전략과 원가주도 전략을 동시에 달성되기가 어렵다는 뜻이다. 즉 여러 가지 전략을 한꺼번에 추구하게 되면 상호 모순으로 어느 하나도 달성하지 못한다는 것이다. 따라서 차별화전략은 제품을 차별화시키기 위해서는 높은 비용을 수반하기 마련이며, 원가주도 전략은 각종 비용 삭감으로 차별화를 어렵게 만든다. 따라서 기업은 본원적 전략 가운데 하나만을 선택해야 성공할 수 있다. 예를 들어, 제주항공이 서울→제주도 간 왕복운항을 하였을 때에는 저가항공이라는 서비스를 제공했기에 성공을 하였지만 이것을 해외로 확대 운항하게 되면, 차별화 전략도 없고 원가주도 전략도 찾아볼 수 없기 때문에 아무도 성공할 확률을 높게 보지는 않을 것이다.

집중차별화 성공기업

선택된 시장과 특정연령층, 한정된 지역, 확고한 이미지 구축으로 증가된 거점공략 등 좁은 목표 집단을 통한 집중적 차별화 전략을 말한다.

그 예로 스타벅스의 경우 한정된 지역에서 이미지 구축을 실시하여 한 지역 다점포 전략으로 지역을 순차적으로 선택, 점차 거점공략지역을 넓히는 차별화전략으로 성공했다.

또 사우스웨스트 항공은 서비스차별화를 선택하여 정시출발, 정시도착율을 높이며 고객만족에 성공한 사례이다.

② 경쟁 우위 전략

경쟁 전략을 추진하기 위해서 적극적인 경쟁우위를 확보하기 위한 공격적 경쟁 전략과 경쟁 기업의 공격으로부터 자사의 경쟁적 지위를 보호하기 위한 방어적 경쟁전략이 있다.

1) 공격적 경쟁 전략

공격적 경쟁 전략이 성공하면 경쟁기업보다 경쟁 우위에 있으며, 전략을 채택하는 경우 기업이 강점을 가지고 있는 분야와 연결되어 있어야 한다. 전략에는 기본적으로 정면 실행전략, 측면 실행전략, 다방면 실행전략, 비약적 실행전략, 게릴라 실행전략, 선제 실행전략 등이 있다.

(1) 정면 실행전략

정면으로 공격해서 자신보다 열세인 경쟁 기업을 압도하며, 또한 자신의 강점을 가지고 있는 분야에서 대결함으로써 승리도 만끽할 수 있다. 공격적인 전략은 가격 파괴, 비교 광고, 신제품 출시 등 경쟁기업보다 같은 제품을 낮은 가격으로 공략한다. 이렇게 비용 우위에 둔 가격 인하는 강력한 공격적 전략이 될 수 있다.

(2) 측면 실행전략

경쟁 기업의 약점을 찾아내 이를 직접 공략하는 전략이다. 측면 공격은 경쟁 기업의 강점을 공격하는 정면 공격보다 성공할 확률이 더 높다. 경쟁 기업의 약점을 공격하는 방법은 시장 점유율이 낮거나, 관심을 적게 쏟고 있는 지역을 공략한다. 또 제품의 품질, 성능에 뒤처진 기업 공략, 경쟁 기업의 고객들을 자사 고객으로 그리고 고객서비스가 좋지 않은 경우 공략 대상이 되고, 기업 홍보가 빈약하거나 상표인지도가 낮은 경쟁기업을 공격하고, 선도 기업이라도 고객의 수요를 만족시키지 못할 경우 해당이 된다.

그 실례로 S사의 스마트폰의 배터리 폭발이라는 위기사태로 해당제품 전량을 교환해주는 리콜행사를 진행하는 중 L사는 배터리의 안정성을 공략하여 측면 실행전략을 펼쳤다.

(3) 다방면 실행전략

경쟁 기업의 강점뿐만 아니라, 약점까지 동시에 공격하는 전략이다. 우월한 자원을 바탕으로 경쟁기업보다 상당시간 압도하고 있을 때 성공가능성이 높다.

(4) 비약적 실행전략

아직 임자가 없는 시장영역에 침투하는 전략으로써 비약적 공격을 하는 기업은 신시장에서 선도기업으로서의 우위를 누린다. 비약적 공격의 예로서 경쟁기업이 아직 공략하지 못한 지역에 적극적으로 진입한다든지 특정 고객의 수요를 보다 잘 충족시킬 수 있는 차별화된 제품을 통해 적극적 시장을 찾거나 또는 기존제품 및 생산과정을 대체할 신규기술을 도입한다든지 하는 예를 들 수 있다.

(5) 게릴라 실행 전략

소규모의 도전적 기업에 특히 적합한 전략이다. 경쟁 기업의 방어가 소홀할 경우, 자원의 투입이 적은 분야, 즉 인구밀도가 낮은 지역의 고객 공략, 경쟁 기업의 배달이 낙후된 지역에서의 공략, 경쟁 기업의 품질에 문제가 있을 경우 공략한다.

(6) 선제 실행전략

경쟁기업보다 앞서 행동을 취함으로써 그들을 따돌리고 쫓아오기 힘든 유리한 지위를 확보하는 전략이다. 우월한 전략적 지위를 차지하기 위해서는 생산능력을 확장하고, 원료공급자와 장기계약으로 원료공급 독점, 교통·조달입지 등 최적의 부지 확보, 고객의 마음속에 차별화 이미지 구축, 지역에 유통업자와의 유대관계 확보 등이 있다.

2) 방어적 경쟁전략

경쟁기업의 공격으로부터 자사의 경쟁적 지위를 보호하기 위한 전략을 말한다. 공격 여지의 원천적 봉쇄에는 경쟁 기업의 등장할 여지 말살, 경쟁기업과 유사한 상표 도입 및 낮은 가격 유지, 경쟁기업의 접근 방지, 할인혜택을 통한 거래 억제, 구매자에게 무료연수제공, 가격인하로 제품전환방지, 금융지원확대, 대체기술 특허설정,

독점적 노하우 보호, 경쟁기업의 접근 방지, 천연자원 사전비축, 공급업체 회피 등은 기업의 현 위치를 지탱해 줄 뿐만 아니라 경쟁 기업이 공격하기 힘들게 만든다. 그리고 다른 방법으로는 강력한 대응 의지의 표출을 둘 수 있고 유지공약, 생산능력 구축, 사전정보공개, 정책의 공표, 여유자금 확보, 경쟁기업에 대해 간헐적 공격 등이 있다.

③ 기술혁신 경쟁전략

경쟁전략에서 선발기업의 이점 및 불리한 점 그리고 선발기업으로서 불리한 점은 후발기업에게는 오히려 이점으로 작용할 수도 있다. 따라서 선발기업 및 후발기업의 이점을 알아본다.

1) 선발기업의 이점

선발기업의 이점은 신제품 시장에 처음 진출한 기업에게 주어지는 경쟁우위를 말한다. 이러한 우위요소가 기업으로 하여금 원가 우위 또는 차별화 우위를 누리게 해주고, 나아가서는 성공적인 경쟁전략을 개발할 수 있도록 도와준다(First-Mover Advantages).

선발기업의 주된 이점으로는 다음 네 가지를 들 수 있다.

첫째, 평판효과로써 선발기업은 해당 산업의 개척자라는 하나만 가지고도 고객의 충성도를 높일 수 있다. 예를 들면, 동원 참치 회장이 1982년(1800불) 하버드대 연수시절, 국민 소득이 2,000불이 되면 참치 통조림을 먹는다고 들었다. 동원회장은 1년에 6,000톤을 전량 외국으로 수출하는 것이 너무 안타까워 통조림으로 가공할 것을 지시했다. 그리고 나서 동원참치 임직원들은 일요일에 역, 공원, 등산로에 가서 김치를 넣어서 만든 시식 코너를 만들어 사람들에게 맛을 보게 해 동원 참치를 알리게 되었다. 그 이후 선발기업으로서 평판 효과로 오늘날 국내 참치시장의 60%를 잠식하고 있다. 후발업체로는 사조참치, 오뚜기 참치 등이 있지만 경쟁력은 아직 미약하다.

둘째, 경험곡선효과는 비용을 신속히 절감하여 원가 우위와 이에 따른 진입장벽을 구축한다.

셋째, 자산선점은 희소자산을 선점할 수 있어서 모방기업의 비용구조를 악화시킬 수 있다.

넷째, 높은 전환 비용은 전환하는데 비용이 많이 들게 함으로써 고객을 붙들어 둘 수 있다.

2) 후발기업의 이점

시장에 빨리 진입하는 것보다 늦게 진입하는 것이 유리할 수도 있다. 이렇게 시장에 늦게 진출한 기업에게 주어지는 혜택을 후발기업의 이점이라 부른다. 또한 선발기업의 이점이 약점으로 작용하면서 늦게 진입하는 후발기업에게 유리하게 작용하는 것으로써 다음과 같이 설명할 수 있다.

첫째, 초기 투자가 기술의 급속한 변화로 말미암아 쓸모없게 될 수 있다 따라서 기술적 불확실성 해소는 기술적 공정이나 향후 산업표준에 대한 불확실성이 해소됨으로써 혜택을 보는 경우가 종종 있다.

둘째, 전략적 불확실성 해소는 초기 투자하는데 성공 보장이 없다.

셋째, 무임승차효과는 후발기업으로써 선발기업이 마련해 놓은 연구개발 투자, 구매자 교육, 산업인프라 그리고 구매 및 유통 경로에 편승할 수 있다. 후발 기업은 뒤늦게 시장에 진출함으로써 힘들이지 않고 고객 및 시장을 확보할 수 있다.

넷째, 보완적 자산의 활용은 선발 기업이 제품을 시장에 출시하면서 성공을 보이면 후발업체는 막대한 자본을 투자하여 시장을 순식간에 지배해 버리는 경우도 종종 있다. 예를 들면, 탈모방지용 댕기머리 샴푸가 인기를 끌자 LG에서 리엔 샴푸, 태평양에서 려를 출시하여 1+1으로 공략하여 시장을 잠식하였다.

또 다른 예는 후발기업이 선발기업을 따라잡은 대표적인 기업으로 패밀리 레스토랑 업계의 아웃백 스테이크하우스 사례를 꼽을 수 있다. 국내 패밀리 레스토랑 중 후발 주자인 아웃백은 불경기에도 매년 60%씩 성공하여 업계 1위를 탈환했다.

TGIF, 베니건스 등 시장선도 업체들이 타성에 젖어 있을 때 새로운 차별화된 서비스를 발굴하면서 공격경영을 했기 때문이다. 이웃백은 고객의 기다리는 시간을 짧게 느끼도록 하기 위해 고품질의 웨이팅 푸드를 제공하고 모든 방문고객에게 부쉬맨 브레드를 무제한 제공했다. 또한 지역밀착형 마케팅 등으로 성공할 수 있었다.

후발기업이 선발기업을 따라잡기 위해서는 소비자가 수용 가능한 범위 내에서 차별화를 시도하고 지나친 형식보다는 평소 선발기업들을 연구, 분석하여 선발기업의 실수를 토대로 고객들의 평소 불만을 해결해 주는 것이다. 하지만 선발기업을 충분히 따라잡을 수 있는 가장 중요한 핵심은 자본력과 기술력을 갖고 있는 것이다.

요약

경쟁전략은 사업전략(business strategy)이라 부르기도 한다. 경쟁전략(competitive strategy)기업이 경쟁에서 이기려면 경쟁상대기업보다 경쟁우위에 설 수 있도록 전략이 필요하며, 그 경쟁우위를 확보하고 유지하는 전략이 경쟁전략이다. 포터의 경쟁우위는 동일한 제품을 경쟁업체들보다 더 효율적으로 설계해서 생산하고 판매할 수 있는 기업의 능력을 말한다. 즉 현대자동차에서 생산하는 제품을 놓고 비교했을 때 타 회사 동업종 차종보다는 품질이 뛰어나다는 것은 원가 우위와 차별화우위를 갖추었다고 할 수 있다. 특히 원가주도 전략은 경쟁업체들로부터 자사의 보호와 기업발전의 중추적 역할을 한다. 차별화된 제품에는 높은 가격을 매김으로써 수익도 높일 수 있다. 또한 전체시장을 공략하는 것보다 좀 더 세분화된 시장에 주력하게 되면 성과 측면에서 더 효과적이다. 경쟁우위전략에는 공격적 경쟁전략에는 정면, 측면, 다방면, 비약적, 게릴라, 선제실행전략 등이 있다. 방어적 경쟁전략에는 공격여지의 원천 봉쇄 및 강력한 대응의지를 엿볼 수 있다. 또한 선발 기업의 이점은 평판이 좋기 때문에 고객의 충성도가 높다는 점이다. 후발 기업의 이점으로는 보완적 자산의 활용으로 선발 기업이 제품을 시장에 출시하면서 성공을 보이면, 후발업체는 막대한 자본을 투자하여 시장을 순식간에 지배하는 경우가 이에 해당된다.

토의 과제

1. porter의 본원적 전략에서 원가 우위전략과 차별화 전략이 가능한지 토의해 보시오.

2. 전체시장과 세분화 시장에 대한 장·단점을 설명해 보시오.

3. 선발기업의 이점을 예를 들어 설명해 보시오.

"다이소, 매출 1조 기업으로 키울 것"

"매월 공급 상품을 600개씩 늘리고 직영점포를 10개씩 확대할 생각입니다.
앞으로 2~3년간은 국내시장에 주력한 뒤 중국 등 해외시장에 힘을 쏟을 계획이지요."

국내에서 '1,000원 숍'으로 알려진 균일가 생활용품 전문점 다이소는 "점포수뿐 아니라 매장 규모도 확대해 현재 3만 개 수준인 취급 상품수를 8만 개까지 늘릴 것"이라고 밝혔다. 박 회장은 "내년 말까지 점포수 1,000개, 매출액 1조 원을 달성하는 게 목표"라며 "현재 900개 매장 중 49%(437개)인 직영점의 비중을 높이고 매장 규모도 최대 1,500m² 이상으로 확대할 것"이라고 강조했다. 다이소는 1,000원, 1,500원, 2,000원, 3,000원, 5,000원 등 6단계로 나뉜 균일 가격체제를 유지할 것"이라며 "작년 말 0.2%까지 떨어졌던 영업이익률이 지난 3월 용인물류센터 가동 이후 1%대로 복귀했다."고 설명했다. 그는 "물류센터를 통해 국내외 물량을 보다 효율적으로 공급할 수 있게 됐다."며 "시장성이 있지만 물류비용 때문에 진출하지 못했던 지역에도 매장을 낼 수 있게 됐다."고 덧붙였다. 다이소는 앞으로 2~3년간 국내 직영점 출점에 집중해 사업 규모를 확장한 뒤 해외사업에 본격적으로 뛰어들 방침이다. 다이소아성산업은 2011년 12월 '하스코'라는 이름으로 중국에 진출했다. 직영점 2개를 포함해 97개의 점포를 운영하고 있지만 수익은 나지 않고 있는 상황이다. 다이소는 "중국 시장은 중산층이 많지 않아 생활용품보다는 생필품 위주의 소비가 일어나고 있다."며 "2~3년이 지나면 고객군이 형성되고 시장이 어느 정도 성숙할 것으로 본다."고 말했다. 다이소는 1997년 아스코라는 이름으로 균일가 생활용품시장에 뛰어들었다. 100호점을 냈던 2001년 일본 다이소의 자본출자를 받고 브랜드명을 다이소로 바꿨다. 최대주주는 박 회장(43%)으로 일본 다이소는 지분 34%로 2대주주이다. 박 회장은 "일본 측이 경영에 간섭하고 있지 않지만 한·일 관계가 악화되면서 일본 측 지분을 인수하거나 브랜드를 바꾸는 방안도 검토했었다."며 "그러나 일본의 상품 출시 능력 등은 배워야 하기 때문에 거래관계를 유지하기로 했다."고 설명했다.

(2013. 7. 23. 한국경제)

360바이닷컴, 중국의 아마존닷컴 꿈꾼다

'중국 정보기술(IT) 업계의 마오쩌둥' '월마트를 긴장하게 만든
전자상거래 업계의 샛별' '중국의 아마존닷컴 창시자'….

38세 젊은 나이에 알리바바닷컴에 이은 중국 2위 전자상거래 사이트 '360바이닷컴(360buy.com)'을 일군 류창둥(劉强東·리처드 류) 징둥상청(京東商城) 최고경영자(CEO)에게 붙은 별명들이다. 미국 경제주간 포천은 지난해 중국 젊은 엘리트 기업인 1위로 류 CEO를 꼽았다. 40세 이하의 젊은 기업가 중 가업을 물려받은 '푸얼다이(富二代·재벌2세)'가 아닌 스스로 창업한 자수성가형 인재로는 독보적이라는 이유를 달았다. 그는 잠재력과 중국 재계에 미치는 영향력에서도 높은 평가를 받았다.

◆ 젊은 시절 실패가 보약이 되다

1994년. 20살의 중국 런민대 3학년생이었던 류창둥은 아버지로부터 20만 위안(약 3,600만원)을 빌렸다. 그 돈으로 베이징에 음식점을 열었지만 몇 달 만에 말아먹었다. 사업을 쉽게 본 게 화근이었다. 장쑤성(江蘇省) 시골 마을에서 영재 소리를 들으며 런민대 사회과학대에 진학했지만 전공보다는 컴퓨터에 흥미를 느꼈던 그는 짬짬이 프로그래밍 아르바이트를 하면서 쉽게 돈을 벌었다.

한 번에 큰돈을 벌 생각으로 집에서 돈을 빌려 '만만한' 음식사업을 시작했지만 결과는 참패였다. 그는 "처음 드는 생각은 인간 본성에 대한 실망이었다. 종업원들에게 그렇게 잘해줬는데 배신을 당하자 인간이 선한 존재인가, 악한 존재인가 계속해서 고민했다."고 회고했다.

그는 빚을 갚기 위해 1996년 대학 졸업 후 보험회사인 일본생명에 들어갔다. 2년간 조직 생활을 하면서 자신이 사업에 실패할 수밖에 없었던 이유를 깨달았다. '남 탓이 아니라 내 탓'이란 것을. 음식점 겉모양은 화려하게 장식했지만 회사를 체계적으로 관리·감독할 경영구조를 갖추지 못했고, 회계·금융 시스템도 없었다. 뒤늦게 깨달았지만 소중한 교훈이었다.

류창둥은 빚을 다 갚자마자 1998년 1만 2,000위안(약 216만 원)의 '소박한' 자본금을 갖고 '베이징의 실리콘밸리'라는 중관춘(中關村)에 징둥공사(京東公司)라는 가전제품 판매점을 차렸다. 실패를 교훈삼아 빈틈을 없애겠다고 결심했다. 재고 관리부터 회계까지 일

일이 직접 관리했다. 류 CEO는 지금도 그때 버릇이 남아 매일 아침 200여 명의 매니저들과 화상회의를 통해 재고관리 등 세부사항까지 챙긴다. 이후 사업은 성장을 거듭했다. 몇 년 만에 4개 도시 12개 지점을 가질 정도로 회사도 커졌다.

회사가 도약하는 데는 천운(天運)도 따랐다. 2002년 중국 전역을 중증급성호흡기증후군(SARS) 공포가 뒤덮었다. SARS 바이러스가 맹위를 떨치면서 중국 전역에서 수백 명이 사망했다. 사람들은 집 밖으로 나가는 것 자체를 꺼렸다.

전자제품 매장은 파리를 날렸다. 고심하던 류 CEO에게 한 매장관리인이 "온라인 판매로 사업 방향을 돌리자"고 제안했다. 류는 당시까지만 해도 인터넷을 써본 적이 없었다. 그러나 매장 관리인의 제안을 흔쾌히 받아들였다. 방향 전환은 맞아 떨어졌다. 2005년 회사의 온라인 매출이 1,200만 달러에 달할 정도로 성장했다. 류 CEO는 이 시점에 또 다른 중요 결정을 내렸다. 온라인 판매에 전력키로 한 것. 이렇게 2005년 탄생한 회사가 360바이닷컴이다.

◆ 거침없는 성장

360바이닷컴은 이후 무서운 속도로 성장했다. 지난해 거래 규모는 309억 6,000만 위안(약 5조 5,900억 원)으로 전년 동기 대비 200% 이상 늘었다. 매출액은 210억 위안. 올해는 매출을 450억 위안으로 두 배 이상 키우고, 내년에는 700억 위안(약 12조 6,000억 원)을 달성한다는 계획이다. 중국 내 기업-소비자 간 (B2C) 전자상거래 시장 점유율은 지난해 4분기 14.7%에서 올해 1분기 17.2%로 올라갔다. 중국 B2C 전자상거래 시장 규모는 818억 위안 정도로 알려져 있다. 해외에도 진출해 미국, 대만 등 37개국으로 영업망을 확장했다.

지난해엔 인터넷 전문 투자 벤처캐피털인 러시아 디지털스카이테크놀로지스(DST)로부터 투자자금 5억 달러(약 5,720억 원)를 유치하기도 했다. DST는 소셜네트워크서비스(SNS) 업체인 페이스북과 게임업체 징가, 소셜커머스 업체 그루폰에 투자했던 '매의 감식안'을 지닌 것으로 평가받는 회사다. 그만큼 360바이닷컴의 성장 잠재력을 높게 평가받은 것이다. 애플과 구글, 유튜브에 투자해 큰 재미를 봤던 미국 세쿼이어캐피털과 유통시장의 잠재적 경쟁자인 월마트도 경쟁적으로 360바이닷컴에 투자했다.

360바이닷컴이 이처럼 '황금알을 낳는 거위'로 평가받게 된 비결은 '중국 기업 답지않은' 빠른 물류시스템을 갖췄기 때문이다. 고객이 오전 11시 이전에 온라인으로 주문하면 중국 주요 지역에선 당일 오후 6시 전에 물건을 받을 수 있다. 오후 11시 전에 주문하면 다음날 오전 9시까지 물건을 수령할 수 있다. '100분 정책'이라고 이름 붙인 서비스도 있다. 배달 물품에 불만이 접수되면 100분(1시간 40분) 안에 불만 접수품을 회수하는 것이다. 360바이닷컴이 현금을 대규모로 보유하고 있는 데다 300여 개 주요 도시에 거미줄 같은 배달망을 갖추고 있어 가능한 일이었다.

◆ "법치(法治)로 나스닥도 점령한다"

류창둥 CEO는 올해 안에 미국 나스닥에 상장할 계획이다. 이를 위해 메릴린치와 골드만삭스, JP모건, UBS 등을 상장주관사로 선정했다. 몇 달 안에 상장신청서를 미국 증권거래위원회(SEC)에 제출하기로 했다. 인수·합병(M&A)과 물류에 투자할 자금을 확보해 5년 안에 선두업체 알리바바를 따라잡는 게 목표다. 회사 측은 기업가치가 100~120억 달러(약 11조 4,000~13조 7,000억 원)에 이를 것으로 기대하고 있다.

360바이닷컴은 IPO로 10억 달러를 조달하면 현재 보유하고 있는 10억 달러를 합쳐 오픈마켓으로 변신을 시도한다는 구상이다. 제품을 매입해 직접 판매하는 종합쇼핑몰로는 사업 성장에 한계가 있다고 판단, 수많은 판매자가 입점하는 온라인상 유통업체로 변신하겠다는 것이다.

류 CEO는 성장을 추구하면서도 '법치(法治)'를 강조하고 있다. 그는 "법규를 철저하게 준수하는 게 중국 관행으론 쉽지 않은 일이긴 하지만, 회사 회계가 조금이라도 투명하지 못하면 언론이 문제를 제기하게 되고 결국 회사 브랜드 가치가 손상된다."고 말했다. 또 "큰 기업 안에서 발생하는 사적(私的)인 일은 큰 문제를 야기하곤 한다."고도 했다. '법에 기반한 성장'이 그의 목표다.

직원들에게도 정성을 기울인다. 직원들이 회사에 자부심을 가져야 성장할 수 있다고 생각하기 때문이다. 신입 사원에게는 중국 기업으로는 고연봉인 10만 위안(약 1,800만 원)을 지급하고, 1년간의 전문 직업교육도 시켜준다. 중·고위급 관리자들에겐 상하이에 있는 중국유럽국제경영대학원에서 최고경영자 과정을 밟을 수 있는 기회를 주고 있다.

이 밖에 회사 규모가 급격히 커질 것에 대비해 물류 투자도 강화키로 했다. 올해 3월엔 상하이 특송업체 CCES를 인수했고, 앞으로 3년간 물류 분야에만 100억 위안을 투자키로 했다.

파이낸셜타임스는 "포동포동한 얼굴, 고생이라고는 해보지 않았을 법한 인상의 류 CEO는 회사 내부에서 마오쩌둥으로 불리고 있다."고 평했다. B2C 분야 천하통일을 노리는 360바이닷컴의 야심을 마오쩌둥에 비유한 것이다.

(2013. 7. 6. 한국경제)

Chapter

07

기능별 전략

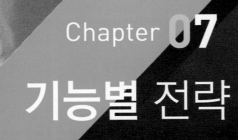

Chapter 07

기능별 전략

기능별 전략(functional strategy)은 기업이나 사업전략을 실행하기가 쉽고 또한 경쟁력을 높이기 위해서 자원생산성(resource productivity)을 극대화 하는 데 있다. 이러한 기능별 전략 분야로는 마케팅. 생산. 인사관리. 재무. 연구개발 등이 있다.

① 마케팅 전략

기업의 전략은 고객가치에 있듯이 생산 원가를 낮추고 제품혁신에 주력하면서 이에 어떤 마케팅 전략이 현실성 있는지 알아본다.

1) 고객만족요소

마케팅 전략에는 기본적으로 시장개발(market development)전략과 제품개발(product development)전략이 있다. 시장개발전략은 시장 침투를 통해서 기존제품을 가지고 확대 또는 신규시장을 개발하는 것으로, 기업차원의 집결전략과 부합한다. 또 제품개발전략은 기존시장 및 신규시장에 신제품을 출시하는 것으로 기업차원의 다각화 전략에 상응한다.

따라서 고객의 욕구를 미리 파악하여 고객이 원하는 제품을 적기에 공급함으로써 고객의 만족을 최대한 얻어내기 위한 넓은 의미의 판매활동이다. 고객은 기업에 비용을 지불하고 그 대가로 혜택을 받는다. 이때에 지불한 비용에 비해 혜택이 많을수록 고객가치(Customer Value)가 높은 것이며, 기업의 모든 전략은 고객가치높이기로 집중되어야 한다. 그러기 위해서는 생산원가나 부대비용을 줄이고 제품과 서비스의 가격을 낮추고 품질은 최대로 높여야 하기 때문에 제품혁신에 주력해야 한다.

2) 마케팅 전략

침투가격(penetration pricing)전략으로서 비교적 낮은 가격으로 혁신차원에서 시장 점유율을 확장시키기 위한 전략이며 장기적으로 수익성 증대에도 주효하다. 반면에 최고가격(skim pricing)전략은 신제품이 시장에서 아직 독과점일 때 수요곡선상의 가격을 최고로 높이는 전략을 말한다. 그 밖에도 광고 및 판촉 전략으로는 푸쉬(push)전략과 풀(pull)전략을 들 수 있다. 풀(pull)전략은 제조업체가 TV광고를 통해 최종 소비자에게 직접 광고를 하는 방식이다. 즉 소비자들이 중간상인을 방문하여 그 제품을 구매

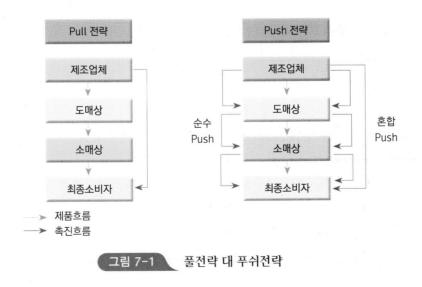

그림 7-1   풀전략 대 푸쉬전략

하면 중간상인이 제조업체에게 주문을 하도록 하는 방식의 촉진전략을 말한다. 푸쉬 (push)전략은 최종소비자에게 직접 광고를 하기보다는 지인 또는 판매원활동, 협동광고, 구매시점진열, 중간상의 판매원 훈련 등과 같은 방법으로 중간상인에게 직접 접근하는 촉진방식을 말한다. 대부분의 제조업체들은 두 방신의 촉진전략 중에 어느 하나에만 전적으로 의존하기보다는 양 방식의 적절한 결합을 통하여 촉진활동을 수행한다.

(1) 푸쉬전략

인적 판매에 의해 자사제품을 소비자에게 전달하는 것이다. 푸쉬전략은 주로 제조업체가 도매나 소매 등 유통업체를 대상으로 판촉활동을 하거나 영업사원들을 통해 정보를 제공하는 것을 말한다. 브랜드 의존도가 낮은 상품을 소비자들에게 직접 홍보하는 것보다는 푸쉬전략이 더 효과적이다. 생필품은 브랜드 의존도가 낮은 편이나 마트에 쇼핑을 하러 가면 평소 선호하는 브랜드의 생필품을 찾아서 사는 경우도 있지만 행사제품이나 눈에 띄게 진열된 제품을 구입하는 경우가 많다. 따라서 이런 상품들은 유통업체를 푸쉬하여 상품을 눈에 띄는 곳에 진열하거나 판매사원을 두고 권유한다. 보험도 TV광고보다 영업사원에게 인센티브를 주고 푸쉬하는 전략이 더 효율적이다. 실제로 TV광고보다 영업사원을 통한 보험 판매량이 훨씬 크다.

(2) 풀전략

광고에 의해 자사제품을 소비자에게 홍보하는 것이다. 풀전략은 최종 구매자를 대상으로 직접 정보를 제공하는 것이다. 소비자들에게 직접 제품, 브랜드, 기업명 등을 알려 인지도와 판매량을 높인다. 광고 등이 대표적이며 무료견본, 경품, 또는 체험단, 평가단 등도 풀전략의 경우이다.

풀전략은 주로 브랜드 인지도가 높은 제품에 사용된다. 에어컨, 냉장고, 자동차 등 고가 제품이나 브랜드 인지도가 높은 제품을 고객들이 이미 결정한 후 매장을 찾는 경우가 많다. 그러므로 소비자들에게 브랜드와 제품의 광고를 직접하는 풀전략이 효과적인 것이다.

2 생산전략

과거에는 규격화 및 대량생산 전략이었지만, 현재에는 혁신 기술과 아웃소싱이며 이것을 분석해 본다.

1) 생산관리의 의의

기업이 가지고 있는 경영자원에는 원재료, 노동력, 자본 등을 투입하여 제품과 서비스를 만들어내는 과정을 생산이라고 말한다. 생산부문에서 가장 중요하게 관리되고 있는 부문은 생산계획의 수립, 원·부자재의 구매계획, 인력확보, 생산성향상, 생산기술 및 원가절감, 공장입지의 선정, 재고관리, 품질관리 등 수직적 통합을 하여 원가를 줄이고 대량생산에 적합하도록 생산 공정을 규격화하는 것이 종전의 생산전략이었다. 그러나 현재에는 통신, 물류, 정보시스템의 발달로 수직적 통합이 능사가 아니고 가능하면 제품이나 서비스를 생산하는 데 필요한 혁신기술에만 주력하고 나머지는 가능하면 외부에 아웃소싱을 주는 기업들이 늘어나고 있다.

2) 생산관리의 기능

생산관리자는 생산 활동과 관련하여 주요 다섯 가지 기능을 담당한다.

첫째, 생산 공정 설계분야로써 최소의 비용으로 우수한 품질의 제품을 생산할 수 있다. 특히 공장의 위치선정과 생산 공정의 과정은 중요한 위치를 차지하고 있다.

둘째, 생산능력 계획으로써 적정량의 생산량을 제공함과 동시에 생산설비의 규모와 용량에 적정수준의 생산인력을 유지하고 있어야 한다.

셋째, 재고관리는 원가와 관련이 있는 부문으로 생산시스템에서 중요한 사항이므로 합리적이고 과학적인 방법에 의해 적정량을 확보해야 한다.

넷째, 인력관리이다. 훈련과 표준화로 제품의 품질을 개선시키기 위해 표준시간을 설정하는 동작연구(motion studdy)와 표준작업량을 산출하는 시간연구(time studdy)를 주요 내용으로 하고 있다.

다섯 째, 품질 관리는 고객을 만족시키기 위해서 생산관리의 중요한 책무가 되었다. 생산의 모든 단계에서 품질이 제품에 반영될 수 있도록 철저한 교육과 검사가 동반되어야 한다.

3) 생산관리의 목표

생산성 향상이라는 목표를 이루기 위해서는 일반적으로 원가절감, 품질향상, 시간단축, 유연성으로 구분되며 내용을 보면 첫째, 원가절감이다. 가격면에서 경쟁력이 있으려면 원가절감이 가장 좋은 방법이다. 그렇기 때문에 간혹 인건비나 원자재 가격이 싼 곳으로 생산시설을 옮겨 가기도 한다. 둘째, 품질향상은 원가절감 못지않게 중요한 사항이다. 그래서 품질관리는 고객만족을 위해서 제품 아이디어 개발과정에서부터 연구개발, 마케팅, 영업, 엔지니어링, 생산현장 등 관련된 모든 부서가 전체적으로 참여하는 전사적 품질경영(TQM:Total Quality Management)으로 중요한 사항으로 대두되고 있다. 셋째, 시간단축이다. 즉 신상품을 경쟁업체보다 먼저 매장에 진열해 놓으면 경쟁기업보다 더 많은 매출을 올릴 수 있다. 또한 신제품을 먼저 출시하면 유행을 선도하는 기업으로 인식되어 이미지 향상에 도움이 많이 된다. 넷째, 유연성을 높이기 위해서 첨단시설을 도입하거나 또는 수요증가에 대비해서 협력업체와 상생의 방법을 모색할 수도 있다.

(1) 원가절감

원가는 생산을 한 단위에 투입된 요소의 평균 가치이다. 제조업체의 경우 한 단위 제품에 투입된 원자재, 노동력, 그리고 공장 운영비용의 합계이며, 소매업체의 경우는 한단위 제품을 판매하기 위해 투입한 구매비용이나 판매 관련 비용의 합계가 될 것이다. 투입 요소별로 원가를 계산해서 비교하기도 하지만 총매출액에 대한 제조원가나 판매원가의 비율을 가지고 종합적인 판단을 하여 '경쟁업체에 비해 원가가 높다 혹은 낮다'라고 평가할 때가 많다. 원가비율이 낮은 기업이라면 운영을 통해 상대적으로 더 많은 가치를 창출해 내고 있다고 볼 수 있다.

품질은 경쟁업체에 비해 별로 뒤지지 않게 하면서 원가절감을 통해 가격경쟁에서 이기는 전략을 펴는 기업은 시설규모를 크게 해서 대량생산을 하거나 첨단 정보시스템을 광범위하게 활용하는 것이 일반적이다.

또 인건비나 원자재 가격이 싼 곳으로 생산시설을 옮기기도 한다. 디자인을 단순화하든지 품질관리를 철저히 하는 것도 원가절감에 도움이 된다.

(2) 품질향상

생산관리 담당자에게 있어서 품질향상은 원가절감 못지않게 중요한 과제이다. 불량품은 소비자뿐 아니라 판매한 기업에게도 큰 손실을 입힌다. 때로는 상품책임에 관한 법률에 저촉을 받아서 재정적으로 큰 손실을 부담하게 된다. 그런데 품질에 대한 개념이 간단하지 않아서 시대에 따라 결정된다고 볼 수 있다. 과거에는 품질관리가 통계적 품질관리를 중심으로 이루어졌다. 여기서 통계적 품질관리란 상품이 정해진 규격에 맞게 생산되고 있는지를 확인하기 위해서 확률이론과 통계적 표본조사를 이용해서 불량품의 발생 정도를 추정해 나가는 노력을 말한다. 통계적 품질관리는 뒤이어 신뢰성을 중심으로 하는 품질관리 개념으로 대체된다. 신뢰성이란 제품이 사용되는 동안 기능을 발휘 못하게 되기까지의 결과 기간을 반영한 것으로서 통계적 품질관리에 시간 개념을 덧붙인 것으로 할 수 있다. 컴퓨터의 경우 핵심부품이 성능을 발휘하지 못한다면 자주 다운된다. 만일 비행기나 원자력 발전소처럼 많은 사람의 생명이 관계되는 상품이나 설비에 들어가는 부품의 성능이 신뢰 받을 수 없다면 이로 인해서 발생할 수 있는 위험이나 불편 혹은 비용은 상상을 초월할 수도 있다.

최근에는 품질을 디자인, 규격에 적합한 정도, 신뢰도, 상품 관련 서비스까지를 포함하는 개념으로 설명하는 것이 일반적이다. 그래서 품질관리는 고객만족을 위해서 제품 아이디어 개발과정에서부터 연구개발, 마케팅, 영업, 엔지니어링, 생산현장 등 관련되는 회사의 모든 부서가 전체적으로 참여하는 전사적 품질경영(TQM)으로 발전되었다.

(3) 시간단축

고객이 원하는 시간과 장소에 신속하고 정시에 제품이나 서비스를 인도할 수 있는 능력은 시간단축이다. 과거에도 제조시간을 단축하는 것을 중요하게 여겼지만 최근에는 시간과의 경쟁 혹은 시간위주의 경쟁이라는 표현까지 나올 만큼 경쟁에서 승패를 결정짓는 요소로 인식하고 있다. 이렇게 된 배경으로는 경쟁이 치열해지면서 제품의 생명주기가 짧아지고 있는 경향을 들 수 있다. 패션산업은 말할 것도 없이 컴퓨터, 자동차 산업도 2~3년에 한 번씩 새로운 모델을 내놓아야 한다. 제조 및 운영시간의 단축을 통하여 얻게 되는 이점은 다음과 같다.

① 예측 정확도 향상

생산부서이건 자금부서이건 운영계획을 수립할 때 판매예측은 기본이 된다. 그래서 예측이 정확하면 생산원가를 절감할 수 있고 자금계획도 효율적으로 세울 수 있다. 그런데 주문에서 생산완료까지의 기간이 길면, 즉 리드타임이 길면 더 먼 시점에서 이루어질 판매를 예측해야 하기 때문에 결과적으로 수요예측이 더 어려워진다. 반대로 예측해야 할 기간이 짧아질수록 더 정확하게 예측할 수 있게 된다.

② 판매기간 연장

신상품을 빨리 출시한 기업은 판매기간이 늘어나서 결과적으로 더 많은 매출을 올릴 수 있고 이익도 많아진다. 또한 초기에 시장을 선점할 수 있고 쇠퇴기에도 뒤따라온 경쟁업체보다 더 오래도록 남는 것이 일반적인 현상이다. 당연히 신상품 개발이나 광고비에 투입된 비용을 회수하는 데도 유리하다.

③ 기업이미지 향상

신제품을 먼저 출시한 기업은 기술이나 유행을 선도하는 앞선 기업으로 인식되어 기업이미지를 높일 수 있다.

🌐 패션브랜드 자라의 성공비결

자라 패션의 성공 비결은 매장과 유통에 있었다. 자라는 매주 화요일과 토요일에 제품을 출시한다. 같은 제품이 아니라 신제품을 두 번 출시하는 것이다. 자라가 선택한 방법은 트렌드 따라잡기이다. 전세계적으로 유행을 타는 다른 브랜드들을 참고하기도 하고 그리고 명동거리에 다니는 소비자들의 트렌드를 읽어 수백명의 디자이너들이 즉석에서 스케치하여 곧바로 생산으로 연결시켜 새로운 스타일의 의류를 탄생시킨다. 이렇게 트렌드 분석 후 자라의 매장에 옷이 전시되기까지 걸리는 시간은 2주 정도이다. 이렇게 매장에 전시된 제품은 아무리 잘 팔려도 2주 이상은 진열하지 않는다.

다품종 소량생산이기에 제품이 이월되는 경우는 없다. 자라는 소비자들에게 항상 새로운 제품을 선보이고, 언제라도 새로운 트렌드를 선보일 준비가 되어 있는 것이다.

자라는 이처럼 빠른 트렌드 캐치를 통해 시장을 분석하고 디자인된 옷을 빠르게 생산하고 시장에 내놓는 것에 핵심 역량을 갖고 있다. 특히 광고도 하지 않는다. 자라 신제품을 보고 싶다면 웹사이트를 통하거나 매장을 방문해야 한다. 그리고 방문 매장에는 항상 신제품이 준비되어 있다. 이러한 노력의 결과 자라고객은 1년에 17회 정도 매장을 방문한다. 타브랜드 매장방문은 1년에 5회 정도이다.

④ 원활한 유통채널 관리

주문 후 상품을 배달받는 기간이 짧을수록 중간상인들도 환영한다. 빠른 만큼 재고를 보충하기가 쉽고 결과적으로 상품 재고가 부족하거나 혹은 지나치게 많이 보유할 때 볼 수 있는 손실을 피할 수 있기 때문이다. 중간상인의 입장에서는 적은 재고로 높은 이익을 올릴 수 있게 해주는 즉 재고자산에 대한 수익률을 높여주는 업체를 선호하게 된다. 따라서 역량 있는 중간상인을 확보하는 일은 경쟁에서 중요한 성공요인이 된다.

(4) 유연성

유연성이란 수요의 양적 및 질적 변화에 신속히 대응할 수 있는 능력을 말한다. 즉 수요의 변동에 따라 생산수량을 신속히 조절할 수 있고 소비자의 요구나 취향에 맞추어 신속하게 새로운 제품을 개발할 수 있는 능력을 말한다.

기업의 이상적인 생산 활동이란 낮은 원가, 높은 품질, 신속한 납품, 높은 유연성을 동시에 달성하는 것이다. 하지만 네 가지의 생산목표는 서로 상충할 수 있는데 그 이유는 낮은 원가를 추구하다보면 품질, 납품, 유연성에 상당한 손실을 가져올 수 있으며, 또한 유연성은 상당한 비용증가를 수반한다. 신속한 납품을 위해서는 많은 재고와 여유생산능력을 유지해야 하는데 이 또한 비용의 증가를 수반한다.

소품종 대량생산으로 원가절감을 목표로 하던 때와는 달리 고객의 기호나 인기 모델이 자주 변하는 상황에서는 생산관리도 신속하게 대응할 수 있는 유연성을 높일 필요가 있다.

③ 인사관리 전략

인사관리에서 효율성이란 기업이 최소의 인적자원을 투여해 최대의 경영성과를 얻는 것을 의미하고, 인사관리에서 형평성이란 구성원들이 자신의 능력을 최대한 발휘할 수 있도록 공정하게 대우하는 것을 의미한다.

따라서 기업의 성공 여부는 인적자원에 달려 있다. 이것을 어떻게 관리육성하는지 알아본다.

1) 인사관리 중요성

기업조직은 유능하고 인성이 올바르며 조직의 목표 달성에 필요한 활동을 수행할 능력을 갖춘 인재들을 확보, 동기부여 및 훈련시키고, 유지하는 데 있으며 기업의 경영성과를 좌우하는 중심적인 활동을 하며 따라서 효율적으로 인적 자원을 관리함으로써 기업의 성장·발전이 가능하게 된다.

그러므로 기업 활동을 영위하기 위해서는 다양한 설비·공장·토지·금융자산과 같은 자원이 필요하지만 인적자원 또한 매우 중요하다. 인적자원은 재화와 서비스를 설계·생산·품질을 관리할 수 있는 존재이며 뿐만 아니라 금융자원의 배분이나 조직적 관점에서의 전략과 목적을 설정하는 주체이기도 하다. 따라서 인사관리의 주요내용을 보면 다음과 같다.

첫째, 조건평가이다.

인적자원의 조건을 분석하여 직무에 적합한 인력을 선택한다.

둘째, 활동의 평가이다.

필요한 인적자원을 충원하거나 새로운 기술을 교육시켜서 능력을 개발하고 업무의 성과에 대하여 적절한 보상을 하며 사용자와 근로자 간에 원만한 관계를 가질 수 있는 전략을 수립한다.

셋째, 결과의 평가이다.

인적자원을 기업에서 활용한 뒤 결과를 평가할 때에는 공정성과 일관성을 가지고 있어야 하며 적절한 피드백이 이루어져야 한다.

2) 인적자원관리의 발전 방향

오늘날 사회의 고도화된 성숙, 경제활동의 글로벌화, 인구의 고령화, 여성의 사회적 진출, 자동화 및 정보의 고도화로 기업의 인적자원관리에 과감한 변화와 투자가 필요하다. 통합적 인적자원은 서로 유기적으로 연관되고 보완된다는 통합시스템적 사고에 바탕을 둔 것을 말하며, 환경에서 조직에 투입되는 요소들로써 자원, 정보, 에너지를 변형과정을 거쳐서 산출되는 조직의 성과가 나타나도록 해야 한다. 따라서 상호 의존적이며 원활하게 관계가 유지되느냐에 따라 변환과정의 성패가 좌우된다.

아울러 전략적 인적자원관리는 조직의 장기적으로 일관성 있는 계획과 방향으로 진행되어야 하며, 기업내부의 강점과 약점 그리고 기업외부의 기회와 위협요인을 파악하여 인적자원관리에 대한 효율적 관리와 업무능력을 파악하여 차질 없이 계획대로 수행할 수 있도록 관리되어야 한다.

3) 노동조합

근로자가 주체가 되어 근로조건의 유지 개선 및 복지증진 그리고 경제적·사회적 지위의 향상을 목적으로 조직을 운영하는 단체를 말한다. 사용자 측에서 볼 때, 근로자 전체의 의사를 수령한 노조와의 대화의 채널이며, 동시에 노사관계의 안전장치로 생각할 수 있다. 그래서 노동조합은 인적자원 부문에서 보면 기업과 적대적인 관계를 갖는 것 또한 노동조합이다. 예를 들면, 1970년대 말 영국의 높은 실업률과 인플레이션 등으로 탄광, 철강, 제철, 해운, 자동차 등 전 산업분야에서 노동자들이 대규모 파업에 나서면서 공장 가동이 중단되고 기차와 지하철, 청소부, 장의사 파업까지 극에 달했던 것을 우리는 교육을 통해서 알고 있는 사항이다. 또 다른 예로는 미국 GM을 제치고 세계 1등 기업이 된 도요타자동차 노조는 1950년 4월 제2차 세계대전 패전에 따른 불황으로 경영위기를 겪고 있던 회사가 채권단 압력을 받고 대규모 구조조정과 임금삭감 등을 발표하자 격렬한 전면 파업으로 맞섰다. 노조는 이후 조합원 투표를 통해 회사 제안을 받아들여 많은 근로자들이 일자리를 잃는 고통을 겪어야 했다. 이 사건을 계기로 노사관계는 '대립'에서 '협력'으로 바뀌었고, 6.25 전쟁으로 인하여 도요타자동차는 대 호황을 맞이하면서 오늘날 세계최고의 자동차 회사로 군림하면서도 무파업을 자랑하고 있다.

(1) 노동조합의 형태

노동조합은 조합에의 가입범위, 가입조건에 따라 세 가지 유형으로 직업별 조합, 산업별 조합, 일반노동조합으로 나눌 수 있다.

첫째, 직업별 조합은 한 기업 내에서 동일직업에 종사하는 임금근로자가 조직하는 조합형태이고 동일기업 내에 여러 가지 직종이 있을 경우 각종 직업별 조직이 결성될 수 있다.

둘째, 산업별 조합은 일정산업에 종사하는 노동자들이 그 직종과는 상관없이 가입하여 결성하는 방식이다.

셋째, 일반노동조합은 기업의 업종이나 노동자의 직분여하를 막론하고 동일지역 내에 있는 중소기업을 바탕으로 하여 결성되는 조합형태로서 동일공장내의 노동자만으로서는 수적으로 열세하여 단결력을 형성하기 어려운 경우에 이루어지는 형태이다.

(2) 노동조합 가입방식

노동조합과 기업 사이에 체결되는 노사협약방식은 클로즈드샵, 오픈샵, 유니언샵이 있다. 클로즈드샵 방식은 형평의 원칙에 크게 위배되는 방식으로서 거의 대부분의 나라에서 인정되지 않고 있는 실정이다.

세 가지 유형별 내용을 구체적으로 나열해서 설명해 보면 다음과 같다.

첫째, 클로즈드샵(closed shop)은 조합에 가입한 자에 한해서 고용이 허락되는 형태이다. 이것은 조합가입 자체가 채용을 위한 조건이 되는 것으로 가장 폐쇄적인 형태이다.

둘째, 오픈샵(open shop)은 노동조합에 가입여부를 따지지 않고 고용의 기회가 주어지는 형태이다. 가입방식에 있어서 가장 개방적인 것이다.

셋째, 유니언샵(union shop)은 클로즈드샵과 오픈샵의 중간형태로서 노동자가 고용의 전제조건으로 반드시 조합에 가입하여야 하는 것은 아니지만 고용된 자는 의무적으로 조합에 가입하여야 한다.

(3) 단체 교섭

근로자들이 노동조합이라는 교섭력을 바탕으로 임금을 비롯한 근로자의 근로조건 유지·개선과 복지증진 및 경제적·사회적 지위향상을 위하여 사용자와 교섭하는 것을 말한다. 단체 교섭의 기능을 근로자측에서 볼 때 자신들의 근무조건을 유지 향상시키며 구체적인 노조활동의 자유를 사용자로부터 얻어내기 위한 중요한 수단이다. 사용자 측에서 볼 때 근로자 전체의 의사를 수령한 노조와의 대화의 채널이며 동시에 노사관계의 안전장치로 생각할 수 있다. 단체 교섭의 방식에는 기업별 교섭, 통일 교섭, 대각선 교섭, 공동 교섭 등이 있다.

(4) 단체협약

단체협약은 사용자와 대등한 입장에서 교섭하여 임금, 기타 근로조건 등을 결정하여 결정된 내용을 문서화한 것이다. 단체협약의 기능을 근로조건의 개선기능과 산업평화의 기능으로 나눌 수 있는데 이는 개인근로자와 사용자간의 교섭에서는 기대할 수 없는 근로조건을 확보하는 것이며, 또한 유효기간 중에 필요한 분쟁을 피하고 산업평화를 유지할 수 있음을 말할 수 있다. 그리고 단체협약의 유효기간은 원칙적으로 1년이며, 임금 이외의 사항에 관해서는 2년까지 허용하고 있다.

(5) 부당노동행위

부당노동행위는 노동조합법 제39조에 규정하고 있는데 다음과 같다.

첫째, 노조의 조직, 가입, 활동에 대한 불이익대우이다.

둘째, 황견계약 체결이다.

셋째, 단체교섭의 거부이다.

넷째, 노조의 조직, 운영에 대한 지배, 개입과 경비원조이다.

다섯째, 단체행동에의 참가, 노동위원회와의 관계에 있어서의 행위에 대한 보복적 불이익 대우이다.

(6) 노동쟁의

노동조합법 제2조에 의하면, 노동쟁의란 임금, 근로시간, 후생, 해고, 기타 대우 등 근로조건에 관한 노동관계 당사자 간의 주장의 불일치로 인한 분쟁상태를 말한다.

(7) 쟁의 행위

노동쟁의 행위는 노동관계 당사자가 자기의 주장을 관철하기 위하여 하는 형태이다. 즉 임금, 근로시간, 후생, 해고, 기타 대우 등 근로조건에 관한 노동관계 당사자 간의 주장의 불일치로 인한 분쟁상태를 말한다. 노동조합 측의 쟁의행위에는 파업, 태업, 불매운동, 준법투쟁, 공장관할 등이 있고 이에 대응하는 사용자 측의 행위로는 직장폐쇄 등이 있다.

(8) 노동쟁의 조정

우리나라의 노동쟁의조정법은 임금협상 등의 집단적 이익분쟁에서 당사자 간의 원만한 해결을 돕는 제도로 조정의 종류에는 알선, 조정, 중재 및 긴급조정이 있으며 외국인 투자 기업체만 해당되는 강제조정이 있다.

④ 재무전략

　　재무관리는 기업목표를 달성하기 위하여 인사, 마케팅, 생산 등 기업의 여러 관리 기능과의 관계 속에서 자금의 조달과 운용에 관련된 의사결정을 수행하는 관리활동 이라고 할 수 있다. 그러므로 회사의 발전은 자금 조달에 있으며 따라서 자금조달의 과정 및 자금의 효율적인 지출에 대해 알아본다.

1) 자본조달

　　금융시장은 은행이나 단자회사 등을 통하여 단기자금을 조달하는 간접금융 시장 을 말하며, 자본시장은 증권의 발행을 통하여 장기자금을 조달하는 직접금융시장을 말한다. 또 자본조달의 일반원칙에는 그레고리(R.H Gregory)가 말했듯이 고정자산의 투 자는 자본금 및 고정부채총액 이내로 해야 하며 유동부채보다 안전하기 때문에 고정 부채를 유동부채로 바꾸어서는 안 된다는 것이다. 아울러 자본조달의 결정요인에는 자본비용, 자본의 필요시기, 재무위험, 기업성장의 단계, 소유권의 경영통제 등이 있 다. 또한 재무전략중 하나로 차입금에 의한 기업매수 LBO(leveraged buy out)를 들 수 있 다. 이 전략은 기업매수자금을 매수대상기업의 자산을 담보로 한 차입금으로 조달하 는 것으로 이때의 차입금을 후일에 매수한 기업의 운영 또는 자산매각에 따른 수입 으로 갚아나간다. 그리고 수익성소유자에 대한 배당관리는 재무전략에 있어서 중요 한 부분이며, 상황에 따라 배당금으로 지급한 금액을 기업의 빠른 성장을 위해 재투 자하면서 기업이 성공하면 큰 이익을 볼 수 있다는 것이다.

(1) 자본비용의 역할

　　① 투자를 정당화하기 위한 최소한의 수익률이기 때문에 투자결정을 위한 기준이 된다.
　　② 자본비용은 투자에 필요한 자금의 조달방법을 결정하는 기준이 된다.
　　③ 자본비용은 기업의 여러 가지 의사결정의 기준이 된다.

④ 경제전체적으로 볼 때 산업 또는 기업의 투자수준을 결정하고 자원을 배분하는 역할을 하게 된다.

(2) 간접금융과 직접금융

금융경제의 대표적인 시장인 금융시장과 자본시장을 자금공급자와 자금수요자를 연결시켜 자원의 최적배분이 이루어지도록 한다. 금융시장은 은행이나 단자회사 등을 통하여 단기자금을 조달하는 시장을 말하며, 자본시장은 증권의 발행을 통하여 장기자금을 조달하는 시장으로서 좁은 의미로는 증권시장이라고도 한다. 간접금융은 은행이나 단자회사 등을 통하여 단기자금을 조달하는 시장을 말하며, 자금의 수요자인 기업과 공급자인 투자자 사이에 금융 중개기관이 개입되기 때문에 간접금융이라고 한다. 직접금융은 증권의 발행을 통하여 장기자금을 조달하는 시장으로서 기업이 투자자를 대상으로 직접 다양한 형태의 증권을 발행하여 자금을 조달하므로 직접금융이라고 한다.

(3) 자본조달의 결정요인

① 자본비용

여러 가지 자본조달원천에 따른 개별자본비용, 즉 부채비용, 우선주비용 및 보통주비용을 계산하여 이들을 서로 비교하여 가장 저렴한 비용을 갖고 있는 자본조달원천을 택한다.

② 자본의 필요시기

자본의 필요시기를 고려하여 자본조달원천을 택해야 한다. 이 시기의 문제는 자본의 조달기간과 자본의 용도를 감안하여 검토해야 한다.

③ 재무위험

자본조달에 있어서는 이미 수반되는 여러 가지 위험, 특히 재무위험을 경계해야 한다. 재무위험과 관련하여 고려해야 할 핵심적인 문제는 위험과 수익의 상충관계이다.

④ 기업성장의 단계

기업의 성장단계가 자본조달의 결정요인 중의 하나가 된다. 기업은 성장초기에는 증권의 발행을 통하여 자본조달을 하고 성숙단계에서는 주로 유보이익을 조달원천으로 이용하며 안정단계에서는 감가상각을 주요원천으로 사용된다.

⑤ 소유권과 경영통제

특히 장기자본 조달 시에 주요한 고려요인이 되는 것으로 새로운 외부자본이 기업에 어떤 조건으로 참여하는가에 따라서 소유권과 경영통제에 영향을 받게 된다.

2) 운전자본

유동자산과 유동부채를 종합적으로 관리하여 경영의 효율성을 높이고자 하는 관리활동으로써 총운전자본과 순운전자본으로 구성되어 있다. 유동자산의 적정규모를 결정함에 있어서 유동자산의 규모가 크면 클수록 기업의 유동성은 증가하고 위험은 감소하지만 수익성 또한 감소한다. 운전자본의 재무원칙에 있어서 수익성은 유동성에 반비례하고, 수익성은 위험에 정비례한다. 따라서 운전자본의 구성요소에는 현금, 유가증권, 매출채권, 재고자산으로 분류된다. 운전자본의 조달정책에서 변동적 유동자산의 일부는 단기부채로 조달하고, 변동적 유동자산과 영구적 유동자산 및 고정자산은 장기자본으로 조달하는 정책이다.

(1) 총운전 자본

현금, 시장성 있는 유가증권, 매출채권 및 재고자산 등 기업의 유동자산에 투하된 자본의 총액을 말한다. 이때 총 운전자본을 유동자산이라고 한다.

(2) 순운전 자본

유동자산에서 유동부채를 차감한 부분 또는 장기자본에서 고정자산에 투하된 부분을 제외한 금액을 말한다. 일반적으로 운전자본을 말할 때는 순 운전자본을 의미한다.

(3) 운전자본의 조달정책

첫째, 보수적 정책은 변동적 유동자산의 일부는 단기부채로 조달되고 또는 장기자본으로도 조달할 수 있는 정책이다.

둘째, 공격적 정책은 변동적 유동자산은 물론이고 영구적 유동자산의 일부까지도 단기부채로 충당함으로써 상대적으로 장기자본을 적게 사용하려는 정책이다.

셋째, 헷징(Hedging) 정책은 변동적 유동자산은 단기부채로 충당하고 영구적 유동자산과 고정자산은 장기자본으로 조달하는 방법이다.

3) 재무통제

재무계획에 따라서 자금이 지출된 건에 대해서 효과적으로 운용하고 부족한 자금을 조달하여 예산과 집행을 하였을 때 오차를 최소화함으로써 소기의 목표를 달성한 것을 분석하여, 통제하고 평가하는 일련의 과정이다. 그리고 재무통제의 목적은 자금의 유동성 확보와 수익성 증대에 있으며, 재무계획을 수정하고 개선책을 강구함으로써 보다 나은 재무합리화를 꾀하는 데 있다. 또한 재무통제가 효율적으로 수행되기 위해서는 전 구성원의 협력과 지지를 얻어야 하고 권한 및 책임의 소재를 명확하게 할 필요가 있다. 또 통제방식이 경제적이어야 하며 평가는 객관적 기준에 따라 마찰이 없어야 한다.

투자이익률(ROI : Return On Investment) 분석법

재무통제기법으로서 경영활동의 목표를 투자이익률의 극대화에 두고 투자이익률을 결정하는 각종 재무요인을 체계적으로 분석·통제하는 방법이다. 투자수익률은 투자를 총자본으로 본 총자본이익률(ROA)과 투자를 자기자본으로 본 자기자본이익률(ROE)로 나누어진다. 이들을 각각 분해하여 나타내면 다음과 같다.

$$\text{총자본이익률} = \frac{\text{당기순이익}}{\text{자기자본}} = \frac{\text{당기순이익}}{\text{매출액}} \times \frac{\text{매출액}}{\text{총자본}}$$

$$= \text{매출액순이익률} \times \text{총자산회전율}$$

⑤ 연구개발 전략

새로운 제품과 서비스를 생산하기 위해서 연구하고 개발하기 위한 활동을 말한다. 신제품이 나올 수 있도록 하려면 혁신적 연구개발 전략이 필요하며, 기존 제품을 고수 할 때에는 방어적 연구개발 전략이 필요하다. 아울러 경쟁기업의 제품을 분석하여 벤치마킹을 하게 되면 격차가 좁혀질 것이다. 그리고 전체를 아우르는 복합 연구개발 전략이 있다. 반면에 최근에는 연구개발협약, 합작사업 등의 계약을 통해서 외부 기업의 연구개발능력을 빌려다 사용하는 경우도 종종 있다.

💡 요약

기능별 전략(functional strategy)은 기업이나 사업전략을 실행하기가 쉽고 또한 경쟁력을 높이기 위해서 자원생산성을 극대화하는 데 있다. 이러한 기능별 전략분야로는 마케팅, 생산, 인사관리, 재무, 연구개발 등이 있다.

마케팅 전략에는 기본적으로 시장개발전략과 제품개발전략 두 가지가 있다. 시장개발전략은 시장 침투를 통해서 기존 제품을 가지고 확대 또는 신규시장을 개발하는 것이며 제품개발전략은 기존시장 및 신규시장에 신제품을 출시하는 것이다. 또한 침투가격전략은 낮은 가격으로 시장 점유율을 확장시키기 위한 전략이고, 최고가격 전략은 신제품이 시장에서 독과점일 때 가격을 높이는 전략을 말한다. 그 밖에도 판촉전략으로 푸쉬(push)전략과 풀(pull)전략을 들 수 있다.

생산전략에는 기업이 가지고 있는 경영자원(원재료, 노동력, 자본)등을 투입하여 제품과 서비스를 만들어내는 과정이다. 인사관리전략은 조직의 목표달성에 필요한 활동을 수행할 능력을 갖춘 인재들을 확보하고 훈련시키는 데 있다. 따라서 효율적인 인적자원을 관리함으로써 기업이 성장 발전하는 것이다. 재무전략은 은행이나 단자회사들을 통하여 단기자금을 조달하는 간접금융과 증권의 발행을 통하여 단기자금을 조달하는 직접금융시장을 말한다.

연구개발 전략은 신제품이 출시되려면 혁신적 연구개발 전략이 필요하며, 기존 제품을 고수할 때에는 방어적 연구개발 전략이 필요하다.

토의 과제

1. 시장개발전략과 제품개발전략의 차이점은?

2. 침투가격 전략 및 최고 가격전략에 대해 설명하시오.

3. 푸쉬(push)전략 대 풀(pull)전략에 대해 비교 설명하시오.

4. LBO(leveraged buy out)에 대해 설명하시오.

뱅뱅청바지(1위), 뚝심경영

"어휴, 옷 장사가 제일 힘든 것 같아요."

1970년대부터 40여 년 동안 수많은 청바지 브랜드가 혜성처럼 나타났다. 소리 없이 사라졌다. 1980년대의 '죠다쉬', 1990년대의 '보이런던', 'GV2', '겟유즈드', '닉스' 등은 세월이 흐르면서 전성기의 인기를 잃었다.

상당수의 사람들은 유명 해외 브랜드 청바지가 국내 1위일 것이라고 생각한다. 하지만 '의외로' 실제 국내 청바지 시장의 1위 브랜드는 뱅뱅이다. 뱅뱅의 지난해 매출액은 2,300억 원이다. 여기에는 '뱅뱅은 1%를 위한 옷이 아니라 99%가 부담 없이 합리적으로 입을 수 있는 옷'이라는 경영 철학이 깔려 있다.

◇ 43년 버틴 토종 청바지

"갑자기 잊혀지고 부도나는 패션회사가 되지 않으려면 최고경영자(CEO)가 현장에서 원단부터 꼼꼼히 챙기는 수밖에 없다. 최고경영자는 지금도 한 달에 서너 번씩 중국 공장을 찾는다. CEO가 가야 일이 빨리 해결되고 현장에서 좋은 원단을 쓴다는 믿음 때문이다. 최고경영자가 현장을 놓지 않은 이유는 그 자신이 시장에서 직접 옷을 만들어 팔아 봤기 때문이다. 그는 1961년 서울 동대문 평화시장에서 옷 장사를 시작했다. 뱅뱅은 1970년대 초 한국산 데님 원단이 처음 나오자 뱅뱅이라고 이름 짓고 본격적으로 청바지를 만들었다. 뱅뱅이란 이름은 서부영화에서 총을 쏘는 소리에서 왔다.

◇ 이제는 글로벌 SPA와 경쟁

1982년 '죠다쉬' 청바지 매장을 보고 깜짝 놀랐다. 뱅뱅 청바지는 4,000원인데 죠다쉬는 2만 4,000원이었다. 품질은 비슷했는데… 시장을 나와 수입 브랜드와도 경쟁해보자는 생각이 들었다고 뱅뱅의 최고경영자는 말한다.

경영자는 그 길로 제일기획을 찾아갔다. 광고를 만들어 달라고 했더니 '회사규모로 볼 때 어려울 것 같다.'는 거절의 말이 돌아왔다. 그는 방송국에 도와달라고 말했다. 의외로 한 PD가 제작을 맡아줬다. 곧 당대의 스타 가수 전영록이 나오는 광고가 전파를 탔고 뱅뱅은 큰 인기를 누렸다. 1997년 말 외환위기 때 위기가 찾아왔다. 대리점 300곳 중 절반 이상이 장사를 못하겠다고 손을 들었다. 그는 포기하지 않았다. 가격을 더 낮춘 기획상품을 대량으로 만들어 외환위기에 지친 소비자의 눈높이에 맞췄다. 당시 700억 원까지 떨어졌던 매출은 2000년대 들어 다시 1,000억 원대를 회복했다. 요즘의 위기는 글로벌 제조유통일괄형(SPA)브랜드의 '습격'이다. 한국백화점들이 해외 SPA에는 300평을 내어 주고, 국내 브랜드에는 10평 남짓만 빌려주니 경쟁이 되겠느냐 면서도 "그래도 유니클로에 배울 게 많다."고 말했다.

뱅뱅의 최고경영자는 "우리도 직영 매장을 100평 규모로 키우고 있다."며 "그런 매장들은 고객의 머리부터 발끝까지를 커버하는, 청바지 이외에도 다양한 제품을 취급하는 '원스톱 매장'으로 변화시키고 있다."고 강조했다.

(2013. 7. 30. 동아일보)

한국라면 (매운맛) 고가전략, 비싸도 미국서 통한다.

세계에서 라면을 가장 많이 먹는 나라는 중국이다. 2011년 전 세계 라면 소비량의 43.2%인 424억 7,000만 개가 중국 몫이었다. 이어 세계에서 4번째로 인구가 많은 인도네시아가 143억 3,000만 개로 뒤를 이었고, 일본·베트남·미국·한국·인도의 순이었다. 세계 라면 시장은 최근 5년간 평균 7.8%씩 성장했다. 성장을 주도한 나라는 인도와 베트남이었다. 인구는 많은데 아직 소득이 낮은 국가들이다. 그런데 우리나라 라면 업체들엔 먼 시장이다. 개발도상국들의 라면 시장은 자국 메이커 제품이나 저가제품이 독주하고 있기 때문이다. 한국의 신라면 같은 제품은 고가 '프리미엄' 제품으로 통해 가격만 놓고 보면 경쟁이 쉽지 않다. 중국에서도 현지 라면에 비해 1.5배 정도 비싸게 팔리는 한국라면의 점유율은 2%대에 머물고 있다.

그런 가운데 최근 뜨거워지고 있는 시장이 미국이다. 다른 나라들과 달리 자국 업체의 비중이 아주 작아 라면 계의 강자인 일본과 한국이 한판 제대로 붙기 시작했다.

◇ 파상공세 펼치는 한국 라면

현재 미국 라면 시장은 도요 수산이 50%, 닛신이 30% 등 두 회사가 양분하고 있는 상태다. 농심은 이들에 이어 3위(14%)이다. 그런데 올 1월 농심은 미국 시장에서 절호의 기회를 잡았다. 세계 최대 유통업체인 월마트와 라면 직거래 계약을 체결, 미국 전역 3,600여 개 매장에 라면을 공급할 수 있게 됐다. 지금까진 중간상을 통해 500여 개 매장에만, 그것도 매장 한구석 '아시안 푸드코너'에만 진열됐었다. 이용재 농심 해외영업본부장은 "한국 라면이 미국인 주류 식품에 당당히 끼게 됐다는 의미"라며 "이제 일본 제품과 제대로 붙어볼 수 있게 됐다."고 말했다.

농심은 지난해 10월엔 미국 연방국방부조달청(DeCA)과 신라면 블랙 공급계약을 체결, 세계 250여 개 미군 부대 마트에 납품하고 있다. 지난달에는 2005년 지은 LA,공장의 시설을 확장, 생산 능력을 연 4억 4,000만 개에서 5억 5,000만 개로 늘렸다. 농심은 올해 미국 시장 매출 목표를 지난해 1억 4,000만 달러보다 40% 이상 늘어난 2억 달러로 높여 잡았다. 농심은 3년 내 미국 시장 2위를 목표로 내걸었다.

2011년 출시된 신라면 블랙은 싸이를 광고모델로 기용, '싸이라면'이라는 애칭으로 불리며, 인종과 출신국을 가리지 않고 인기몰이에 성공했다. 지난해 미국에서만 1,500만 달러의 매출을 올렸다. 개당 가격이 199달러인 점을 감안하면 놀라운 성공이다. 팔도와 오뚜기도 주력인 '남자라면'과 '참깨라면' 등을 최근 대미 수출 품목에 추가, 매출을 늘릴 계획이다.

◇ 매운맛 즐기기 시작한 미국인들

한국 라면이 이처럼 공세를 펼칠 수 있게 된 것은 전통적인 '매운맛'이 교포를 제외한 미국인들 사이에서도 점점 인정받기 시작한 데도 기인한다. 2007년 농심 라면의 소비자 분포를 보면, 한국계 51.6%, 중국계 15.6%, 히스패닉계 8.8%, 백인·흑인 24.0%였다. 이런 구도는 크게 요동치고 있다. 2012년 한국계가 38%로 줄어든 반면, 백인·흑인이 38%로 늘고, 중국계 16%, 히스패닉계 8%로 바뀌었다. 최남순 배화여대 식품영양학과 교수는 "현재는 일본 라면이 세계시장에서 선두이지만, 한국의 독특한 매운맛은 한 번 길들면 계속 찾게 되는 중독성이 있어 한국 라면의 매력이 점점 강하게 부각될 수 있을 것"이라고 말했다. 농심의 미국 시장 라면 매출은 최근 5년간 연평균 10% 이상씩 늘었는데, 메일린치는 향후 3년간은 매년 16%씩 늘어날 것이라고 전망했다.

미국 시장에선 한국 라면이 일본 라면보다 고가 제품이다. 한국의 신라면은 1달러, 신라면 블랙은 1.99달러에 팔리는데, 일본 업체들은 2~4개들이 한 팩을 1달러 정도에 내놓는 식의 전략을 펴고 있다. 일본의 도요는 텍사스에 미국과 멕시코 시장을 동시에 겨냥한 공장을 신축하고 있고, 닛신은 젓가락 없이 스푼으로 떠먹는 '스푼너블' 등을 새로 출시하는 한편, 2~3년 전부터는 한국 사발면과 경쟁하기 위해 신형 용기면을 선보이기도 했다.

라면은 닛신식품 설립자인 안도 모모후쿠가 1958년 개발한 가공식품으로 우리나라에는 1963년 삼양식품이 첫선을 보였다. 50년이 지난 지금 한국은 전 세계에서 라면을 가장 많이 먹는 나라가 됐다. 우리나라 국민은 1년에 평균 72개의 라면을 먹는데(2011년 기준), 일본의 44개를 압도한다.

(2013. 4. 27. 조선일보)

글로벌 시장
진출 전략

글로벌 시장 진출 전략

글로벌 시장에 진출한 기업들의 전략은 국내시장의 범위를 넘어 기업이 참여하는 세계시장의 범위를 결정한다. 글로벌 시장 진출 의사결정은 넓은 의미로 볼 때 다각화 전략과 유사하다. 글로벌 시장 진출 전략은 판매 및 생산 활동지역을 다각화하는 것이라고 볼 수 있다. 해외진출이 단순히 자신의 기존제품을 해외시장에 판매하는 것뿐만 아니라, 신규사업진출 또는 핵심사업부문의 강화의 목적에서도 이루어질 수 있음을 알 수 있다.

1 글로벌 전략

글로벌 시장 진출의 다양한 방법과 가장 중요한 직접투자의 동기와 유형 그리고 다국적 기업으로서의 성장은 글로벌 전략의 핵심사항이다. 그러므로 글로벌 전략은 기업경영을 비롯하여 다양한 부문의 전체적인 목표와 책임을 국제적으로 운영하려는 전략이라 할 수 있다.

1) 글로벌전략 대처의 변화

　다수의 기업들의 글로벌 전략은 단순히 국가 간의 경계를 넘어서 경제를 추구하고, 낮은 비용으로 가격경쟁을 통한 기업이 발전하는 과정이라고 본다. 또한 세계 여러 나라에서 축적되는 지식은 단순한 제조기술뿐만 아니라 생산에서의 공정 기술이나 마케팅 능력 등도 포함한다. 이렇게 각국의 자회사와 본사 간에 또는 자회사끼리의 지식의 공유가 더 많아질수록 산업 내의 큰 변화의 추세를 미리 감지하고 대응할 수 있게 된다. 예를 들어 LG전자가 최근^(2013년1분기) 부진한 TV사업본부^(HE사업본부) 구조조정 작업에 돌입했다. LG전자가 TV사업본부구조 조정에 나선 이유는 최근 TV사업 업황이 좋지 않기 때문이다. 2012년 2분기 3,055억 원^(영업이익률 5.5%)에 달했던 TV사업본부 영업이익이 2013년 1분기에는 298억 원^(영업이익률 0.6%)으로 줄어들었기 때문이다. 업계에선 이번 분기 TV사업본부 소속 직원 10%를 타부서와 HE연수센터로 재배치해서 효율적으로 조직을 운영한다는 것이다.

　이렇게 글로벌시장에서의 변화추세는 지식 공유로 인하여 구조조정을 통해서 효율적으로 대처할 수가 있다.

🌐 LG전자

　최근 LG그룹은 AI, 로봇 등 성장엔진을 육성하기 위해 전사적 차원에서 집중적으로 투자하고 있다. 2020년 LG전자는 인공지능, 로봇, 자동차부품 등 미래성장사업에 대한 투자를 강화하며 외부 환경변화에 빠르게 대응하고 있다. 특히 LG는 외부와 전략적으로 협력하는 오픈 이노베이션 전략을 적극 펼치고 있다. LG전자는 글로벌 5개 지역에서 AI, 딥러닝, 알고리즘, 미래자동차, 생체인식 등 연구개발 거점을 두고 인공지능 연구를 활발히 진행 중이다. 또한 LG전자는 인공지능과 관련하여 오픈 이노베이션관점에서 경쟁력을 갖춘 기업들과 다양한 영역에서 지분을 투자하며 협력을 강화하고 있다.

🌐 삼성전자

삼성전자의 AI전략은 글로벌 AI시장규모가 2017년 80억 달러(8조 5,000억 원)에서 2022년 1,000억 달러(약 160조 원)까지 성장할 것으로 예측했다. AI시장전망이 밝은 이유는 AI가 다양한 산업군에 접목되어 시너지효과를 창출할 수 있기 때문이다. 특히 삼성전자는 AI, 5G, 바이오, 반도체 등을 4대 미래성장사업으로 선정하고 집중 육성할 계획이다. 따라서 미국과 일본 등 글로벌 시장을 도약하면서 다양한 신산업발전에도 기여하면서 글로벌 기업으로 리드해 간다는 것이다.

2) 글로벌 전략의 유형[1]

글로벌기업들의 경쟁우위는 글로벌전략의 유형별 측면에서 살펴볼 수 있다.

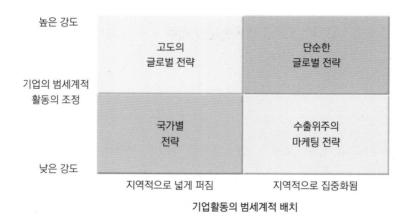

그림 8-1 글로벌전략의 유형

첫째, 수평적으로는 오른쪽으로 갈수록 기업 활동의 범세계적인 배치가 지역적으로 한 곳에 집중화되어 있는 모습이며, 반대편으로 갈수록 여러 지역에 넓게 퍼져 있

---

1) 장세진(2009), 경영전략, 박영사.

는 상태를 나타낸다.

둘째, 수직축은 기업의 세계에 걸친 활동을 얼마만큼 조정할 수 있는가를 표시하며, 위로 올라갈수록 조정의 강도가 높아짐을 의미한다.

셋째, 우하향에 위치하는 기업은 지역적으로 집중화되어 있으나 전체적인 기업 활동의 조정이 약한 수출위주의 마케팅 전략을 사용하는 것을 의미한다. 과거 한국의 수출 지향적인 OEM방식이 여기에 해당된다.

넷째, 우상향에 위치한 기업은 기업 활동의 배치가 지역적으로 집중되어 있고 기업의 범세계적인 활동을 본사에서 강하게 통제하는 전략을 구사하고 있다. 자회사를 두고 본사가 통제하는 다국적 기업을 들 수 있다. 대표적인 나라가 한국과 일본이다.

다섯째, 좌하향은 국가별전략(multidomestic strategy)을 추구하며, 미국, 유럽이 여기에 해당된다. 즉 본사와의 협력관계는 없으며, 자회사간의 긴밀한 협조가 있을 뿐이다.

여섯째, 좌상향은 세계 여러 지역에 직접 투자하여 자회사를 설립 후 하나의 기업으로 취하는 상태이다. 그러므로 여러 가지 국제전략의 유형들을 봤을 때 꼭 어떤 것이 우수하다는 것은 아니다. 국가마다 차이점이 크기 때문에 상황에 따라 합당한 선택을 해야 한다.

예를 들어, 호텔산업은 각 국가마다 소득수준이 다르고 문화적 차이가 존재하기 때문에 국가적 전략을 추구하는 경우가 많다. 하지만 힐튼, 인터콘티넨탈, 리어트 등과 같은 특급호텔의 경우는 주로 고객들이 전 세계를 여행하며 활동하는 기업고객이기 때문에 전 세계 어디를 가더라도 동일한, 그리고 표준화된 서비스를 제공받을 수 있다.

② 글로벌시장 진출요인

글로벌시장에 진출하기 위해서는 크게 두 가지 요인 즉, 기업내부요인과 외부 환경요인을 고려해야 한다. 기업내부요인으로는 기업이 갖고 있는 경영자원과 핵심역량

즉, 기업이 갖고 있는 기술, 브랜드 등이 해당이 되고, 진출대상국과 관련된 국제화경험은 진출방법 선택에 큰 영향을 준다. 아울러 외부 환경 요인으로는 해당 산업의 구조적인 특성과 진출하고자 하는 국가의 정치·경제·문화적인 환경이 있다. 또한 진출예상국가의 정치·경제·문화·경제적 환경 등은 진출방법에도 영향을 미친다.

여기에 부합되는 대표적인 기업이 대림산업이다. 대림산업은 'e-편한세상'이라는 아파트 브랜드로 친숙한 국가 최고령 건설회사이다. 경인·경부·호남고속도로, 서울 지하철, 포항제철소, 잠실올림픽주경기장, 국회의사당, 청계천, 광화문광장 등 한국을 대표하는 건축물과 사회간접시설에는 모두 이 회사의 손때가 묻어 있다. 1962년 시공능력평가제도가 생긴 이래 50년 연속 10위 안에 들었고, 국내 건설사로는 유일하게 55년부터 55년간 한국의 100대 기업에 선정되기도 했다. 이 회사가 이처럼 장수하면서 성장할 수 있었던 비결은 바로 건설이라는 한 우물만 파고 신뢰를 경영 기본으로 삼은 것이 가장 큰 힘이 되었다. 실제 대다수의 기업이 새로운 사업에 뛰어들며 몸집불리기에 나섰던 80년대, 대림산업은 건설사로는 처음으로 건설·건축 기술연구소를 설립하며 착실히 내실을 다져 왔다.

이란 캉간에서는 전쟁으로 인명피해가 발생하는 상황에도 발주처와의 약속을 지키기 위해 끝까지 현장을 지켰다. 그 덕에 대림산업은 지금도 이란의 각종 공사 제안서를 빠짐없이 받고 있다. 대림산업은 '약속은 반드시 지킨다'는 신념으로 그 동안 여러 어려움이 있었지만 창업주의 뜻에 따라 약속을 잘 지킨 것이 큰 자산이 되었다.

건설업은 국가경제의 근간을 이루는 만큼 건설 산업이 글로벌경쟁력에서 기업역량과 제도, 정책 등 공공부문 투명성(부패인식)과 건설리스크(건설환경·자재조달·인력조달위험도) 물류인프라 등에서 높게 평가되어야만 건설 산업내의 글로벌 경쟁력순위에서 우위를 차지하며 경쟁력을 갖게 된다.

건설업의 국내총생산(GDP) 성장 기여도는 반도체나 조선보다 많다. 세계 건설시장 규모는 꾸준히 성장하고 있으며 4차 산업혁명시대에 맞춰 스마트 건설 기술개발이 필요하다. 즉 전통적인 건설기술에 사물인터넷·빅데이터·로봇 등 첨단IT 기술을 접목해 생산성과 안정성을 비약적으로 늘리는 것이다. 또한 건설사들이 단순 시공 수주 위주의 사업방식에서 투자개발형 사업으로 전환해야 한다. 이 사업을 활성화하려면 프로젝트파이낸싱(PF) 등 자금조달 능력을 키워야 한다.

정부는 기술개발에 대한 장기적인 계획을 세우고 외교활동을 통해 국내 건설사들의 해외진출을 도와야 하고 해외사업에 특화된 인력양성에 나설 필요가 있다.

③ 계약수립 및 글로벌시장 진출

글로벌시장 진출에서 직·간접 수출의 장단점과 프랜차이즈 성공 마케팅에 대해 살펴본다.

1) 글로벌시장 진출

수출은 가장 기본적인 해외시장 진출방식이며, 크게 간접수출과 직접수출로 나눈다. 다음 설명은 간접수출과 직접수출의 장·단점을 설명한 것이다.

표 8-1 직접·간접 수출 장·단점

	간접 수출	직접 수출
장점	• 수출입 대행업체에서 대신진행(해외시장개척, 제품기획, 판촉활동 등) • 시장개척 불필요 • 수출관련 업무 불필요 • 자본투입 소액 • 위험요소 적음	• 수출 전담부서에서 해외시장 개척(현지 딜러관리, 판촉행위) • 제반업무 직접 수행함 • 무형자산 보호(자사브랜드) • 해외시장 수요 변화 예측가능 • 시장변화에 대한 예측 정보가능 • 해외 주요 고객과 직접접촉 통해 해외시장 기반 구축 • 수출경험 축적 • 자사제품에 대한 통제력

단점	• 수출 대행업자에 높은 수수료지불 • 국제화 경험 축적불가능 • 해외시장 정보획득 불가능 • 자사제품 해외판로 불가능 • 자사브랜드 이미지 축소	• 수출입 업무·지식필요 • 해외마케팅수행 인적자원필수 • 현지 딜러 신용조사 필요 • 딜러의 외상매출금 관리필요

글로벌시장의 수출효과

기업 경영은 끊임없는 위험들과의 대결이다. 또한 기업은 그 숱한 위험을 헤쳐 나가면서도 성장을 해야 한다. 성장하지 않으면 정체되고, 정체는 곧, 성장하는 다른 기업과의 경쟁에서 도태된다는 것을 의미한다. 특히 글로벌하게 엮여 있는 세계경제에서 밖으로 나가지 않고 외국에서 들어오는 것도 막는 것은 더욱 어렵다. 위험을 줄이고 성장하려면 해외시장을 나가는 길밖에 없다.

국제정치와 문화 등 무역환경에 영향을 미치는 해외시장은 잠재력이 매우 크다. 따라서 글로벌 경제에서 수출을 하면 발생되는 이점은 다음과 같다.

첫째, 경영안정성이 높아진다. 미국이나 중국 등 여러 나라의 무역규모가 크기 때문에 시장변화에 따른 위험분산 능력을 키워 경영위험을 줄일 수 있다.

둘째, 규모의 경제를 이룰 수 있으며 생산의 효율성과 목표시장을 넓힐 수 있다.

셋째, 생산과 판매로 인한 경영효율성이 높아진다. 또한 경험곡선효과(Experience curves effect)이론에 따라 재고비용을 낮출 수 있으며 자본과 설비활용 면에서도 좋은 효과를 나타낸다.

넷째, 시장다변화의 이점을 누릴 수 있다. 가령 우리나라의 경우 3월 입학식 때 문구용품이 많이 팔리고 그 이후로는 비수기이다. 하지만 시장을 넓혀 일본, 미국, 중남미에 수출을 한다면 1년 동안 계속된 판매가 가능하다. 또 이베이의 사례로 한국과 호주의 계절적 차이를 이용하여 의류판매의 성공을 이루었다.

2) 프랜차이즈

우민이는 오늘 '김가네 김밥'에서 점심을 해결한 뒤 편의점 'CU'에 들러 음료수를 사서 'GnB영어학원'에 다녀왔다. 어머니는 '크린토피아'에서 세탁물을 찾아가지고 오시는 길에 '본죽'에 들러 할머니가 드실 전복죽을 사오셨다. 또 아버지는 '원할머니 보쌈'에서 저녁 회식을 한 뒤 '쪼끼쪼끼'에서 맥주 한잔을 하고 나서 집에 올 때 'BBQ' 치킨을 사가지고 오셨다.

하루의 일과가 이런 상황이었다면 모든 소비생활은 프랜차이즈 업체에서만 한 셈이 된다. 그만큼 프랜차이즈는 우리들 생활에 가까이 있다. 프랜차이즈는 가맹본부(fran-chisor) 즉 본사가 가맹점(franchisee)에게 상표와 경영 노하우를 제공하고, 가맹점은 본부의 도움 속에 상품과 서비스를 파는 대신 본부에 수수료를 내는 사업형태를 말한다.

기업들이 경영전략에 적극적으로 적용하기 시작한 것은 19세기 미국에서였다. 특히 자금이 부족한 기업들에게 프랜차이즈는 짧은 시간에 적은 비용으로 상품의 판매를 늘릴 수 있는 효과적인 마케팅 방법으로 인식되어 급속도로 확산되었다. 프랜차이즈는 또한 창업에 나서려는 이들의 실패확률을 줄여줄 수 있다. 본사의 브랜드와

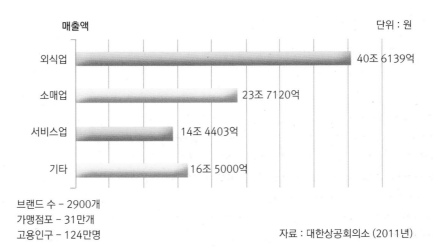

그림 8-2 국내 프랜차이즈 산업

노하우를 전수받아 별다른 경험과 지식이 없어도 성공적인 자영업자가 될 수도 있다. 창업한 점포가 안정적으로 운용되면 종업원 고용이 늘어나니 실업률 감소에도 기여를 한다. 그러나 프랜차이즈는 주로 경기가 침체되었을 때 그 수가 증가하는 경향을 보인다. 일자리를 구하기 힘들어진 자영업자들이 대거 프랜차이즈 시장에 들어오기 때문이다. 또 프랜차이즈 산업이 성장할수록 국민경제에 중소기업의 비중이 커져 대기업의 경제력 집중을 감소시키는 효과도 있다.

대한상공회의소가 2011년 조사한 바에 따르면 현재 국내에서 프랜차이즈 소속 가맹점들이 올리는 매출만 95조 원에 달한다. 대형마트의 매출(33조 원)과 백화점 매출(13조 원)을 합친 것보다 더 많으니 국내유통산업에서 프랜차이즈가 차지하는 비중은 매우 큰 셈이다.

프랜차이즈는 외화벌이 역군이기도 하다. 맥도날드처럼 전 세계에 점포를 둔 브랜드가 좋은 예이다. 단순히 외화를 벌어들일 뿐만 아니라 자국 내에서의 경영 노하우와 시스템을 외국에 전파하면서 국가 이미지 제고에도 큰 역할을 한다. 국내 프랜차이즈 브랜드들도 해외시장 개척에 각별히 공을 들이고 있다. 카페베네가 미국 맨하튼 중심가에 잇따라 매장을 여는가 하면 롯데리아는 사회주의 국가인 미얀마에 외국산 브랜드로는 처음으로 프랜차이즈 매장을 열고 성업 중이다. SPC그룹의 파리바케뜨는 현재 세계 각국에 148개의 점포를 운영하고 있다. 예를 들면, 파리바케뜨는 중국에서 맥도널드, 피자헛 같은 프렌차이즈 글로벌브랜드와 어깨를 나란히 하며 베이커리 한류열풍을 이끌고 있다. 주요도시의 중심상권과 고급주택가를 집중 공략해 고급베이커리 브랜드로 자리매김 하는데 성공했다. 이들 업체는 하나같이 '외식 한류'를 일으키겠다는 비전을 갖고 뛰고 있다.

④ 해외 투자 현황

해외투자는 해외사업에 대해 보다 강한 통제력을 가지며, 일반적으로 해외에 있는 법인체의 20% 이상의 주식을 소유하는 것을 직접투자라 말하며 경영에 직접 관여한다.

1) 가전산업 업황 및 전망

2013년도 소비자가전 산업은 미국 주택경기 회복과 고용 안정이라는 수요 측면의 긍정적 요소화 함께 엔화가치 하락이라는 경쟁 측면의 부정적 요인이 교차할 것이다. 품질과 디자인, 마케팅 등 기본적 경쟁력 차이를 고려할 때 엔화가치 하락으로 인한 국내 기업들의 실질적인 타격은 크지 않을 것이다. 요즘 TV부문의 마케팅 포인트인 초 고화질(VHD) TV와 유기발광다이오드(OLED) TV는 올해보다는 내년 2014년 이후의 장기적인 포석이다. 따라서 올 하반기에는 중·저가 TV제품이 주력 모델이 될 것이다. 그만큼 TV부문 수익성에 대한 눈높이는 다소 낮출 필요가 있다. 이런 가운데 업체별로 냉장고, 세탁기, 에어컨 등 주요 제품의 프리미엄화와 차별화를 위한 노력이 계속될 것이다. 대형 소비자 가전제품의 수요와 관련, 주목해야 할 시점에 TV 등 대형 가전제품을 바꾸려는 소비자가 많기 때문이다. 세계 최대 가전업체인 미국 월풀 자료에 따르면 통상적으로 미국 생활 가전수요의 30%는 신규 주택 건설이나 기존 주택 매매에서 비롯된다. 주식시장 강세나 주택가격 상승에 따른 '부(富)의 효과'도 하반기 소비자 가전 수요에 긍정적인 영향을 미칠 것이다. 고용지표 회복도 정보기술(IT)부문의 소비 회복으로 이어질 가능성이 크다. 고용 증가는 결국 소비증가로 이어질 수 있어서다. 지역별 소비 동향을 보면 유럽은 최악의 상항이 지났지만 여전히 부진하다.

중남미도 일정부분 숨 고르기가 필요하다. 아시아 시장은 부진에서 벗어날 것으로 보이지만 최대시장인 중국의 회복속도가 더딘 편이다. 이에 비해 미국은 주택경기 회복과 고용 여건 개선에 힘입어 소비지출이 빠르게 늘어나고 있다. 고급 가전제품에 대한 수요가 지난해보다 늘어날 것으로 예상되기 때문이다. 엔화 약세를 한국 경제 전반을 위협하는 중요 변수다.

2013년 상반기 일본IT 기업들이 만성적인 적자 탈피와 재무구조 개선에 주력했다면, 하반기에는 공격적으로 확대에 나설 가능성이 있다. 특히 치열한 경쟁이 벌어지고 있는 평판TV시장에서 시장 쟁탈전이 더욱 뜨거워질 전망이다.

몇 년간 깊은 침체에 빠졌던 일본 업체들은 그러나 연구개발(R&D) 인력을 대거 줄일수 밖에 없었다. 이로 인해 제품 개발력과 마케팅력에서 국내 업체들에 한 수 뒤져 있다는 평가가 일반적이다. 엔화 약세만으로 일본 TV업체들이 과거의 영화를 회복하기가 쉽지 않아 보이는 근거이다. 냉장고 세탁기 등 생활가전 제품에서 일본의 세계시장 지배력은 미미하다. 일본 생활가전 제품들은 좁은 집 구조의 일본 내수시장을 목표로 만들어지는 경향이 있다. 국내 업체들의 글로벌한 럭셔리 디자인과는 차이가 크다. 결론적으로 엔화 약세는 분명 경계해야 할 중요 변수이지만, 국내 가전업체들에 미칠 타격을 일부에서 우려하는 것만큼 크지 않을 것이다. TV 세계시장 수요는 2013년 약 2억 5,000만 대로 2012년보다 2~3% 성장할 것으로 보인다. 수익성에 대한 눈높이는 다소 낮출 필요가 있다. 최근 수년간 TV시장은 발광다이오드(LED), 3차원(3D), 스마트라는 확실한 마케팅 포인트를 갖고 있었다. 2013년에는 UHD TV와 OLED TV라는 신제품에 주력하고 있다. 그러나 UHD와 OLED에 대한 소비자들의 반응은 과거에 보여줬던 신기술에 대한 뜨거운 반응과는 차이가 있다. UHD와 OLED는 좀 더 장기적인 포석에서 추진하는 전략이라고 볼 수 있다. 대신 2013년 하반기 TV의 주된 마케팅 포인트는 프리미엄 제품보다 적절한 품질 경쟁력을 갖춘 가격으로 정의할 수 있다. 냉장고 시장은 800L 이상의 대용량과 멀티도어, 원격제어, 에너지 고효율 제품 등 스마트한 친환경 제품 중심으로 바뀌고 있다. 작년보다 3~4% 성장한 1억 1,000만 대 규모가 될 것으로 예상한다. 세탁기 수요는 15년 이상 대용량 제품과 에너지 고효율 제품, 드럼세탁기를 비롯한 친환경 제품의 성장으로 전년 대비 4% 성장한 1억 300만 대에 이를 전망이다. 에어컨은 7~8% 확대된 1억 4,000만 대규모가 될 것으로 본다. 공기정화기, 제습기 등 다기능 제품에 대한 관심이 더욱 높아질 것이다.

🌐 가전 글로벌 1위 등극

LG전자가 생활가전 사업에서 2019년 상반기 매출과 영업이익 모두 1위를 기록했다. 세계 가전업계 부동의 1위였던 월풀의 영업이익을 2017년부터 추월한 LG전가는 매출까지 명실상부한 글로벌 1위 가전 기업이 되었다. 프리미엄 가전과 신가전이 LG전자 가전 사업 상승세의 주역이 되었다. LG전가 홈어플라이언스&에어솔루션^(H&A) 사업본부는 상반기 매출 11조 5,687억 원, 영업이익 1조 4,451억 원을 기록했다. 이전까지 세계 최대 가전 기업이던 월풀은 매출 99억 4,600만 달러^(약 11조 3,982억 원), 영업이익 4억 5,499만 달러^(약 5,203억 원)를 각각 기록했다. 불과 3년 전인 2016년만 해도 LG전자는 월풀과 연간 매출에서 7조 원가량 차이가 났고, 영업이익도 뒤처졌다. 당시 LG전자는 일렉트로룩스와 함께 세계 가전 기업 순위 2~3위를 다투었다. 이후 LG전자는 꾸준히 가전사업 매출이 성장한 반면 월풀과 일렉트로룩스는 실적이 정체기를 겪고 있었다. LG전자는 성장세를 발판삼아 2017년부터 영업이익에서 월풀을 제치고 올해 상반기에 세계 가전 1위에 올랐다. 올해 상반기 영업이익은 월풀보다 3배가량 많았다. 그 배경에는 프리미엄가전과 신가전이 주류를 이루었다. 초프리미엄브랜드 'LG시그니처'를 필두로 일반 가전도 품질을 향상했으며 시장에서도 인정받으면서 매출과 영업이익이 성장되었다. 기존 가전제품을 넣어 스타일러, 건조기, 공기청정기, 전기레인지 등 신가전이 성장한 것도 실적 상승에 힘이 되었다. 최근에는 미용기기 프라엘, 가정용 맥주제조기 등으로 영역을 확대하고 있다. 업계에서는 LG전자 가전사업 상승세가 계속 이어질 것으로 보고 있다. 이미 세계시장에서 가전사업 경쟁력이 검증되었고, 소비자 선호도 또한 높기 때문이다.

2) 삼성전자의 가전산업

소비자가 무엇을 필요로 하는지 조사하여 개발에 몰두한다. 이를 위해 미국, 영국, 인도, 싱가포르 등 세계 6곳에 지역별로 '라이프 스타일 연구소'를 세웠다. 소비자 요구를 파악해 이를 삼성의 기술력과 접목시켜 제품화하는 '보텀업^(bottom-up)' 프로세스를 만든 것이다. 2015년까지 '글로벌 가전 1위'를 목표로 먼저 냉장고부터 1등을 하고, 세탁기, 청소기, 에어컨 순으로 1위를 달성하겠다는 야심찬 계획이다. 삼성전자는 2012년 냉장고에서 1위를 차지했다. 2010년 12.1%, 2011년 12.3%에 머물던 글로벌 시장 점유율은 2012년 14.2%로 치솟았다. '1등 공신'은 2012년 7월에 출시한 냉장고 T9000이다. 세계 최초로 900L벽을 깼고, 주부의 사용형태를 파악 냉장고를 위로, 냉동실을 아래로 배치했다. 2013년에는 유리문을 만들어 냉장고 문을 열지 않고도 어떤 음식이 들어 있는지 볼 수 있는 푸드쇼케이스(FS90000)를 내놓았다. 또 물을 쓰지 않고 건조하는 드럼세탁기(W9000)와 3개의 팬을 넣어 빠르게 온도를 낮춰주는 에어컨(Q9000) 등 기존 가전의 개념을 뛰어넘는 제품들을 줄줄이 출시했다. 그러나 가전은 지역별로 강자가 있다. 미국의 월풀, 독일의 보쉬와 밀레 등이 그런 예이다. 이들은 각 지역에서 오래 사업을 해 오면서 높은 브랜드 인지도를 구축하고 있다. 진입장벽이 높다는 이야기이다. 세계 1위가 되려면 이들을 극복해야 한다. 또 하이얼, 콩가, 하이센스 등 중국 회사들이 맹추격해오고 있다. 이들은 중국이라는 거대 시장을 바탕으로 엄청난 성장세를 보이고 있다. 대규모 생산능력과 자본을 바탕으로 가격뿐 아니라 품질과 브랜드 이미지도 빠르게 개선하고 있다. 삼성전자 생활가전사업부는 이 같은 도전을 극복할 채비를 갖춰나가고 있다. 소비자가 원하는 제품을 꾸준히 개발하는 프로세스, 고장 없는 높은 품질의 제품을 만들기 위한 제조 혁신, 중국 업체나 지역별 강자들이 하기 어려운 글로벌 프리미엄 브랜드로의 도약 계획 등을 진행하고 있다. 전 세계 생활가전 시장은 2013년에 2,600억 달러에 이를 정도로 크다. 매년 3~4%씩 성장해 2015년 약 2,900억 달러 규모로 커질 것으로 전망되고 있다. 또한 삼성전자 생활가전사업부는 차별화된 제품을 계속 출시해 시장을 선도해 나간다면 2015년 가전 부문 글로벌시장에서 1위가 될 가능성이 매우 높다.

🌐 삼성전자

2019년 2분기 삼성전자 CE(Consumer Electroncs)부문이 깜짝 실적개선을 보였다. CE 내에서도 성장세는 다르게 나타났다. TV 등의 영상디스플레이 사업부 매출은 증가,

수익은 감소했으나 생활가전사업부는 판매 확대 등으로 매출 및 수익성이 증가되는 모습이었다. 삼성전자 CE부문은 생활가전사업부와 VD^(Visual Display)사업부로 분류되는데 6%대의 영업이익률을 기록했다. 삼성전자에 따르면 CE사업부문의 2분기 매출액은 11조 700억 원으로 집계되었다. 매출액은 전년 동기대비 6%대, 전기대비 10% 증가했으나 영업이익은 7,100억 원으로 전년 동기대비 0.2% 전기대비 0.17% 늘었다. 삼성전자의 TV사업을 담당하고 있는 VD사업부의 매출은 6조 원을 기록해 전 분기 대비 5조 8,400억 원으로 성장하는 모습이었으나 수익성은 다소 떨어졌다. 삼성전자 TV의 경우 프리미엄의 새로운 모델의 판매호조로 매출은 증가했으나 가격경쟁력으로 다소 수익성은 하락했다. 신 가전^(에어드레서, 건조기)분야에 후발주자인 삼성전자는 마케팅비용이 클 수밖에 없었고, 또한 많은 연구개발 투자로 인하여 영업이익률이 감소했다고 볼 수 있다.

 LG전자

2019년 LG전자의 경우 H&A(가전)사업부와 HE(TV)사업부가 9%대의 영업이익률을 기록했다. H&A사업부 2분기 매출은 6조 1,028억 원, HE사업부는 3조 6,712억 원으로 총 9조 7,740억 원으로 집계되었다. 가전사업부는 전년 동기대비 16.1% 성장했고, TV사업부는 전년 동기대비 4.5% 감소했다. 두 사업부문을 더하면 전년 동기대비 7% 전기대비 3% 증가했다. LG전자의 HE사업부는 3조 6,712억 원을 기록하여 전 분기(4조 237억 원)대비 크게 감소했다. 영업이익에서도 3,400억 원대에서 2,000억 원대로 하향했다. 또한 가격 경쟁력에서도 이익률이 감소했으며 HE사업부의 영업이익률은 전 분기 8.6%에서 2분기 5.6%로 떨어졌다. 가전사업부문은 6조 1,028억 원 매출을 기록하여 전 분기대비 12%, 전년 동기대비 16%대의 성장을 하였다. 영업이익률은 11.8%로 전 분기대비 1.5%포인트 감소했으나 전년 동기 대비 3%포인트 상승했다. LG전자는 신 가전에 들어가는 모터와 컴프레서 개발을 통해 원가를 절감했고, 여러 가전에 들어가는 부품을 표준화시켜 수익성을 높였다. 그리고 LG전자는 선발브랜드의 이점을 이용하여 2011년에 출시한 의류관리기인 스타일러와 2016년에 먼저 선보인 건조기에서 적은 마케팅 비용으로 매출을 극대화시키고 있다.

3) 삼성전자의 해외투자

삼성전자를 바라보는 투자자들의 눈은 2000년대 초만 해도 반도체사업부에 쏠려 있었다. TV와 냉장고, 세탁기 등 주요 가전제품들이 글로벌시장에서는 '2류 브랜드'로 홀대 받았기 때문이다. 이런 시각에 변화가 나타나기 시작한 것은 2003년부터이다. 당시 삼성전자는 미국 전자제품 유통업체인 베스트 바이를 통해 프리미엄급 가전제품 판매를 본격화했다. 이후 북미와 서유럽, 아시아 등 세계에서 1위를 휩쓸기 시작했다. 기술혁신과 과감한 판매 전략을 바탕으로 한 삼성전자의 성장세는 '스마트가전' 시장의 확대로 더욱 탄력 받고 있다. 2005년 삼성전자는 32인치와 40인치 액정표시장치(LCD)TV를 각각 1,500달러, 3,000달러에 선보이며 기존 강자였던 일본의 소니와 파나소닉을 제치고 세계 1위 TV업체로 올라섰다. 특히 와인 색깔을 입힌 '보르도' LCD TV는 세계TV시장의 디자인 혁신을 주도하며 큰 인기를 끌었다. 선진국 소비자들에게 삼성을 프리미엄 브랜드로 인식시키는 계기가 되었다. 2009년 글로벌 금융위기가 한창일 때에는 패널테두리에 발광다이오드(LED)를 탑재한 '에지형' LED TV를 내놓아 LED TV 대중화를 선도했다. 경쟁업체 모두가 에지형 상품을 개발하지 못해 삼성전자 LED TV는 불티나게 팔렸다. 2009년 4분기 삼성전자 영상사업부(VD) 영업이익은 전년 대비 700% 이상 증가한 2조 9,000억 원을 올렸다. 영업이익률이 8.8%였다. TV제조업체가 기록하기 힘든 실적이다. 삼성전자는 또 신흥국 시장의 브라운관(CRT) TV대체 수요가 크게 늘어나자 작년 LED 칩수를 획기적으로 줄인 중·저가 직하형 TV를 개발 32인치 제품 가격을 획기적으로 낮추었다. 아울러 모듈과 세트를 통합 생산해 LED TV패널의 원가 경쟁력을 크게 높여 중국 경쟁 업체들의 진출을 원천 봉쇄하는 효과를 거두었다. 덕분에 작년 4분기 삼성전자 VD사업부는 영업이익 7,000억 원, 영업 이익률 5%를 달성했다. 글로벌 경쟁업체들이 거의 이익을 내지 못한 것과 대비되는 실적이다. 올해는 프리미엄급 제품판매를 늘려 TV시장 점유율 30%를 넘길 것으로 보인다.

2011년 이후 글로벌 TV산업 매출액은 110조 원대에서 정체되었다. 일본 정부는 죽어가는 일본 TV 제조업체들을 살리기 위해 2014년부터 초고화질(VHD) TV방송 시작할 것이다. 우리나라도 미래창조과학부가 2014년 하반기 VHD TV시험 방송을 실시하겠다고 발표했다. 스마트TV 판매도 그동안의 콘텐츠 부족 문제가 점차 해소되면서 판매에 다시 속도가 붙고 있다.

글로벌 통신사업자들은 유료 TV방송 가입자를 늘리기 위해 휴대폰과 마찬가지로 보조금 지급을 검토하고 있다. 스마트 TV 생태계 개선, UHD TV방송, TV 보조금 지급 등 글로벌 TV 산업의 지각변동이 시작된 셈이다. 삼성전자는 스마트TV, UHD TV, 유기발광다이오드(OLED) TV를 바탕으로 차세대 TV 시장 패권을 공고히 할 것으로 보인다. 사전 작업의 일환으로 올 들어 일본샤프 지분 3%를 사들였다. 60인치 이상 대형 UHD LEDTV 패널을 안정적으로 공급받기 위한 포석이다. 스마트 TV시장에선 음성인식, 동작인식 등 인공지능 기능과 콘텐츠 강화에 앞장서고 있다. 삼성전자의 스마트 TV 콘텐츠는 2010년 100개에서 2,000개 이상으로 급증했다. 스마트 TV콘텐츠 플랫폼인 '스마트허브(Smart Hub)'를 통해 케이블과 위성 수신기를 제어할 수 있는 '온(On) TV' 기능도 선보였다. 온TV는 현재 방송되고 있는 TV프로그램 목록을 보여 주고 취향과 시청 패턴을 기본으로 프로그램을 추천해주는 혁신적인 기능이다. 삼성전자는 작년 3분기 누계로 북미 프렌치 도어 냉장고 시장에서 월풀 등 경쟁업체를 제치고 시장 점유율 23.3%로 1위를 차지했다. 양문형 냉장고 시장에서도 33.4%로 점유율 1위다. 그러나 삼성전자가 넘어야 할 장벽은 여전히 많다. 북미 전체 생활 가전시장에서 월풀이 여전히 40% 이상의 압도적인 1위를 차지하고 있다. 유럽에서도 일렉트로룩스, 보쉬 등 현지 가전 업체의 시장지배력이 크다. 먼저 신경 써야 할 일은 유통망 확대다. 삼성전자는 지난해 말 미국 최대 건축자재·가전 유통업체인 홈 데포와 공급계약을 체결했다. 삼성전자는 2015년까지 TV에서 10년 연속 글로벌 1위, 생활가전 1위에 오른다는 목표를 제시하고 이를 위해 삼성전자는 스마트 폰, 스마트 TV, 스마트 생활가전 통합을 통해서 개별 하드웨어와 소프트웨어 역량을 강화하고 긍정적인 사용자 경험을 창출하기 위해 힘쓰고 있다.

삼성전자 점유율
(단위 : %)

그림 8-3 삼성전자 점유율 및 글로벌 시장 규모 (냉장고)

그림 8-4 삼성전자 점유율 및 글로벌 시장 규모 (세탁기)

삼성전자 해외 생산기지 다변화

2019년 삼성전자가 미국 행정부의 관세폭탄과 일본 내각의 수출규제^(화이트리스트) 등 통상전쟁 리스크에 선제 대응하기 위한 돌파구로 안전지대 확보가 중요하기 때문에 미국 생산 확대 방안을 고려 중이다. 미국 행정부가 러브콜을 보낸 만큼 세제혜택 등 상당한 간접지원을 받을 수도 있기 때문이다. 따라서 생산기지 다변화와 현지화 전략을 취할 가능성이 높아지고 있다. 가장 유력한 투자 가능성으로 가전과 스마트폰 등 주요세트 생산 공장 건설을 꼽고 있다. 이미 지난해 사우스캐롤라이나주에 세탁기 공장을 세운만큼 추가 생산기지도 만들 수 있다는 분석이다. 미국 등 미주지역을 지난 1분기 지역 기준으로 최대 매출(10조6507억원)을 거두고 있는 삼성전자의 주요시장이다. 최근 현지 내수시장이 호황을 이어가고 있다는 점도 긍정적인 고려사항이다. 텍사스주 오스틴도 유력 투자지로 꼽힌다. 부지가 충분한데다 현지에 구축된 연관 시설을 활용할 수 있기 때문이다. 특히 미국에는 퀄컴 등 주요 반도체 위탁생산 수요업체가 있는 만큼 EUV(극자외선노광장치) 라인을 중심으로 투자를 확대할 수 있다.

LG전자 해외투자 다변화

2019년 LG전자 평택공장에서 휴대폰 생산라인을 베트남으로 일부 이전중이다. LG휴대폰 사업의 경우 계속되는 적자로 존폐의 위기를 모면하기 위해 흑자 전환을 위한 생산원가 절감은 꼭 필요하기 때문이다. 또한 LG전자는 1년 전 캐나다 토론토에 인공지능연구소를 열었고, 오스트리아에 차량용 조명업체를 인수하는데 약 15억 달러를 투자했다. LG전자의 해외 기업 인수 등 제조업 해외직접 투자액수가 유례없이 크게 증가하고 있다.

⑤ 다국적 기업 경영

해외직접 투자를 통해서 다국적 기업이 만들어지는데, 둘 이상의 국가에 현지법인을 갖고 있는 기업들이다. 펄머터(Perlmutter)는 다국적 기업의 본사와 자 회사 간의 관계 더 나아가 다국적 기업의 구성원의 유형에 따라 달리 구분하였다.

표 8-2 펄머터의 다국적 기업 유형[2]

	본국 중심주의	현지 중심주의	세계 중심주의
조직구조	본국의 조직은 복잡하게 분화되어 있으나, 자회사는 단순한 구조이다.	다양하고 서로 독립적인 조직	상호 연관성이 높고 복잡하게 연결되어 있음
의사결정권	본국 본사로 집중	본사의 권한이 적음	본사와 자회사간의 긴밀한 협조체제
경영성과의 평가와 통제	본국의 평가기준이 외국인과 자회사에게 적용됨	현지의 기준이 적용됨	전 세계적으로 적용가능하고 현지사정에도 맞는 기준을 선택함
포상과 징계와 같은 인센티브 제도	본사에 집중되며 자회사에는 없다	자회사에 따라 다름	다국적 기업 전체의 성과와 개별자회사의 목표에 맞는 인센티브를 개발하고 적용함
정보전달과 의사소통	본사에서 자회사로의 일방적인 명령과 지시	본사와 자회사간 또한 자회사끼리의 정보전달이 적음	쌍방향으로 활발한 정보전달이 이루어짐
국가에 대한 개념	본국과 동일시	개별자회사는 현지국과 동일시	국경을 초월함
인사관리	본국출신의 직원을 주로 승진시킴	현지인이 각 자회사를 운영함	국적을 초월하여 개별업무의 최적임자를 선발하여 임무를 부여하고 승진시킴
관련기업들	한국의 다수기업들 Matsushita Toyota	Philips G M	

🌐 다국적기업의 해외시장 진출요건

다국적기업은 국경과 국적을 초월해 여러 개의 자회사를 설립한 후 현지국민의 주식소유와 경영참여 조건하에서 경영활동 및 모든 분야에서 사업 활동을 하는 기업을 말한다. 단일 국가시장 전략이 갖는 위험성으로는 국내 내수시장의 포화, 해외 경쟁자의 국내시장 진출위협 단일시장 집중에 따른 위험 증가 등으로 인해 기업 전략적 측면에서 기업은 국제화를 추진하게 된다. 해외시장 진출방식은 크게 수출, 라이센

2) 펄머터의 다국적 기업 유형

싱, 직접투자, 전략적 제휴 등으로 구분된다. 다국적기업의 특징을 보면 다음과 같다.

첫째, 경영전략에 대한 제반 의사 결정이 연구개발, 생산 활동, 판매 및 서비스 등을 국경이나 국가라는 개념을 초월하여 종합적으로 수립된다.

둘째, 현지기업의 수익창출 시 재투자 하는 것을 원칙으로 한다.

셋째, 조직 구조의 분권화로 세계 지향적인 시장 또는 제품 계열 위주의 독립적인 기업조직으로 운영된다.

넷째, 각 나라에서 선출된 외국 전문가나, 본사 경영진으로 구성 설치하여 운영한다.

다섯째, 소유권 기반이 비교적 여러 국가에 분산되어 있고, 주식은 다른 국적을 가진 사람들에 의하여 분산 소유된다.

여섯째, 경영 활동의 세계 지향성은 한 나라에 국한되지 않고 국경을 초월하여 다수 국가에서 경영 활동을 함으로써 세계적으로 다각화하여 이익을 추구하려는 특징이 있다.

💡 요약

각국의 자회사와 본사 간에 또는 자회사끼리의 지식의 공유가 더 많아 질수록 산업 내의 큰 변화의 추세를 미리 감지하고 대응할 수 있게 된다. 따라서 글로벌시장에 진출하기 위해서는 크게 두 가지 요인 즉 기업내부요인과 외부 환경 요인을 고려해야 한다. 기업내부요인으로는 기업이 갖고 있는 경영자원과 핵심역량(기술·브랜드) 그리고 외부 환경 요인(정치·경제·사회·문화) 등이 진출예상국가의 진출방법에도 크게 영향을 미친다. 특히 프랜차이즈는 대한상공회의소가 2011년 조사한 바에 따르면 국내 프랜차이즈 소속 가맹점들이 올리는 매출만 95조 원에 달한다. 대형마트의 매출(33조 원)과 백화점 매출(132조 원) 합친 것보다 더 많으니 국내유통산업에서 프랜차이즈가 차지하는 비중이 매우 크다 할 수 있겠다. 그 뿐만 아니라 해외 시장 개척에 각별히 공을 들이고 있다. 카페베네가 맨하튼 중심가에 롯데리아는 미얀마에, SPC그룹의 파리바게뜨는 현재 세계 각국에 148개의 점포를 운영하고 있다.

또한 가전산업의 2013년도 업황 및 전망을 보면 미국 주택경기 회복과 고용 안정이라는 수용 측면의 긍정적 요소를 보여주고 있기 때문에 전망은 긍정적이다. 아울러 해외직접투자를 통해 다국적 기업이 만들어지는데, 성공적인 해외자회사 운영을 위해서는 자회사에게 충분한 자율권을 보장해 줘야 현지경영인과 기술 인력을 보다 효과적으로 활용할 수가 있다.

토의 과제

1. 각국의 자회사와 본사 간에 지식공유가 가져다주는 혜택은 무엇인가?

2. 글로벌시장의 진출요인에 영향을 미치는 것이 무엇인지 생각해 보자.

3. 프랜차이즈의 국내 및 해외시장의 진출이 어떤 영향을 주는지 토의해 본다.

4. 가전산업이 글로벌시장에서 차별화를 두는 목적이 무엇인지 생각해 본다.

도미니크 바튼 맥킨지 회장,
내 인생 최고의 선택은 한국이었다.

삶은 선택의 연속이다. 그리고 선택 한번이 인생 전체를 결정할 수도 있다. 도미니크 바튼(51)맥킨지 회장에게 그것은 '한국'이었다. 1996년 맥킨지 캐나다의 촉망받는 컨설턴트였던 그에게 한국 사무소에서 일해보자는 선배의 제안이 왔다. 그의 멘토들은 극구 말렸다. "경력에 하등 도움이 안 된다", "힘든 곳이다"는 것이었다. 하지만 그는 자신의 경력이 정체기에 들어섰다고 느꼈고, 변화가 필요하다고 생각했다. 그는 결국 한국에 왔는데, 이 선택이 없었다면 결코 세계 최고 컨설팅 회사의 수장이 될 수 없었을 것이다. 그는 맥킨지 한국사무소 대표에 이어 중국 상하이의 맥킨지 아시아 회장에 이르기까지 12년을 아시아에서 일했다. 급성장하는 아시아를 몸으로 겪은 그의 남다른 경력은 2009년 맥킨지의 회장 선출에서 경쟁자들을 물리치는 데 결정적인 요인으로 작용했다.

왜 한국을 선택했느냐는 질문에 그는 "많은 변화가 있는 곳, 급격한 변화가 있는 곳일수록 빨리 성장할 수 있으니까"라고 대답했다. "저에게 최고의 리더십 경험은 여기서 사는 것이었습니다. 리더는 변화속에서 배우거든요. 많은 변화가 있었고, 많은 도전을 받았고, 그리고 많은 것을 배울 수 있었습니다. 서울과 상하이의 삶은 마치 커튼이 열리는 현장을 목격하는 것 같았습니다." 그는 한국에서 배운 가장 큰 교훈은 '야망'이라고 했다. "한국엔 다듬어지지 않은 야망(raw ambition)이 있어요. 야망의 수준이 높습니다. 런던사무실에 제가 커다랗게 걸어 놓은 사진이 바로 포스코 건설 현장 사진입니다. 당시 모두가 한국은 철강 회사를 만들 수 없다고 했죠. 세계 은행은 나쁜 아이디어라고 했죠. 당시 맥킨지에 물어봤더라도 하지 말라고 했을 겁니다. 그런데 그걸 했고, 결국 엄청난 회사를 만들었습니다. 한국인은 매우 공격적입니다. 저는 그것을 사랑합니다." 그가 한국에서 배운 다른 한 가지는 "모호함과 씨름하면서 강력하게 실행하는 능력"이라고 했다. "정부 규제가 변하고, 기업의 경쟁 판도가 급변하는데 어떻게 경영을 할까 감탄할 때가 많았어요." 그는 중국에서는 거대 조직을 관리하는 방법을 배웠다고 말했다. "예를 들어 중국에서 지사 2,500개와 직원 80만 명을 관리하는 것은 캐나다에서 직원 2만 명의 회사를 관리하는 것과는 전혀 차원이 다른 문제니까요." 그는 아시아에서 장기적으로 생각하는 방법도 배웠다고 말했다.

"아시아 기업들의 시간 관념은 뭘 하든지 장기적으로 일을 하려 한다는 것입니다. 3개월이나 3년 정도가 아닙니다. 20~30년을 내다봅니다. 변동성이 극심한데도 말입니다. 그리고 그것이 경쟁력의 원천이 되는 것입니다. 그런데 제가 아시아 근무를 마치고 서구로 돌아와 보니 서구의 자본주의는 너무 단기적으로 운영되고 있는 겁니다.

그래서 하버드 비즈니스 리뷰에 '멀리 내다보는 자본주의(Capitalism for the long term)'란 글을 쓰기도 했습니다." 한국에 2004년까지 살았는데, 그 이후 가장 크게 달라진 게 뭡니까? "기본적으로 한국에 훨씬 많은 글로벌 챔피언이 생겼다는 겁니다. 세계적으로 큰 회사가 엄청 많아졌죠. 둘째는 글로벌 무대에서 한국의 위상 변화입니다. G20을 주최했잖아요. 그리고 서울은 훨씬 국제적인 도시가 됐어요. 제가 처음 1996년에 왔을 때 인도 음식점이 하나도 없었어요. 하지만 지금은 세계 모든 음식을 맛볼 수 있게 됐어요. 하지만 한국에 여러가지 도전도 있다고 봅니다. 사람들에게 협박이 너무 많아졌어요. 교육비 부담과 부동산 가격이 치솟고, 사람들이 너무 힘들어졌어요. 중산층이 줄어들고 있습니다. 어떤 것은 변하지 않았어요. 매우 긍정적인 방향을 말입니다. 높은 야망과 강한 에너지가 그렇습니다. 지금 전 세계에서 조선일보가 주최하는 나라가 몇 곳 안돼요. 한국은 언제나 새로운 아이디어를 찾고, 스스로 앞으로 나아가길 원합니다. 그건 변하지 않았어요." 전혀 바뀌지 않은 안 좋은 점은 무엇이 있나요? "하나는 금융 시스템입니다. 한국은 중요한 금융센터가 될 수 있는 곳인데, 아직 그 잠재력을 끌어올리고 있지 못하고 있습니다. 한국의 주요 금융플레이어들이 더욱 광범위한 지역의 플레이어로 성장할 수도 있었다고 봅니다. 홍콩이나 싱가포르만 할 수 있는 일이 아닙니다. 그래서 저는 실망했습니다. 물론 위기가 있었다고 하지만, 은행이 파산한 것도 아니고…."

그는 한국에서 10년 동안 바뀌지 않은 다른 한 가지는 교육 시스템이라고 했다. "한국 사람들의 두뇌와 에너지를 보면 한국에 하버드대가 5개 정도는 있어야 해요. 모든 게 대학 입시에만 초점이 맞춰져 있는 것도 문제입니다. 지금 한국은 학생들을 막무가내로 대학에 집어넣어 이 시대에 필요한 직업 능력을 개발해 주고 있지 않습니다. 교육 시스템에 더 많은 역동성과 혁신이 있어야 한다고 봅니다. 또 한 가지, 한국에 새로운 대기업이 탄생하고 있습니까? 제가 한국을 떠난 이후로 주목할 만한 기업이 새로 생겨났다는 이야기를 들어보지 못했어요. 미국이라면 어마어마하게 많은 기업 이름을 댈 수 있어요. 한국은 중소기업이 성장해 대기업이 되는 경로가 매우 약합니다." 그가 34

세로 다시 돌아가 근무지를 선택할 수 있다면 이번엔 어떤 나라를 선택할까. 그는 "아프리카"라고 대답했다. "나이지리아나 에티오피아를 고르겠습니다. 왜냐하면 그곳은 매우 높은, 성장률 10~12%를 구가하고 있기 때문이죠. 변화가 많기에 리더십 관점에서 많이 배우고 할 일이 많을 겁니다. 아시아의 베트남이나 인도네시아 이런 곳도 좋습니다." 한국에 가장 최근에 온 것은? "2월입니다. 여기 오는 것을 좋아합니다. 9월이나 10월쯤 다시 올 것입니다." 사무실이 어디인가요? "여러 곳이죠. 하지만 내 옷을 보관하는 (진짜)사무실은 런던입니다. 4년 전 런던으로 이사 갔는데, 거기가 내 허브(hub)입니다." 뉴욕이 아니라 런던을 택한 이유는? "시간대 때문입니다. 만약 아시아 쪽에 말할 게 있으면 아침 4~5시에 일어나거나 밤늦게 사무실에 남아 있으면 전화할 수 있어요. 또 오후 2시면 미국은 어디든 이야기 할 수 있어요. 편리하죠. 비행시간 문제도 있어요. 아시아의 어떤 곳을 가든 13시간 안에 갈 수 있어요. 뉴욕에서는 18시간이 걸려요. 저는 늘 여행하거든요. 여기 앱을 보여줄게요. 제 삶을 추적하는 앱입니다." 그는 갤럭시S 스마트폰을 보여줬다. (그는 블랙베리도 갖고 다니지만, 아이폰은 없다고 했다.) 그동안 어디를 다녔는지를 알려주는 앱이었다. 그는 지난 7일간 8,077km를 다녔고, 지난 209일 동안 24개국, 75개 도시에 있었던 것으로 기록돼 있었다. 그는 태생부터 코스모폴리탄이었다. 캐나다인인 그는 아프리카 우간다에서 성공회 선교사의 아들로 태어났다.

◇ 몸이 안 좋을 땐 꼬리곰탕을 먹는다

즐겨 먹는 음식이 갈비라던데. "네 가장 좋아하는 음식입니다. 좀 몸이 안 좋을 땐 꼬리곰탕을 먹습니다. 딸은 고추장을 좋아합니다. 그래서 항상 서울에 올 때마다 작은 튜브에 담긴 볶은 고추장을 몇 상자씩 사 갑니다." 이명박 대통령에게 조언을 많이 하셨죠. 박근혜 대통령에게 조언을 한다면 이 대통령에게 한 것과 무엇이 다를까요? "무엇에 열정을 가지느냐가 다른 것 같습니다. 이 대통령은 녹색 산업에 큰 관심을 가졌어요. 또 G20을 포함해 세계에서 뭔가 역할을 하는 것, 그것이 그의 열정이었어요.

박근혜 대통령의 열정은 국민을 행복하고 균형 잡히게 하는 것 같습니다. 중요한 문제입니다. 내가 집중하는 것은 '무엇'이 아니라 '어떻게'입니다. 또 하나 중요한 것은 타르야 할로넨 전 핀란드 대통령이 말했듯이 '전임자가 했던 것 중에서 좋은 것은 바꾸지 않고 그대로 시행하는 것'입니다.

새 정부가 강조하는 것은 창조 경제인데, 한국이 혁신의 메카가 되려면 어떻게 해야 할까요? "정부가 도울 수 있는 것은 해외의 플레이어들을 끌어 모으는 것이 첫째입니다. 애니메이션 영화 제작자, 엔터테인먼트 종사자 등…. 여기를 허브로 만들 수 있을 겁니다. 생태계를 만들려면 무엇이 필요한 지 우선 순위를 만들어 외국 사람들이 쉽게 한국에 올 수 있도록 하는 것이 중요합니다. 싱가포르가 그런 걸 잘합니다. 싱가포르 경제개발청이 정말 잘해요. 그들은 마치 혁신기업 프록터앤갬블(P&G) 같아요. '뭐가 필요한가? 뭐가 걱정되나?' 그들은 늘 기업에 물어봅니다. 교육을 볼까요? 어떤 교육이 창조 경제를 만들까? 한국에 영화 학교가 몇 개인가? 줄리아드 같은 음악 학교가 몇 개인가? 우리가 어떻게 교육 시스템을 재설계할 수 있을까? 이런 것을 고민해야 합니다. 최고의 인재가 뉴욕이 아닌 한국에 오도록 해야죠."

그동안 삼성전자나 현대차 같은 한국 내 기업이 글로벌 플레이어로 급성장했습니다. 그들에게 문제가 있다면? "가장 큰 도전은 사업 포트폴리오를 새롭게 구축하는 문제가 아닐까요? 몇 년 동안 성공하게 만든 것이 지속적인 성공 공식은 아니니까요. 그러면 어떻게 포트폴리오를 바꾸느냐, 그건 어려운 일일 겁니다. 특히 조직이 클수록 말이죠."

◇ 파트너 승진 두 번 떨어지고 회장이 되다

전 세계 100대 기업 중 90개사가 컨설팅을 받는 회사, 매출 10억 달러 이상 회사 중 315개사의 CEO가 몸담았던 회사, 세계에서 가장 일하고 싶은 직장 2위에 꼽힌 회사….

이런 회사의 1인자라면 인생에서 무슨 실패를 했을까 싶다. 하지만 바튼 회장의 삶도 순탄하지만은 않았다. 그에게 가장 쓰라린 실패는 맥킨지 초년병 시절 파트너 심사에서 두 번 연속 떨어진 일이다. (파트너가 되면 회사 지분을 가지면서 경영진의 일원이 되는데, 일반 회사로 치면 등기 이사쯤 된다고 볼 수 있다.)

"왜 떨어졌는지 도무지 알 수 없었는데, 한 프로젝트 매니저가 '당신은 좋은데 문제 해결자가 아닌 것 같아'라고 하더군요. 수학자에게 수학을 못한다고 말하는 것과 마찬가지였어요. 엄청난 충격을 받았습니다. 그런 이야기를 들어본 적이 없었거든요. 두 번 탈락하고 나서는 너무 화가 나서 회사를 그만둘 뻔했죠." 하지만 그럴수록 그는 끝까지 가보자는 오기가 생겼다. 그는 결국 세 번째 파트너 심사에 통과했고, 지금은 조직의 수장이 됐다.

그는 당시의 실패 경험을 지금은 고맙게 생각한다고 했다. "그때 저는 스스로에게 다짐했습니다. '나는 맥킨지보다 훨씬 높은 기준을 세워야지' 하고요. 내 운명을 남이 아니라 내가 정하겠다는 겁니다."

그가 이렇게 생각했던 것은 자신에 대한 평가가 공정하지 않다고 생각했기 때문이다. 그는 고객의 문제에 대해 시간이 걸리더라도 본질을 파고드는 스타일이었고, 자기 주도적으로 문제를 해결하려 했다. 이를테면 정유 회사 컨설팅를 나가면 주유소에서 직접 주유원으로 일하기도 했다. 그러다보니 시간이 오래 걸렸고, 그의 상사는 받아들이지 못했다.

그는 실패의 경험들이 자기를 성장시켰다고 말했다. "만약 뭔가를 시도해 보고 실패하지 않으면 복원력(resilience)이 무엇인지에 대해서도 잘 모르게 됩니다. 많은 CEO와 이야기를 나눠보면 항상 무언가가 그들을 넘어뜨리지만, 그들은 다시 일어나곤 하죠."

과거 경험을 돌이켜볼 때 기업들이 늘 겪지만, 쉽게 극복하지 못하는 만성적인 문제가 무엇인가요? "한 가지를 꼽는다면 변화에 대한 저항감입니다. 1935년 S&P500주가지수에 포함된 500개 회사의 평균 수명이 90년이었습니다. 그런데 요즘은 18년입니다. 많은 회사가 사라졌습니다. 변화를 거부했기 때문입니다. 코닥과 팬암항공을 포함해서요. 아이러니한 것은 성공했을 때 변하기 어렵다는 겁니다. 변화를 거부하는 저항감이 모든 회사의 공통된 고질병이고, 맥킨지도 마찬가지입니다. 저는 가끔 거울을 보면서 '우리가 필요한 만큼 빨리 변화하고 있느냐?'고 묻습니다."

◇ 조직의 밑바닥엔 늘 숨은 인재가 있다

컨설턴트로 일하면서 가장 기억에 남는 고객은? "첫 다섯 고객을 기억합니다. 첫 번째는 미국의 대형 소비재 기업 CEO였습니다. 당시 전 스물세 살이었는데, 그는 저를 놀리곤 했습니다. 제가 뭔가를 프레젠테이션하면 그는 면도날로 수염깎는 시늉을 했습니다. 면도기를 이용해 본 적이나 있나, 어른이 된 게 맞나 하고 놀리는 것이었어요. 그가 하루는 자기 집에 초대했어요. 갔더니 '내 손자들과 놀아라'고 하더군요. 그래서 저는 '당신에게 저는 컨설턴트가 돼야 하지 않나요?' 했어요. 그랬더니 그가 말 하더군요 '나는 53세지만, 18세의 두뇌로 생각해'하고요. 그 말을 잊을 수가 없습니다. 한번은 한 정유회사의 주유소에 편의점을 설치하는 일을 도왔습니다. 저는 그게 매우 가치 있는 일이라고 했는데, 그들은 시간을 질질끄는 것이었어요. 사실 저는 맥킨지를 그만두고, 그 일에 뛰어들고 싶을 정도로 유망한 기회라고 생각했어요. 그들도 그게 큰 기회라고 생각했지만, 유가가 조금 오르기만 한다면 그 정도의 돈(주유소에 편의점을 설치해 버는 돈)은 푼돈 수준이었던 겁니다. 그 모든 변화를 해야 하느냐, 마느냐? 정답이 무엇인가가 중요한 게 아니라 조직 문화가 중요하다는 것을 배웠습니다. 그들의 야망이 무엇이고, 그들을 움직이는 동기가 무엇인지, 한국의 어느 은행에서도 배웠습니다. 그 은행장이 내게 '우리조직에서 3~4단계 아래에 있는 직원들을 만나서 인재를 찾아보라'고 부탁했는데, 그 일을 통해서 조직에 파묻혀 있는 정말 중요한 핵심 인재 4~5명을 발견했어요. 그래서 그 은행장이 그들을 잡아서 임원으로 앉혀 성공적인 비즈니스맨을 키웠죠. 그래서 전 조직에는 늘 인재가 숨어 있다는 것을 알게 됐어요.

(2013. 3. 30. 조선일보)

기업
인수·합병

기업 인수·합병

인수합병(Merger & Acquisition)은 넓은 의미로 볼 때 전략적 제휴(strategic alliance)의 일종이며, 기업 간 제휴의 필요성이 너무나 크고 협력을 넘어서 인수합병을 통해서 결합하는 가장 강한 형태의 제휴관계이다. 오늘날 인수합병은 기업발전의 핵심사안으로 부상하였으며, 구조조정, 사업다각화, 신기술획득 등 다양한 전략적 목적에 사용되고 있다. 본장에서는 인수합병의 동기와 합병의 과정 및 유형 등을 살펴본다.

① 인수합병의 목적

기업이 신규시장에 들어가 독자적으로 사업을 일으키는데 많은 시간과 노력이 들어간다. 그렇다고 필요한 경영자원과 핵심역량을 전부 보유하고 있지 않으며, 보유하는 데에도 많은 시간이 소유된다. 따라서 빠른 시일 내에 시장에 진입하려면 인수합병(M&A)을 통해서 시간을 크게 절약할 수 있고, 강한 사업자가 될 수 있다. 왜냐하면 인수를 통해서 피인수 기업이 가지고 있는 핵심역량을 일순간에 습득할 수 있기 때문이다. 특히 신속한 진입이 경쟁우위 창출에 중요한 요소라면 기업인수합병에서 지불하는 프리미엄은 충분히 가치가 있는 것이다. 또한 기업들은 때로 인수합병을 통해 규모의 경제를 실현하고자 한다. 예를 들어 국내 은행들이 합병을 통해 대형화로 간 것은 규모의 경제를 활용하기 위해서다. 더욱이 한 산업에 소수의 기업만이 존재하고 있는 과점적인 시장 구조 하에서 이 소수의 기업들은 합병을 통하여 거대기업으로 새롭게 탄생함에 따라서 독점력을 행사할 수 있게 된다. 아울러 기업들이 인수합병을 통해 새로운 가치를 창출할 수 있는 방법은 자본시장에서 경영자의 방만한 경영으로 저 평가된 기업을 인수하여 경영층을 교체하고 효율적인 경영을 하면서 그 기업의 가치를 증대시킬 수 있다. 그리고 해외시장 진출을 개척하는 데에도 기업인수합병은 좋은 방법이다. 외국시장에 대하여 완벽한 시장정보를 갖고 새로운 유통망을 확보하고 생산시설을 갖추기까지는 많은 시간과 투자자금이 소요된다. 따라서 해외시장을 개척할 때는 새로 공장을 짓는 것보다 기존 기업의 인수가 훨씬 쉬운 방법이 되기도 한다.

특히 유럽의 기업들이 미국의 많은 기업들을 인수하여 미국시장에 진출하였고 또한 미국기업들 역시 유럽기업들을 인수함으로써 유럽시장에 진출하였다. 외국기업 역시 한국에 진출할 때 인수합병의 형태로 진입하기도 한다.

🌐 인수합병의 특징

- 규모의 경제와 범위의 경제를 추구할 때
- 새로운 시장으로의 진입을 요구할 때
- 안정적인 생산요소의 공급을 원할 때
- 신기술의 개발을 추구할 때
- 보호무역주의 극복을 원할 때
- 적합한 인력 확보를 추구할 때
- 사업경영의 다각화를 추구할 때
- 재무적인 시너지효과를 추구 할 때

따라서 인수합병을 하는 이유를 분석해 보면, 기업의 규모와 주력 업종, 그리고 현재 직면한 경영목표 및 거시경제 지표 등 그 기업이 처한 현실과 상황에 따라 다양하게 존재할 수 있는 것이다. 일반적인 인수합병의 목적은 다음과 같다.

첫째, 규모의 경제에서 M&A가 유용하게 사용되는데 비용과 생산원가 절감을 위해 사용된다.

둘째, 새로운 시장에 진입하기 위해서 진입장벽이 높다. 많은 경쟁자가 있겠지만, 이때 기술과 경험이 있는 강소기업을 인수하는 것이 신규시장 진입에 용이하다.

셋째, 안정적인 생산요소의 공급을 도모할 때 M&A를 하게 된다. 예를 들어 플라스틱 제품 등을 만드는 회사가 있을 때 그 원료가 되는 석유나 원자재 회사를 인수하는 경우가 그 예가 될 수 있다.

넷째, 신기술개발의 목적으로 이미 기술을 보유한 회사를 인수하는 것이다. 한국의 반도체 부품회사의 거액 인수를 제안하는 등 또한 벤츠나 볼보 등의 회사 지분을 중국 기업이 대량으로 취득하는 행위 등도 기술을 빼가려는 의도가 숨어 있다.

다섯째, 미중무역전쟁으로 인한 보호무역주의 극복의 일환으로 해외기업에 대한 인수합병의 필요성이 부각되고 있다.

여섯째, 노동집약적인 인력은 인수합병을 통하여 확보할 수가 있다. 비슷한 업종의 기업을 인수하여 자연스럽게 연구 및 서비스 인력을 충원할 수 있다.

일곱째, 사업의 다각화를 위해서 사용되는 인수합병은 기업을 확장시키는데 많이 사용된다.

여덟째, 기업의 재무구조를 개선하기 위해서 인수합병을 하는 경우도 있다. 세제절감이나 기업리스크를 관리하기 위해 시도하기도 한다.

② 인수합병의 동기

기업인수·합병의 동기에는 수직 통합, 수평 통합, 가치상승 효과, 절세 효과, 자산의 구입 등 여러 가지 동기에 의해 이루어진다.

1) 수직 통합(vertical integration)

기업이 제품의 안정적인 판매를 위해 또는 제품 생산에 필요한 원자재의 안정적인 공급을 위해 수직통합이 필요하다. 예를 들어 수요기업이 대리점 망을 갖고 있는 업체의 주식을 취득하는 경우와 항공사가 호텔여행사를 인수하거나 또는 자동차 생산업자가 할부금융사를 인수하는 방법과 타이어 생산업자의 주식을 취득하는 경우가 좋은 예가 될 수 있다.

2) 수평 통합(horizontal integration)

기업은 전략적 목표를 달성하거나 규모의 경제를 달성하기 위해 경쟁기업을 인수하는 데 이것을 '수평적 결합'이라고 한다. 예를 들어 A라는 제과회사가 B라는 제과회사의 주식을 50% 취득하였을 때 회사들 간의 결합으로 규모의 경제를 이루려고 한다.

3) 가치상승 효과(synergy effect)

기업은 범위의 경제를 달성하여 가치상승효과를 얻기 위해 인수·합병거래를 희망한다. 최근 인수합병의 특징은 동종산업 내에서 초대형화를 추구하여 시너지 효과를 보고 있다. 예를 들어 석유산업에서 엑손(Exxon)과 모빌(Mobil), 자동차산업에서 다이믈러-벤츠(Daimler-Benz)와 크라이슬러(Chrysler)의 합병은 대표적 사례이다.

4) 절세 효과(tax shield or credits)

한 기업의 경영손실로 발생한 법인소득세를 이용하기 위하여 경영이익이 많이 발생한 기업과 합병한다. 예를 들어, 흑자 기업이던 A사는 같은 업종 내에서 적자를 내고 있는 B사에 피흡수 되었다. 그리고 합병 후에 회사이름을 다시 A사로 바꾸는 등 전형적인 인수합병 방법이다.

5) 자산의 구입(buying existing assets)

신규 사업에 진출하려고 할 때 기업은 신규 사업으로 진입할지, 아니면 기존 기업을 M&A를 통해 진입할 것인지를 결정해야 된다. 따라서 기업을 인수해서 그 소유재산을 활용하는 것이 같은 종류의 자산을 구입하는 것보다 저렴할 때 인수합병 거래가 발생한다.

③ 인수합병의 과정

기업 인수·합병 과정은 인수합병 전략수립, 후보기업 선정, 가치 평가, 거래조건 협상, 합병 후 통합 등으로 구분할 수 있다.

1) 인수합병 전략수립

인수합병 전담팀을 구성하고 업무추진계획을 준비한다. 그리고 비밀유지에 관한 기본원칙을 정한다. 따라서 산업의 구조적 특성과 사업의 경제성에 대한 분석과 자사의 핵심역량과 경영자원을 분석한다. 또 인수합병의 테마(Theme)를 명확히 하면서 인수합병의 장·단점과 다른 전략적 대안들 하고 비교분석한다.

2) 후보기업 선정

인수합병 후보기업들에 대한 데이터베이스와 평가시스템을 구축하고, 후보기업들을 선별할 수 있는 평가기준과 탈락기준을 명확하게 한다.

또 기업 내·외부의 광범위한 네트워크를 통해 다양한 인수합병 가능성에 대한 정보를 입수하고 잠재적인 인수대상기업들과 장기적인 관점에서 유대관계를 형성한다. 그리고 인수합병 후보기업들을 평가하고 선별하는 단계에서는 체계적이고 정형화된 분석방법과 더불어 새로운 기회를 신속하게 포착할 수 있는 유연성이 필요하다.

따라서 후보기업들이 선정되면 프로필을 작성하고 매력도를 평가한다.

3) 가치 평가

인수합병에 따른 잠재적 시너지의 규모와 사업구조조정을 통해서 가치개선 기회를 평가한다. 인수대상기업 경영진의 구성과 능력을 평가하고, 합병 후 예상되는 주요 이슈들을 파악한다. 또 인수대상기업의 가치를 현금흐름 및 DCF분석을 통해서 평가하고, 예상되는 시나리오별 감도분석을 통해 인수가결의 범위를 설정한다. 그리고 인수프리미엄(Takeover Premium)은 인수가격과 인수전 시장가치의 차이를 말하는데, 인수합병에 따른 시너지 창출 및 구조조정 활동을 통해 인수프리미엄을 커버할 수 있도록 한다. 아울러 인수대상기업의 가치 평가 분석내용을 요약하여 인수제안서(acquisition proposal)을 작성한다.

4) 거래조건 협상

인수합병 가치를 자사의 입장에서뿐만 아니라 기존주주와 잠재적 인수합병 경쟁업체의 입장에서 평가하고, 기존주주 및 잠재적 인수합병 경쟁업체의 재무상태, 경영전략과 접근방법을 파악한다. 그리고 기존주주 및 잠재적 인수합병 경쟁업체의 가치평가를 고려하여 합리적인 가격수준을 제시하며, 인수합병 방어조항들의 내용과 예상효과를 평가한다.

5) 합병 후 통합

양측의 최고경영진으로 구성된 과도기적 통합 추진위원회를 구성하고, 통합의 목표와 기대사항을 명확히 하고 주요 이해 관계자들의 불안감을 해소한다. 따라서 통합에 따른 업무개선 및 전략방향을 수립하기 위한 실무 추진팀을 구성하며, 신속한 업무추진을 통해 통합에 따른 가치창조기회를 포착한다. 그리고 통합과정에 대한 명확한 성과지표를 설정하고 장기적으로 목표 대비 성과를 평가한다.

④ 인수합병의 성공요인

성공적인 인수합병 시 전략적으로 고려해야 할 주요 요인으로는 자사의 여건 및 전략적 목표, 인수합병 후보기업의 전략적 가치, 인수합병으로 기대되는 시너지, 인수합병의 실현가능성을 꼽을 수 있으며, 이러한 요인들을 전략적으로 잘 관리해야 성공적인 인수합병이 가능하겠다.

1) 자사의 여건

기업은 인수합병을 통해 다양한 전략적 목표를 세울 수 있으며, 여기에 부합되는 것이 시장 지배력확대, 빠른 성장, 신 시장 진입, 신기술 획득, 주가인상, 위험분산, 적대적 기업인수 회피, 경쟁 억제 등을 위하여 활용된다. 또 인수합병이 장기적으로 기업에 득이 되기 위해서는 자사가 기술적으로 보완할 여지가 있는지, 또는 자사의 재정상태, 또는 제품을 판매 할 시장을 제대로 확보하고 있는지, 아니면 기술과 시장을 충분히 활용할 정도의 자본을 갖추고 있는지 등의 자체진단이 선행되어야 한다.

2) 후보기업의 전략적 가치

성공적인 인수합병을 하기 위해서는 먼저 후보기업의 전략적 가치를 분석해야 한다. 과연 후보기업이 자사를 만족시켜 줄 요인이 있는지, 또는 자사의 핵심역량을 증대시키고 보완적 역할이 가능한 지 그리고 국제경쟁력을 가지고 있는지 조사해야 한다.

3) 시너지 효과

기업은 인수합병을 통해 생산성과 추가적 가치를 창출할 수 있다. 특히 서로 보완 관계에 있는 자산을 가지고 있으면, 새로운 가치를 창출할 수 있다. 기업이 인수합병을 통하여 얻을 수 있는 시너지로는 공모시너지(collusive synergy), 운영시너지(operational synergy), 재무시너지(financial synergy)가 있다. 공모시너지는 기업의 시장지배력을 강화시켜 주고, 운영시너지는 기업의 생산 및 관리상의 효율을 높여 주고, 재무시너지는 자본비용 및 위험을 감소시켜 주는 역할을 한다.

4) 인수합병의 실현가능성

인수합병당사자 간 자원의 자유로운 이전 및 활용이 가능한 지 아울러 자원의 이전 및 활용 여부를 인수합병으로 인한 시너지 효과에 지대한 영향을 줄 수 있으며, 이

것이 불가능하다면 인수합병을 재검토해야 된다. 또 인수합병에 대한 최고경영자간 합의 및 주주의 동의 가능성도 확인해야 하며, 인수합병이 정부규제나 법제도상에 문제는 없는지 따져봐야 한다.

 요약

인수합병(Merger & Acquisition)은 넓은 의미로 볼 때 전략적 제휴(strategic alliance)의 일종이다. 기업 간 제휴의 필요성이 크고, 협력을 넘어서 인수합병을 통해서 결합하는 가장 강한 형태의 제휴관계이다.

오늘날 인수합병은 기업발전의 핵심사안으로 부상하였으며, 구조조정, 사업다각화, 신기술획득 등 다양한 전략적 목적에 사용되고 있다.

따라서 빠른 시일 내에 시장에 진입하려면 인수합병(M&A)을 통해서 시간을 크게 절약 할 수 있고 강한 사업자가 될 수 있다.

아울러 기업은 인수합병을 통해 다양한 전략적 목표를 세울 수 있으며 여기에 부합되는 것이 시장 지배력 확대, 빠른 성장, 신 시장진입, 신기술 획득, 주가인상, 위험분산, 적대적 기업인수 회피, 경쟁억제 등을 위하여 활동된다. 또 인수합병이 장기적으로 기업에 득이 되기 위해서는 자사가 기술적으로 보완할 여지가 있는지, 자사의 재정상태 또는 제품을 판매할 시장을 제대로 확보하고 있는지, 아니면 기술과 시장을 충분히 활용할 정도의 자본은 갖추고 있는 지 등의 자체진단이 선행되어야 한다.

토의 과제

1. 인수합병이 갖는 의미를 생각해 보세요.

2. 인수합병의 목적이 어디에 있는지 설명해 보시오.

3. 인수합병의 성공요인은 무엇인가?

4. 인수합병 사례들을 토의해 보세요.

푸싱그룹 M & A로 사세 확장

1992년 중국 대학생들 사이에서는 관직 대신 창업을 선택하는 '상하이'가 한창 유행이었다. 당시 중국 최고지도자였던 덩샤오핑이 화난(양쯔강 이남)지역을 순방하며 개혁·개방 의지를 천명한 뒤 지식인들의 창업 열풍이 불면서다. 중국 명문인 상하이푸단대 철학과를 갓 졸업한 한 청년은 3만 8,000위안을 손에 쥐고 고민에 빠졌다. '이 돈으로 남들처럼 유학길에 오를까, 아니면 이 땅에서 한번 모험을 해볼까.'

오랜 고민 끝에 후자를 택한 그는 같은 대학에서 유전공학, 컴퓨터공학을 전공한 친구 네 명과 시장조사 및 컨설팅 기업 '광신테크놀로지컨설팅'을 창업했다. 10개월 뒤, 10만 위안으로 시작한 이 회사는 100만 위안의 수익을 올렸다. 이 회사는 지난해 매출 568억 위안(약 10조 5,000억 원), 중국 상하이시 100대 민영기업에서 부동의 1위를 지키는 창업 성공신화가 됐다. 2007년 이 청년은 포브스가 선정한 중국 부호 순위에서 재산 48억 5,000만 달러 (약 5조 6,000억 원)로 3위에 올랐다. '중국의 워런버핏'으로 불리는 궈광창 푸싱그룹 회장(46)의 이야기다.

◇농부의 아들이 창업 신화로

궈 회장은 저장성 외곽에서 소작농의 아들로 나고 자랐다. 우수한 성적으로 상하이푸단대에 입학한 그는 개혁·개방의 물결을 지켜보며 성장했다. 궈 회장은 "개혁·개방 이후 중국에는 네 번의 기회가 있었다."고 말한다. 개혁 초기 수많은 자영업자가 출현했을 때, 1992년 지식인의 창업열풍이 불 때, 국영기업이 분리돼 나올 때 등이다. 그는 푸싱그룹이 성공한 이유로 "기회를 잘 잡아 변화를 시도했기 때문"이라고 강조한다.

그는 1992년 창업 열풍이 불 때 유학을 떠나지 않은 대신 컨설팅 회사를 차렸다. 철학을 전공한 그는 푸단대 공학도였던 졸업동기생들을 끌어모아 '창업 5인방'을 꾸렸다.

궈광창을 중심으로 량신쥔, 왕췬빈, 판웨이, 탄젠 등이다. 푸싱그룹의 전신인 컨설팅 회사 '광신테크놀로지컨설팅'을 통해 100만 위안의 종잣돈을 모은 이들은 컨설팅업계에 경쟁자들이 많아지자 부동산업으로 눈을 돌렸다. 아파트 매매 중개업에 정보기술(IT)을 접목시켜 1000만 위안을 손에 넣었다. 하지만 부동산 투자 역시 곧 경쟁자가 늘었다.

궈회장은 이때를 회상하며 "고위험·고수익 업종을 찾고 있었다."고 말한다. 생물의학

분야로 전격 진출하게 된 배경이다. 궈 회장은 1993년 모교인 상하이푸단대 생명대학원에 새로운 제안을 했다. 푸싱그룹이 DNA진단 검사설비와 기술 인력을 제공하고, 푸단의대가 장소를 제공하는 협력 방식으로 DNA를 활용한 새로운 개념의 간염진단시약인 PCR B형간염 시약을 상품화하는 것이었다. 생물의약품 사업 분야로의 첫걸음이자, 중국 내에서도 새로운 시도였다. 이 사업으로 궈 회장을 포함한 5인방은 1억 위안을 벌어들였다. 이 시약의 성공을 발판 삼아 1994년 푸싱그룹으로 도약, 1998년 3억 5,000만 위안의 자금을 모으며 상장기업이 됐다. 2007년 홍콩 주식시장에 성공적으로 상장, 시가총액 800억 위안의 중국 최대 민영기업으로 성장했다.

◇ 별명은 '대륙의 워런 버핏'

궈 회장은 소문난 승부사로 통한다. 강력한 발언, 결단력 있는 행동을 늘 주목받는 젊은 최고경영자다. 하지만 그 결정을 내리기까지 작은 부분도 수없이 많은 고민을 하는 사람이라고 측근들은 입을 모은다. '대륙의 워런버핏'으로 불리기도 한다. 스스로도 "푸싱그룹을 중국의 벅셔 해서웨이(버핏이 이끄는 회사)로 성장시키고 싶다"고 말한다. 작은 컨설팅업체로 시작했지만 현재 의약, 부동산개발, 철강, 광업, 소매, 서비스업과 전략적 투자 사업까지 벌이고 있다. 얼마 전에는 세계적인 명품 리조트 체인인 클럽메드를 인수해 주목받았다.

궈 회장이 사업을 확장하는 방식은 '살 수 있는 것은 빌리지 않고, 빌릴 수 있는 것은 만들지 않는다'다 현재 푸싱은 산하에 20여 개 제약회사를 보유하고 있는데, 이 중 처음부터 투자해서 설립한 곳은 한곳뿐이다. 인수합병(M&A)을 통해 사세를 확장하면서 의료·제약 부문에 주력하던 푸싱은 외형 성장에 한계를 느낄 때마다 다른 업종으로의 투자를 두려워하지 않았다. 그중 하나가 철강업이다. 푸싱그룹은 2002년에 탕산젠룽유한공사 주식 30%를 매입했고, 2003년에 난징강철 및 닝보젠룽의 지분 인수를 동시에 진행했다. 또 부동산, 도소매, 금융업 등에 진출하는 등 다각화를 할 때마다 성공하면서 궈 회장의 다음 행보는 항상 업계의 관심사가 됐다.

그가 현재 눈독을 들이고 있는 건 서비스업이다.

그는 최근 외신과의 인터뷰에서 "중국 부자들의 관심사는 미용, 은퇴준비, 그리고 명품"이라고 진단했다. 중국이 세계의 공장 역할을 하던 때는 이미 지났고, 앞으로 자산관리업·서비스업·유통업 등이 뜰 것이라는 예측이다. 몇 년 안에 중국이 세계 2위의 여가여행 시장으로 급부상할 것에 대비해 새로운 성장 동력을 명품에서 찾은 것이다. 2010

년부터 클럽메드 지분을 인수하고, 그리스 보석업체 폴리폴리를 인수하는 등 여행과 여가·명품 시장에 공을 들이고 있다.

◇ M&A는 결혼과 비슷해

궈 회장의 창업 5인방은 아직도 끈끈한 우정을 과시한다. 궈회장과 량신쥔은 푸싱그룹의 공동대표이사로, 왕쩐빈과 판웨이, 탄젠은 각각 푸싱의약과 푸싱부동산, 푸싱정보기술 부문의 최고책임자로 일한다. 푸싱그룹이 소유하거나 연관된 기업만 100여 곳에 이른다. 한 명도 이탈하지 않고 초창기 창업 멤버가 모두 함께할 수 있는 비결은 '믿음'이라고 궈 회장은 강조한다.

그는 "M&A에 있어서도, 경영에 있어서도 가장 중요한 건 믿음"이라고 말한다. 또 "M&A는 마치 결혼과 같아서 처음엔 많은 문제들을 돈으로 해결할 수 있을 것처럼 생각되지만, 실패하지 않으려면 서로 강한 신뢰가 바탕을 이뤄야 한다."고 말한다.

푸싱그룹은 전 세계를 누비고 있다. 이종결합도 두려워하지 않는다. 미국과 유럽의 경제위기를 기회로 보고 성장이 둔화된 기업을 적극적으로 찾아 나서고 있다. 궈 회장은 회사를 통째로 인수하기보다 중국 시장에 관심이 있는 기업을 공략해 소수 지분만 인수하는 투자전략을 펼치고 있다.

궈회장은 M&A를 통한 투자를 대폭 강화하기 위해 2011년 존스노 전 미국 재무장관을 이사회에 영입하기도 했다. 지난해에는 미국 푸르덴셜파이낸셜과 연계해 6억 달러 규모의 사모펀드를 조성하는 한편, 칼라일그룹과 1억 달러의 위안화 펀드 조성 계약도 맺었다. 초기 사업인 제약 분야에서도 꾸준한 수익을 내고 있다. 세계적인 제약업체 시노팜의 지분 49%도 보유하고 있다.

'창업의 기적'을 이뤄 세계무대에서 뛰고 있는 궈회장은 여전히 중국 시장을 가장 긍정적인 시장으로 바라보고 있다. 그는 "중국은 지금 고임금·고령화·금리자유화 3대 변화 물결 속에 있다."며 "이 변화에 맞춰 최고 수준의 여가와 명품을 중국 내에서 영위할 수 있도록 하는 게 푸싱그룹의 목표"라고 말했다.

수익모델 없었던 네이버,
포털 1위 만든 원동력은 '한게임 합병'

국내 포털사이트 1위의 위상을 10년 넘게 지키고 있는 네이버의 성장 비결은 뭘까. 2000년대 초반 국내 인터넷 검색엔진 및 포털로 자리잡았을 당시 네이버의 취약점은 뚜렷한 수익모델이 없다는 것이었다. 더군다나 당시의 네이버(법인명NHN)는 엠파스와 야후 등 뛰어난 인터페이스와 검색기술, 강력한 마케팅 파워를 지닌 경쟁자들에 둘러싸여 있었다.

위기를 극복하고 경쟁자들을 따돌릴 수 있었던 비결은 인수합병이었다. NHN은 한게임과 합병했다. 네이버는 무료검색 서비스로 인한 손실을 한게임의 유료화를 통해 만회했다. 포털사이트로 유입한 회원을 한게임의 서비스로 연계, 안정적인 회원을 확보한 것은 기본이다. 커뮤니티를 구성해 고객의 브랜드 충성도를 높여 성장을 위한 선순환 구조도 일궈냈다.

세계시장에서의 점유율 확보를 위해 M&A전략이 더 유용했음에도 마케팅 경쟁에 주력하다 빛을 잃은 케이스도 있다. 아이리버와 삼성의 사례다. 2005년 국내 MP3플레이어 시장 점유율을 살펴보면 중소기업인 아이리버가 41%, 삼성11%, 애플9% 정도였다. MP3시장이 세계적으로 성장하자 대기업인 삼성이 '엡(Yepp)'을 통해 적극적인 마케팅을 펼치며 아이리버와 경쟁하기 시작했다. 막강한 자금력과 유통망 등을 보유한 삼성이 결국 국내시장을 장악했지만, 이 과정에서 두 회사의 경쟁으로 인한 손실도 만만치 않았다. 두 회사가 싸우는 사이 애플이 아이팟(iPod)을 내놓으며 새로운 강자로 떠올랐다. 삼성의 마케팅 능력과 이이리버의 기술이 융합됐다면 결과는 달라졌을 것이다.

M&A가 경제 생태계와 회사 경쟁력에 미치는 영향은 생각보다 크다. M&A란 서로 다른 두 회사가 합쳐지는 것이다. 이중 합병(merger)은 피인수 기업의 주식이 사라지고 인수기업의 주식을 대체되는 것을 의미하며, 인수(acquisition)는 인수기업과 피인수기업의 주식이 둘 다 존재하는 것을 의미한다.

박근혜 대통령은 최근 국정 브리핑에서 중소기업 및 벤처기업 활성화를 위해서는 기업 간 M&A시장이 활성화돼야 한다고 말했다. 통찰력 있는 언급이란 평가를 받는 이유는 M&A가 투자·회수의 출구전략이 되기 때문이다.

◇ M&A가 투자금 선순환 촉진

초기 기업에 투자한 투자자들은 투자 회수의 시점을 기업공개(IPO)를 통한 주식시장 상장 시점으로 판단한다. 그러나 그 기간이 너무 길다는 것이 투자자의 발목을 잡는다. 통계에 따르면 우리나라 기업 환경에서는 창업부터 IPO까지의 평균 기간이 9~10년 걸린다. 더 심각한 문제는 이 기간 안에 기업의 생존율이 3% 정도에 그친다는 사실이다. IPO 이전에 투자금을 회수할 수 있는 방안이 필요하다. 그 중간 단계가 M&A다. M&A를 통해 자금을 회수하고, 이 돈이 또다시 신생기업으로 흘러들어가는 투자자본의 선순환 구조가 확립돼야 역동적인 기업문화를 일궈낼 수 있다.

M&A가 활성화되면 투자자의 시각에서뿐만 아니라 해당 기업에도 마케팅 확대, 기술 확보, 생산력 증대, 리스크분산 등 긍정적인 시너지가 발생한다. 상호 간 영업 및 유통망을 통합, 내수와 수출을 확대한 LS전선이 중국 홍치전기를 인수한 것이 대표적 사례다. 2008년 미국 최대 전선회사 슈페리어어식스를 인수한 LS전선은 미국의 영업망을 통해 얻은 정보를 이용, 홍치전기를 2009년에 인수했다. 중국법인 LS홍치전선은 고유의 기술력과 고객네트워크 간 시너지 효과를 통해 이듬해에는 100% 매출 증가를 목표로 하는 등 중국 전선업체 1위 자리를 넘보고 있다.

M&A 시너지는 이뿐만이 아니다. 생산시설 공유로 시설의 효율성을 높일 수 있고, 원료와 부품을 안정적으로 공급받을 수 있다. 제품도 유기적으로 결합돼 관련 기술이 효율적으로 접목될 수 있다. 이로 인해 기업의 상품과 서비스의 품질은 높아지고 값은 낮출 수 있다. 사업다각화를 통해 리스크를 분산함으로써 안정적인 수익활동 기반을 마련할 수도 있다.

◇ M&A가 부러움의 대상 돼야

M&A가 우리나라에서는 왜 부진할까. 몇 가지 이유가 있다. 우선 M&A에 대한 부정적 인식을 꼽을 수 있다. 미국의 경우 투자자금 회수 시장에서 IPO와 M&A가 차지하는 비중이 4대 6 정도다. 젊은 창업가들이 피땀 흘려 이룩한 성과를 대기업이 인정, 인수하는 것을 영광스럽게 여긴다. 기업을 하나의 상품으로 인식하기 때문에 자신의 '상품'에 대해 자신감을 갖고 바이어를 상대한다. 우리나라에선 기업을 상품으로 보기보다는 '자식'으로 여기는 경우가 많다.

전문가 부족도 한 원인이다. 옛말에 '선무당이 사람 잡는다'는 말이 있다. M&A는 법률과 회계 등 여러 분야의 전문지식이 종합적으로 필요하다. 매수 또는 매도기업의 대상 파악부터 가치평가, 법률실사, 자금모집, 계약실행 등 각 단계에서 어느 하나도 무시할 수 없다. 문제는 이런 고난도의 각 단계 과업에 대한 종합적인 시각을 갖춘 전문가가 부족하다는 것이다.

M&A를 다루는 사회 각 분야를 살펴보면 우선 법무법인과 회계법인, 증권사의 투자은행(IB)부문, 부티크(개인알선업체) 등이 있다. 그러나 이들 각 분야의 전문가 사이에선 해당 영역외의 전문영역에 대해 상호이해의 충돌이 빚어지곤 한다. 따라서 M&A를 실행하기 위해 세웠던 당초 계획들이 각 단계에서 장벽에 부딪히는 경우가 비일비재하다. 이 때문에 변호사·회계사·금융전문가를 비롯한 해당 분야의 전문적 식견을 가진 이들이 협업,최상의 문제 해결력을 발휘할 수 있도록 하는 것이 매우 중요하다. 하지만 우리나라 M&A시장에서는 이런 통합적 전문가, 즉 'M&A매니저'를 찾기가 어렵다.

마지막으로는 M&A 인수금융회사의 미성숙을 꼽을 수 있다. 우리가 흔히 알고 있는 골드만삭스, JP모건, 씨티은행 등 월스트리트의 유명 투자은행은 '프라임 브로커리지(primebrokerage)'라 불릴 정도로 M&A 인수금융이 발달해 있다. 이들을 통해 미국 M&A 시장에서는 비교적 쉽게 거래를 진행할 수 있다. 구글과 애플이 모바일시장을 선점하기 위해 기술을 보유한 기업들을 M&A할 때에도 이들이 도왔다.

◇ 전문가로서의 'M&A매니저'

M&A실무를 수행하기 위해서는 법률, 회계, 세무, 파이낸싱 등에 대한 전문지식이 기본이다. M&A거래규모를 결정하는 기업가치 평가와 협상기법도 중요한 분야다. 합병 후 통합 과정과 SPAC제도 우회상장 등 M&A를 둘러싼 전문지식은 다양하다. 최근에는 국경을 넘어 M&A를 시도하는 '크로스보더(cross-border)M&A'도 업계의 중요한 화두로 떠오르고 있다.

한국과 중국, 일본을 비롯한 아시아국가들이 중심이 된 '아시아M&A협회'의 창립과 활동 역시도 이런 크로스보더M&A의 활성화와 연관돼 있다. 과거에는 언어의 장벽과 국가 간 법률체계, 회계기준의 차이, 매수·매도 정보의 부족 등으로 인해 크로스보더 M&A가 매우 어려웠지만, 최근에는 인터넷을 비롯한 통신망 발달과 정보공유 시스템 발전으로 국경을 초월한 거래가 활성화되고 있다. 이런 시대적 흐름에 부응해 우리나라 기업들도 M&A를 활용, 해외시장 진출과 기업가치 극대화의 기회를 잡을 수 있다. '창조경제'를 추구하는 현 정부의 정책이 탄력을 받으려면 벤처기업의 창업과 육성뿐만 아니라 회생기업의 M&A에도 관심을 가져야 한다. 경제가 어려울수록 사람들의 심리는 위축되지만, '위기는 곧 기회'라는 생각으로 기회를 만들어가야 한다. 그 통로는 M&A다.

(2013. 7. 5. 한국경제)

기업의 위기관리

기업의 위기관리

　기업의 위기는 항상 예고없이 찾아오기 마련인데 위기상황이 날이 갈수록 빈번하게 나타나고 있다. 따라서 최고경영진은 자사의 생존을 위협하는 예측불허의 위기상황을 효과적으로 해결할 수 있도록 항상 준비를 하고 있어야 한다. 위기상황에 제대로 대응하지 못한 기업은 이미지실추, 주가급락, 손해배상, 인재유출, 수익성 및 생산성 저하 등으로 경쟁력이 약화되고 만다. 이러한 위기관리의 특징 및 다양한 사례들을 알아보자.

① 위기관리의 특징

　갑작스러운 위기상황에 적절히 대처하기란 쉬운 일이 아니다. 위기일발의 상황을 여러 번 겪은 경험이 있다 할지라도 위기의 도래는 항상 의외의 사건으로 다가오기 마련이다. 1986년에 재발한 Tylenol 독극물 사건은 Johnson & Johnson을 경악케 한 예이다.

　기업위기의 의외성으로 기업은 위기상황에 상실한 나머지 언론으로부터 도망치거나 또는 사건을 축소하는 등 위기의 유발원인을 외부의 탓으로 돌리려고 노력한다. 그러나 이러한 즉흥적인 반응은 오히려 기업의 위기를 증폭시키는 결과를 낳을 뿐이다.

특히 언론이나 규제기관, 정치가 등은 위기와 관련된 정보를 수집하고 기업의 책임을 조사하는 과정에서 기업의 부정적인 측면만을 부각시킨다는 것이다.

근본적인 이유는 기업이란 본래 위기를 처리하게끔 만들어진 것이 아니라 정상영업에 적합하도록 조직되어 있기 때문이다.

이와 같이 위기가 초래되면 주가의 하락은 불을 보듯 뻔한 결과가 초래되어 나아가서는 적대적 기업인수의 표적이 되기도 한다.

그 예로 Bhopal 사건 이후 Union Carbide는 GAF의 기업인수를 막기 위해서 자산을 매각·처분하였다. 또 2003년 초 SK글로벌의 분식회계로 인한 SK(주)의 주가급락에 외국계펀드인 Crest Securities가 SK(주) 주식을 집중매입하며 적대적 기업인수의 표적으로 삼은 바도 있다.

🌐 기업들의 위기관리

미중무역 분쟁과 수출 부진, 주가 하락 등 기존의 지수 하락 요인에 일본의 화이트 리스트 즉, 수출규제조치가 더해지면서 경기 및 가계 재정상황에 대한 인식이 악화되었다. 상황이 이렇다보니 공격적인 인수합병은 물론 히트 상품도 나오지 않고 점차 활력을 잃어가고 있다. 세계적 브랜드 관리 전문가인 데이비드 아커는 경기불황으로 경쟁이 치열해질수록 소비자들은 브랜드를 중시하는 경향이 있기 때문에 기업은 불황일수록 브랜드 경영에 힘을 쏟아야 한다. 따라서 위기를 새로운 기회로 삼아야 하며 국내 대표 소비재 기업들의 위기관리의 예를 살펴본다.

👤 CJ그룹

'우리의 시장은 전 세계이고 경쟁자는 글로벌 톱 기업들이라며 모든 면에서 최초와 최고, 차별화를 추구하는 Only One 정신을 바탕으로 연구개발투자를 강화하며 새로운 성장 동력을 확보한다.'는 계획이다.

👤 롯데그룹

'수많은 제품과 정보가 넘쳐나는 시기에 특징 없는 제품과 서비스는 외면 받을 수

밖에 없다며 어떠한 위기상황에서도 살아남을 수 있는 성장전략' 등을 강조했다. 롯데백화점은 오프라인 매장으로 고객의 발길을 끌어 모으기 위한 차별화된 콘텐츠 발굴에 적극 나서고 있다.

신세계그룹

'위기는 생각보다 빨리 오고 기회는 생각보다 늦게 온다.'며 초저가 상품개발과 온라인 신사업 등 전방위적인 위기 대응 매뉴얼을 주문하고 나섰다.

아모레퍼시픽

'최초이자 최고의 세계일류상품 타 기업은 따라올 수 없는 초 격차 상품개발을 목표로 올해에도 해외 50개국 개척을 향한 도전을 이어나갈 계획이다.

LG생활건강

'후'와 '숨', '오휘' 등 럭셔리 화장품 브랜드들을 앞세워 국내를 넘어 아시아 대표기업으로 발돋움한다는 각오를 내비치고 있다.

이마트

초저가 상품을 내놓기 위해 해외에 구매처를 발굴하고 기획 상품을 미리 주문하면서 가격을 낮췄다. 국내1위 대형마트인 이마트가 내놓은 모든 상품들은 이윤을 포기하며 1~2주일 반짝 세일하는 미끼상품이 아니라 기한 없이 연중 내내 애브리데이(every day) 국민가격으로 판매하겠다는 것이다. 대상품목도 연내 200여 품목 2~3년 내 500여 종으로 확대한다. 쿠팡 등 이커머스(전자상거래) 업체들의 초저가 맹공 속에서 올 2분기 사상 첫 영업이익 적자가 예상될 만큼 벼랑 끝에 몰린 이마트가 위기 탈출을 위해 승부수를 던진 것이다.

② 위기관리의 전략

위기관리로는 위기조짐의 탐색, 위기에 대한 대비와 예방, 위기관리 및 피해대책, 사업복구 등이 일반적이다. 구체적 사항들을 열거해 보면 다음과 같다.

첫째 위기조짐의 탐색으로는 조기경보시스템을 구축하여 잠재적 위험을 미리 알아내는 데 있다.

둘째 위기에 대한 대비와 예방은 안전방침과 장비가 갖추어져 있는지 점검해야 한다.

셋째 위기관리 및 피해대책은 위기관리의 가장 중요한 부분으로 철저한 고찰이 필요하다.

넷째 사업복구를 위한 계획안을 만들어야 한다.

이러한 단계들을 거치면서 기업은 위기관리를 배우고 축적된 지식을 활용하여 향후 새로운 위기에 적절히 대처할 수 있는 원동력이 된다.

🌐 디지털 전환 전략

두산그룹은 전통적인 제조기업으로 명성을 쌓아 왔다. 글로벌 경기침체가 심해지면서 전통사업이 다소 부진해지자 정보통신기술(ICT)을 접목해 사업영역을 넓혀가고 있다. 전사적인 디지털 전환(Digital Transformation) 작업을 통해 4차 산업 혁명에 대비한 새로운 미래제조업의 길을 여러 가지 방법으로 열어가고 있다.

첫째, 두산인프라코어는 건설기계 장비와 5G통신을 접목한 원격 조종기술을 개발하고 있다. 독일 뮌헨에서 열린 건설기계 전시회 '바우마(BAUMA) 2019년'에 참가하여 5G 통신기반으로 8,500Km 떨어진 굴삭기를 조종하는 원격제어기술을 선보였다. 지난 해 중국 상하이 건설기계전시회에서 세계 최초로 국가 간 880Km원격제어를 실제 장비로 시연한 데 이어 독일-한국 간 원격제어에 성공하면서 전 세계 어느 곳에서도 건설기계를 원격으로 조종할 수 있는 기술력을 입증했다.

둘째, 두산중공업은 발전소 운영에 인공지능을 접목해 오염배출을 최소화하였다. 글로벌 IT기업들과 협력을 확대하며 발전소 플랜트부문에서 디지털 전환속도를 높여가고 있다. 첫 협력사업으로 인도 사산파워(Sasan Power)가 운영하는 석탄화력 발전소에 디지털 솔루션을 적용하는 사업을 진행하고 해당 발전소에 운영 최적화 솔루션을 공급하였다. 이를 통하여 인공지능기술을 활용한 수십만 가지 운전 시나리오를 분석해 발전소의 연소를 최적화하고 있다. 이 같은 성과를 인정받아 SAP가 선정하는 '피나클 어워드(Pinnacle Award)' 2019년 수상기업으로 선정되어 디지털 전환의 성과를 대외적으로 인정받았다.

셋째, 두산로보틱스는 인간 옆에서 작업을 돕는 협동로봇으로 생산성을 극대화시켰다. 두산은 미래 기술을 바탕으로 한 신규 사업에 적극 진출하며 미래의 먹거리 발굴에도 힘쓰고 있다. 4차 산업혁명시대의 유망기술로 손꼽히는 협동 로봇시장에 이미 진출하고 양산을 시작했다. 기존 산업용 로봇은 안전 펜스를 설치해 작업자와 따로 분리된 상태에서 작업을 해야 하지만 협동로봇은 펜스 없이도 안전하게 작업자 곁에서 함께 일할 수 있다는 점이 특징이다. 이에 따라 가장 효율적인 위치에 자유롭게 설치해 작업자와 업무 분담을 함으로써 생산 효율을 높일 수 있다. 또 작고 가볍기 때문에 이동이 쉬워 제조자인의 배치를 크게 바꾸지 않고도 자동화를 구현할 수 있다. 미국 리서치기관에 따르면 산업용 로봇의 세계 시장규모는 2022년까지 연평균 8%대 성장이 예상된다.

넷째, 두산모빌리티 이노베이션은 1회 충전으로 2시간 비행하는 드론용 배터리로 한계를 극복하였다. 연료전지사업도 두산의 미래 먹거리이다. 지난해 9월 드론용 수소연료전지 팩을 처음 선보였다. 이 제품은 수소를 담은 용기를 탈부착하는 방식으로 드론의 연료원을 간단하게 교체할 수 있었다. 또 수소용기 1회 충전으로 약 2시간 비행이 가능해 30분 남짓한 기존 드론용 배터리의 비행시간 한계를 극복하였다. 따라서 장점을 살려 태양광 풍력발전소 설비관리, 임업병해충 및 산불 모니터링, 장거리 긴급물품운반, 도로교통량, 항만 조사 등과 같은 인프라관리 등 다양한 분야에 활용될 것으로 기대된다.

③ 기업위기 사례

　기업의 위기는 기업의 내·외적 요인이 크다. 기업의 내부적 요인으로는 산업재해, 자금난, 노동쟁의, 환경오염, 제조물 책임 등이 있으며, 기업의 외부적 즉, 환경적 요인으로는 환율변동, 시장 수요의 감소, 적대적 기업인수의 위협, 테러리즘, 제품변조 규제의 변화 등이 대표적이다.

　이로 인하여 인간의 생활, 기업이미지와 평판, 그리고 자연환경까지 광범위하게 영향을 미친다. 나아가 고객이나 금융기관으로부터 외면 받을 수 있으며, 언론과 정부의 감시를 받기도 한다. 따라서 위기상황이 발생하면 위기 자체와 관련이 없는 사안에 대해서도 조사가 이루어져 기업은 피해가 클 수밖에 없다.

　또한 소비자들의 제품에 대한 안목과 인터넷을 통한 정보의 급속한 유포로 기업 활동이 주가에 반영됨에 따라 이제는 기업에 불리한 정보를 외부에 은폐하는 것이 불가능해졌다. 기업 측에서도 위기관리를 단순히 눈가림 작업이 아니라 기업경영의 중요한 부분으로 취급하기에 이르렀다. 기업위기의 국내사례로 <표 10-1>을 참고해보자.

표 10-1　기업의 위기 사례

기업명	년도	사례 내용
두산전자	1991	두산 페놀 유출 사건
삼양라면	1989	공업용 소고기 기름 사용, 우지파동 사건
SK글로벌	2003	부풀려진 허위자료로 분식회계 작성사건
농심라면	2012	1급 발암물질 벤조피렌 사용 사건
남양유업	2013	녹취파일로 인한 밀어내기 강매 사건

1) 두산 페놀 유출 사건

　두산전자의 페놀유출은 회사측의 관리소홀과 설비부실 등이 빚어낸 인재였다. 두산전자의 페놀유출은 페놀저장탱크에서 수리공장으로 페놀을 이송하기 위해 지난

84년 매설한 지하라인이 진원지였다. 두산 측은 이 라인의 노후화 등으로 90년 10월 지하라인을 새롭게 설치하고 비슷한 시기에 보온장치의 개체 등 보수를 완료했다고 밝혔다.

그러던 중 새로 설치한 지상라인의 밸브 틈으로 페놀이 조금씩 새어 나오는 등 이상이 발생하자 이를 수리하기 위해 90년 3월 13일 오후부터 지하라인을 다시 가동시켰다는 것이다. 두산이 지하라인 이상을 자체 발견한 것은 가동 3일째인 16일 저녁 두산측은 이상발견 즉시 지하라인의 사용을 금지하고 지상라인을 가동시켰다지만 페놀 30톤은 이미 유출된 후였다. 지하라인의 보수만 완벽했더라면 또는 지상라인의 신설을 제대로 했다면 이처럼 엄청난 사태는 막을 수 있었을 것이라는 분석이다. 두산전자가 페놀을 자체합성, 수리생산을 시작한 것은 지난 85년으로 1일 처리능력 약 6톤 규모로 일본 가데리우스(Gadelius)제 소각로를 도입, 본격 가동에 들어간 것으로 알려졌다.

그 후 생산규모가 확대되면서 2호기를 90년 1월 국산 제작하여 설치했다.

두산측은 이 2호기의 소각능력이 1일 9.6톤이라고 설명하고 있다. 그러나 환경청에 신고할 때는 1일 6톤 즉 시간당 2백 50kg을 소각할 수 있는 것으로 감리신청했다는 것이다. 따라서 환경청 감리상으로는 소각로 2기를 모두 합해 1일 처리능력은 약 8.5톤 정도이다. 이에 맞서 두산측이 소각능력을 크게 줄여 감리 신청한 것이다. 폐수발생부서와 폐수소각부서의 처리량이 서로 맞지 않는 부분은 두산이 해명해야 할 부분이다. 두산전자는 1991년에, 90년 10월 경에, 91년 1월 중 2차례에 걸친 소각로 보일러의 고장으로 폐수를 처리하지 못해 통에다 받아 놓은 것으로 알려졌다. 이 같은 설비의 잦은 고장과 이에 대한 치밀한 대책 부족은 유해물질을 다량 사용하는 업체로서는 자격 미달이며, 더욱이 페놀이 한꺼번에 30톤 씩이나 유출되는데도 이를 사전에 감지할 수 있는 안전장치가 없었다는 것은 이해하기 힘든 부분이다.

2) 삼양라면 우지파동 사건

공업용 쇠고기 기름으로 라면을 튀겨냈다는 보도가 있은 후 전국에서 라면의 수요가 급격히 줄어들고 라면공장들은 폐쇄 직전에 이르렀다. 이 사건은 7년이나 지속되면서 사회적 논란이 되어왔다. 1989년 11월 '우지파동'을 겪으면서 삼양식품은 1천여 명의 인원감축과 공장 가동 중단으로 10% 이하로 떨어지고, 후발업체인 농심에게 업계 1위 자리마저 내주는 등 막대한 손실을 입게 되었다. 우지사건 이후 7년 8개월 만에 대법원에서 '우지라면사건'이 무죄 판결을 받았지만 회사의 피해는 너무나 컸다.

3) SK글로벌 분식회계 사건

분식회계란 기업이 고의로 자산이나 이익 등을 크게 부풀리고, 부채를 적게 계산함으로써 재무상태나 경영성과, 그리고 재무상태의 변동을 고의로 조작하는 것을 의미한다.

SK글로벌 회계장부 분석을 통해 검찰이 파악한 SK글로벌의 분식회계 규모는 1조 4,000여 억 원으로 들어났다. 2001년도 결산보고에 의하면 SK글로벌의 매출액은 18조원으로, 1300억 원의 적자를 기록했다. 그러나 이것은 매출채권 등 수익성 항목에서 수천억 원씩 부풀려진 허위자료로 실제 분식 금액을 일시에 털어낸 경우 적자 폭은 기하급수적으로 늘어날 수밖에 없다.

SK글로벌은 2001년 말 결산 당시 당시순손실을 줄이기 위해 존재하지도 않는 가공채권 1,500여 억 원을 회계장부에 포함시켜 매출채권을 부풀렸다. 또 미국, 유럽, 홍콩 등지의 해외법인에 출자했다가 입은 손실을 줄이기 위해 해외법인의 순자산을 부풀린 뒤 2,400억 원의 지분법 평가손실을 사업보고서에 누락시켰다.

기한부어음이 총 1조 1,881억 원에 달했음에도 은행 명의의 채무잔액증명서를 위조 전혀 없는 것처럼 부채를 누락시켰다.

그리고 우리은행 본점, 하나은행 서소문지점 등에서 이를 제대로 기재한 서류를 보냈으나, 이를 폐기하고 허위로 자체 작성한 것으로 알려졌다.

4) 농심라면 벤조피렌 사건

식약청이 1급 발암물질인 벤조피렌을 포함한 원료를 사용한 농심라면에 대해서 회수 결정을 내렸다. 이로 인해 농심라면은 이미지상 큰 타격을 입을 수밖에 없게 되었다. 라면을 제조하는 농심에서 인체에 해로운 재료를 사용하였다면 비판받아야 마땅하다. 특히 농심 너구리는 국민라면 중 하나로 자리 잡았는데 전량 마트에서 반품조치를 취하면서 회사의 불이익은 물론 국민들 이미지에도 안 좋은 영향을 끼쳤다.

5) 남양 유업 불매운동 사건

남양은 한 직원의 막말 때문에 엄청난 파문을 불러일으켰다. 하나의 녹취파일로 인하여 대표이사가 공식사과에도 불구하고 불매운동이 점차 확산되는 과정에서 세븐일레븐과 바이더웨이 가맹점주 협의회도 동참했다. 대형마트에서도 소비자가 남양제품을 외면하였다.

특히 잘 알려진 속칭 '밀어내기 강매' 이외에도 명절 시 떡값 요구, 10~30%에 이르는 리베이트 요구, 유통기한이 임박한 제품강매, 사측의 요구에 불응하는 대리점주에 대한 일방적 계약해지, 눈 밖에 난 점주에게 물량을 주지 않는 일명 '찢어버리기'가 광범위하게 그동안 진행되었다는 것을 국민 모두가 인식을 하고 있다는 것이다. 따라서 남양유업은 주가가 하락하고 기업의 이미지 하락과 함께 최대 위기를 맞고 있다.

④ 시 사

조기 경보시스템의 개발과 경계태세의 강화를 통해 위기를 사전에 예방할 수 있으며, 또한 위기관리전담 팀을 설치함으로써 위기에 용이하게 대비할 수 있어야 한다. 아울러 위기에 따른 잠재적 피해를 최소화하고, 모든 이해관계자들, 즉 피해자, 고객,

종업원, 공급업자, 정부, 지역사회, 언론 등과의 대화를 원활하게 풀어야 한다. 따라서 기업은 사고대응 경험을 바탕으로 자사의 위기관리체계를 개선함으로써 재도약의 기회로 삼아야 한다. 예를 들면 두산은 페놀 사건 이후 수질개선을 위해 대구시에 2백억 원을 기부했으며, 또한 학생과 지역 주민이 기업현장을 직접 방문해 기업의 환경관리와 환경보전의 중요성을 함께 공유하고 인식함으로써 기업과 국민이 환경문제에 대한 공감대를 형성하는 데 적지 않은 기여를 했으며, 이런 노력의 댓가로 실추된 기업의 이미지를 회복할 수 있었다. 따라서 '환경보전의 선도적 기업'으로써 환경친화적 기업으로 타 회사의 모범이 되고 있다.

🔅 요약

기업의 위기는 항상 예고 없이 찾아오기 마련인데 위기상황이 날이 갈수록 빈번하게 나타내고 있다. 따라서 최고 경영진은 자사의 생존을 위협하는 예측불허의 위기상황을 효과적으로 해결할 수 있도록 항상 준비를 하고 있어야 한다. 위기 상황에 제대로 대응하지 못한 기업은 이미지실추, 주가급락, 손해배상, 인재유출, 수익성 및 생산성 저하 등으로 경쟁력이 약화되고 있다. 기업의 위기 사례는 내적·외적 요인이 크다.

기업의 내부적 요인으로는 산업재해, 자금난, 노동쟁의, 환경오염, 등이 있으며, 기업 외부적 즉 환경적 요인으로는 환율변동, 시장 수요의 감소, 적대적 기업 인수의 위협, 테러리즘, 제품변조, 규제의 변화 등이 대표적이다.

이로 인하여 인간의 생활, 기업이미지와 평판, 그리고 자연환경까지 광범위하게 영향을 미친다. 나아가서 고객이나 금융기관으로부터 외면 받을 수 있으며, 언론과 정부의 감시를 받기도 한다. 또한 소비자들의 제품에 대한 안목과 인터넷을 통한 정보의 급속한 유포로 기업 활동이 주가에 반영됨에 따라 이제는 기업에 불리한 정보를 외부에 은폐하는 것이 불가능해졌다. 기업 측에서도 위기관리를 단순히 눈가림 작업이 아니라 기업경영의 중요한 부분으로 취급하기에 이르렀다. 다음은 기업위기의 국내사례로 다섯 가지 예이다.

첫째, 두산 페놀 유출사건
둘째, 삼양라면 우지파동사건
셋째, SK글로벌 분식회계사건
넷째, 농심라면 벤조피렌 사건
다섯째, 남양유업 불매운동 사건 등이 있다.

토의 과제

1. 기업의 내적·외적에 해당되는 유형들을 설명하세요.

2. 기업위기의 국내사례들을 열거해 보세요.

3. 남양유업 불매운동에 대해서 생각해 보세요.

최악의 3년이 최고의 3년으로

지난달 26일 일본 도요타시에 위치한 도요타 자동차 창업자 고 도요다 기이치로의 옛 자택. 지금은 기념관으로 쓰이는 집 앞 정원에 작은 벚나무 한 그루가 눈에 들어왔다. 높이 3m 가량의 이 나무 앞에는 나무막대가 세워져 있는데 그 위에 '2011년 2월 24일, 도요타 재출발의 날'이라는 엽서 크기의 금속 푯말이 붙어 있었다. 이 나무는 도요다 기이치로의 손자인 도요다 아키오(57)사장이 미국 의회 청문회에 나가 리콜사태에 대해 증언하며 눈물을 흘린 뒤 정확히 1년이 지난, 겨울비가 내리던 날에 아키오 사장이 직접 심었다.

기념관의 오기소 이치로 관장은 "아키오 사장이 품질 문제로 고객에게 피해를 입혔던 일을 절대 잊지 않겠다는 마음을 담아 식수한 것"이라며 "그런 맹세를 창업자인 조부가 살던 집 앞에서 했다는 것은 아키오 사장이 그만큼 맹세의 무게를 중요시했다는 뜻"이라고 설명했다. 2년 전 '재출발의 날' 이후 도요타에서 2월 24일은 모든 부서가 고객 제일주의를 제대로 실행하고 있는지 되돌아보는 날이 됐다.

아키오 사장은 지난 1일 도요타 신입사원 입사식에서 이렇게 말했다. 도요타의 재탄생을 상징하는 신차 '크라운'의 핑크색 모델이 함께 전시된 자리였다. "크라운의 핑크는 벚꽃 색깔입니다. 가혹한 겨울을 이겨내고 아름다운 꽃을 피우는 벚나무의 저력에 도요타의 재탄생을 비유한 것입니다."

아키오 사장이 미 청문회에서 느낀 수모와 반성을 담아 창업자 할아버지 앞에서 벚나무를 심어 '도요타 재탄생'을 맹세한 이후 2년이 지났다. 아키오의 맹세는 이미 지켜진 것처럼 보인다. 작년에 글로벌 판매1위 자리를 탈환했기 때문이다. 리먼쇼크, 1,000만 대 리콜, 엔고, 일본대지진 등 초대형 위기를 딛고 2년 만에 다시 쓴 왕관이다. 올 들어 엔저 훈풍까지 불면서 주가는 6개월 전보다 80% 이상 올랐다.

그러나 아키오 사장은 말한다. "어제보다는 오늘, 오늘보다는 내일이 더 좋아질 수 있도록 노력합시다. '베스트(best)보다는 베터(better)'를 목표로 삼아 도전합시다."

기자는 아키오 사장 취임 이후 지난 3년간 위기를 극복하는 데 온 힘을 쏟았던 도요타가 자신들의 미래 전략을 알리기 위해 준비한 '더 좋은 차 만들기 설명회'에 참가했다. 이틀 간 도요타의 핵심 공장, 새 연구시설을 둘러보고, 실무진부터 최고경영진까지 다양하게 만날 수 있었다.

한 가지 이상했던 것은 이틀간 도요타 심장부 곳곳을 다니며 만난 어떤 사람도 '1등'이나 '자신감', '부활' 등의 단어를 입에 올리지 않았다는 것이다.

지난 3년간 도요타가 어떻게 위기 극복을 했고, 어떻게 1등 복귀가 가능했는지에 대한 홍보는 한마디도 없었다. 대신 위기를 통해 도요타가 무엇을 배웠고, 또 배운 것을 어떻게 적용하고 발전시킬지에 초점이 맞춰졌다. 이틀 간 가까이서 지켜본 도요타의 모습은 챔피언이 아니라 철저한 도전자였다.

도요타시의 중심인 도요타 거리 1번지에 위치한 사무 본관 건물. 건물 앞 벚꽃의 옅은 분홍빛과 검은 건물이 대조를 이루며 지극히 일본적인 위용을 자랑하고 있었다. 지상 15층에 금은색 유리로 싸인 이 건물은 아키오 사장 등 도요타 최고경영진의 전용차가 1층을 거치지 않고 곧바로 지하 통로로 들어간 뒤 전용 엘리베이터를 타고 집무실로 올라가기 때문에 외부인과는 완벽히 차단되어 있다.

그러나 이곳에서 만난 고니시 고키 홍보부장은 도요타가 이 건물에서 느끼는 것과 같은 위압적인 이미지를 벗기 위해 노력한다고 말했다.

"건물 로비에 전시된 차량 앞의 포스터 광고 문구를 보셨나요? '권력보다 사랑이죠'입니다. 도요타는 이제 권력이나 권위를 버렸습니다. 그런 건 중요하지 않아요. 고객에 대한 사랑, 도요타차를 애용해 주는 고객의 사랑이야말로 무엇과도 바꿀 수 없다는 것을 지난 위기를 통해 배운 겁니다."

성공은 자만을 부르고, 자만은 자멸을 가져온다. 반대로 실패에는 다음의 성공으로 이어지는 싹이 내포되어 있다. 도요타의 3년은 이 교훈을 체득하는 시간이었다.

도요타는 GM보다 먼저 1,000만 대 생산고지에 올라 세계 1위가 되겠다며 과도하게 생산력을 키웠다가, 2008년 리먼쇼크 이후 300만 대분의 생산 과잉을 견디지 못하고 표류했다. 짐 프레스 전 북미 도요타 사장은 "일부 도요타 전문 경영인들의 탐욕이 낳은 결과"라고 말했다. 취임 4년째를 맞는 아키오 사장은 지난달 6일 도요타 신 체제 출범 기자회견에서 "내가 지난 3년간 한 일은 도요타를 원점으로 되돌리는 작업이었다." 그러나 도요타가 돌아온 원점은 이전보다 훨씬 더 높은 곳에 있었다. 도요타의 지난 3년은 도요타 75년 역사상 최악의 3년이었지만, 동시에 최고의 3년이었던 것이다.

최근 현대차가 대규모 리콜 사태를 맞았다. 또 도요타 리콜 사태가 벌어진 뒤부터 현대자동차 내부에서는 도요타 비교보고서가 싹 사라졌다. 한 고위 임원이 "도요타에서는 우리가 더 배울게 없으니 앞으로는 벤츠·BMW와 비교하는 보고서만 가져오라"고 지시했다고 한다. 반면 도요타 연구소 관계자는 "현대차가 새로 나오면 전부 뜯어보고 현대차에서 배울점이 뭐가 있는지 면밀히 연구한다"고 전했다.

창립자 기념관을 나온 뒤 향한 곳은 본사 공장이었다.

1938년 설립돼 도요타에서 가장 오래된 생산시설이지만, 2,000명의 최정예 인력이 도요타 제품 중 가장 첨단이라는 하이브리드카 프리우스의 핵심 부품을 만들고 있다. 30년 전 아키오 사장이 입사 직후 처음 배속된 곳(생산조사부)이기도 하다. 안내받은 곳은 도요타 생산방식(TPS·Toyota Production System) 기본 라인이었다.

기자가 이날 본 광경은 지난 2007년 여름. 도요타가 실패를 모르고 성장 가도를 달리던 정점에 도요타 본사를 찾았을 때 봤던 것과 전혀 달랐다. 6년 전 도요타 홍보 담당자가 보여준 것은 양적 성장의 상징이었던 쓰쓰미 공장이었다.

본사 공장 인근에 있는 이 공장의 위용은 대단했다. 프리우스부터 캠리까지 7개 차종의 수백여 가지 변종 모델을 월 4만대씩 한치의 빈틈 없이 만들어 내는 눈부신 광경은 마치 '우리가 최고'라고 외치는 듯했다.

2000년대 중반 도요타는 자신의 실력만을 믿고 700만 대 수준이었던 연간 생산능력을 2~3년만에 1,000만 대까지 늘리면서 GM을 누르고 세계 1위가 되겠다는 야심을 드러낸다. 단기간에 생산량을 늘리기 위해 거액을 들여 자동차 기기를 투입하고, 충분히 숙련되지 않은 인력까지 현장에 투입했었다.

◇ 물량주의에 대한 반성

이번에 다시 찾은 도요타 공장에는 휘황찬란한 자동차 기기나 작업자의 현란한 움직임이 아니라, 수작업 기반의 작고 아기자기한 공작기계들을 사용해 일일이 손으로 만지고 확인하며 작업하는 '사람들'이 있었다. 자동차 기술이 모자라서는 물론 아니다. 도요타의 자동차 기술은 업계 최고 수준이기 때문이다.

본사공장 기계과 미네 히로미치씨는 이렇게 설명했다.

"어떻게 하면 더 효율적인 자동화가 가능한 지 알기 위해서는 우선 작업의 기본원리를 익히지 않으면 안 됩니다. 그걸 안 지키면 언젠가 문제가 터질 수 있으니까요." 기본 원칙을 지키지 않고 자동화·물량 경쟁에 나섰다가 참사를 겪었던 뼈아픈 교훈이 담겨 있는 말이었다.

수작업을 중시하는 더 큰 이유는 인재 양성 때문이라고 했다. 도요타 생산방식의 기본 원칙은 현장의 작업자가 원리 원칙을 확실히 익혀 작업을 개선하고 품질을 높인다는 것. 그러기 위해서는 미래의 인재들이 직접 손끝으로 모노즈쿠리(물건 만들기)의 기본을 익혀야 한다. 가와이미쓰루(65) 기술 총책임자는 "작업자가 생산 과정을 장악하지 못하면 아무리 뛰어난 엔지니어가 생산라인을 설계한다고 해도 결국 낭비와 문제가 발생할 수밖에 없다"고 했다. 프리우스 같은 첨단 차량도 결국 처음에는 모터에 구리코일 한 개까지 손으로 감아보며 고민하지 않으면 절대 좋은 자동화 라인이 나올 수 없다는 것이다.

가와이 기술 총책임자는 도요타 생산직의 최고위직이며 전무급에 해당한다. 자리를 같이했던 기리모토 글로벌 홍보실장은 "중학교 졸업 후 도요타에 입사해 50년간 현장을 지켜온 '도요타 생산방식의 영혼'과도 같은 분"이라고 말했다. 도요타에는 중·고졸 생산직 가운데 능력을 인정받아 중역까지 오른 인물이 꽤 있다. 고졸 생산·기술직은 제아무리 능력이 뛰어나도 차장 이상 승진이 거의 불가능한 현대차와 대조적이다.

가와이 기술 총책임자는 "50년 회사 생활에서 시련이 없었던 시기는 한번도 없었다."고 말했다. 열심히 해서 목표를 달성하면 상사는 항상 "수고했다. 이게 100이라면 남은 것이 또 100이다."라고 얘기했다는 것. "정말 열심히 했으니까 이제부터는 좀 여유를 갖고 하자."는 얘기는 지금까지 한번도 들어본 적이 없다고도 했다.

"지난 4년간 리먼쇼크, 품질문제(리콜사태), 지진 등 엄청난 위기가 있었지만, 문제를 해결하는 과정에서 인재 양성까지 저절로 됐으니 그만큼 현장에 더 많은 실력이 붙었다고도 할 수 있습니다."

도요타 생산 라인을 보고 있자니 현대차의 상황이 떠올랐다. 현대차는 생산 라인을 설계하는 엔지니어들과 노조원인 생산직 사이에 업무 개선을 위한 협업이 거의 이뤄지지 않는다. 대화가 사실상 단절된 게 10년이 넘었다. 이런 기업문화는 단순히 생산성을 떨어뜨리는 데 그치지 않고, 현장에서 개선하고 현장에서 배우는 과정자체를 무너뜨린다. 따라서 제조기업이 현장에서 얻을 수 있는 무한한 기회를 잃게 만든다.

돈과 물량으로 승부하는 자동화에만 치중함으로써 자칫 도요타가 겪었던 실수를 반복할 우려마저 있다는 지적도 나온다. 현대차 생산라인 개선에 참여 중인 한 외부 컨설턴트는 "현대차의 생산기술 엔지니어들의 능력이 도요타에 비해 점점 떨어지고 있다"면서 "개인 능력이 모자라서가 아니라 오랫동안 현장의 목소리를 듣고 개선할 기회를 잃었기 때문"이라고 말했다.

◇ 신차 설계 전략의 핵심은 '단순화'

공장방문에 이어 메인 행사 '더 좋은 차 만들기 설명회'는 본사 연구소 내에 위치한 '엔진 공동개발동'에서 진행됐다. 지난 2월 완공됐는데, 약 3만평. 12층 건물에 상주 엔지니어 숫자가 2,800명이다.

도요타 연구개발 총괄인 가토 부사장은 작고 나직한 목소리로 1시간 일정의 절반가량을 신차 설계 전략을 소개하는 데 할애했다. 전략의 키워드는 '단순화'였다.

도요타는 2000년대 초반부터 생산차종과 물량이 급속도로 늘어난다. 게다가 차량 기능이 복잡해지고 각종 전자장비가 덧붙여지면서 개발·생산 프로세스가 기하급수적으로 복잡해지는 사태가 발생한다. 전문가들은 도요타 리콜사태가 이런 복잡성을 해결하지 못해 '폭발'한 것이라 진단하기도 한다.

도요타는 문제를 원점에서부터 파악해 최선의 방법을 찾는 데 몰두했다. 해결책은 4~5년 전부터 폴크스바겐이 추진해 온 '레고블록형 설계 전략'즉 자동차의 공통 부품을 레고블록처럼 만들어 키워 맞추는 방식이었다. '복잡성의 폭발'문제를 해결하면서 더 다양하고 성능·품질이 좋은 차를 만들어내기 위해서는 최초의 설계 단계부터 어떻게 하면 가장 단순하게 만들어낼 수 있을지 '마스터 플랜을 제대로 짜는 것이 절대적으로 중요하다는 것을 적의 전략을 통해 절실히 깨닫게 된 것이다.

가토 부사장의 발표 내용을 요약해 보면 '도요타는 폴크스바겐보다 설계 단순화 전략 수립이 늦었다. 지금이라도 폴크스바겐과 같은 큰 덩어리 개념이 아니라, 더 작고 세분화 된 블록을 조합하는 방식으로 승리 하겠다'는 것이었다. 도요타 분석의 권위자인 도쿄대 후지모토 교수는 '폴크스바겐이 30개의 레고블록을 끼워 맞춰 모든 차를 만든다면, 도요타는 '지금까지는 1,000개의 블록을 갖고 차를 만들었지만 이것을 300개로 줄이겠다는 식'이라고 표현했다.

이는 폴크스바겐 만큼 기술이 안 된다는 것을 인정하는 것이지만, 한편으로 자신만의 방식으로도 충분히 경쟁할 수 있다는 자신감의 표현이기도 하다. 국내 한 자동차 설계 전문가는 "지금 폴크스바겐이 업계를 선도하는 것 같지만, 승부는 더 지켜봐야 한다"며 "도요타가 폴크스바겐보다 비용을 더 아끼면서 효율을 개선하는 데 능하기 때문"이라고 말했다.

◇ 현대·삼성보다 더 빠른 의사 결정 조직

설명회가 끝난 다음 안내된 곳은 신설된 신 엔진 개발센터의 개발현장이었다. 지난달

전사 조직 개편 때 신설된 조직이다.

도요타는 "대외비"라면서 약 10분 동안만 센터 핵심 조직이 집결해 있는 건물 '엔진 공동개발동' 3층에 있는 연구 공간을 공개했다. 도요타가 이 조직을 신설한 이유는 폴크스바겐을 잡기 위해서다.

도요타는 지난 15년간 하이브리드카로 세상을 지배하려는 야망을 키워왔다. 그 결과 작년 연간 판매 100만 대를 넘겼다. 하지만 100만 대라 해봐야 전 세계 자동차 판매 대수에서 차지하는 비중은 1%대에 불과하다.

반면에 하이브리드카에 집중하다가 생긴 폐해가 매우 컸다. 엔진 개발에 소홀했던 게 대표적이다. 비싼 하이브리드 시스템을 탑재하면서도 가격을 크게 높이지 않기 위해서는 엔진을 최대한 싸게 만들어야 했기 때문이다. 최근 폴크스바겐이 더 성능 좋고 연비 좋은 엔진을 속속 내놓으면서도 도요타의 비교 우위가 떨어지는 문제가 발생했다. 게다가 혼다·닛산·마쓰다 등이 하이브리드가 아니라 기존 동력전달 장치를 개선해 연비를 높인 신차를 내놓으면서 한순간에 도요타 '비 하이브리드 차량'들의 연비 경쟁력이 떨어지게 됐다. 도요타는 신엔진 개발센터라는 신엔진 개발센터라는 신설 조직을 통해 폴크스바겐과 맞설 성능과 연비가 더 좋은 엔진을 개발하겠다는 전략을 세운 것이다.

기자를 놀라게 한 것은 거창한 첨단 연구 장비들이 아니였다. 3층의 1,000평 이상 되는 공간에서 500명에 달하는 엔지니어가 한자리에 모여 있는 풍경이었다. 별다른 방비도 없이 사람과 PC, 그리고 사람들이 모이는 미팅 공간들만 있었다.

세계에서 가장 뛰어난 연구 시설을 보유했다는 도요타가 사람들만 모아 놓은 이유는 무엇일까? 좋은 엔진을 빨리 만들기 위해 도요타가 가장 중요하게 여긴 것이 커뮤니케이션이었기 때문이다. 도요타 내부에 이미 더 좋은 엔진을 개발할 설비나 인력 자원은 충분하기 때문에 이미 존재하는 자원을 모아 어떻게 좋은 아이디어와 계획을 빨리 만들어 내느냐가 성공의 관건이라는 것이다.

기술관리부 야하기 마사히코씨는 "이곳의 시설은 미팅 공간, 생각 공간, 지식 카페 등 각 부서 엔지니어들의 지혜를 집결하기 위한 공간을 만드는 데 집중했다"고 설명했다.

삼성전자·현대차 등 의사결정이 빠르다는 조직을 연구한 도요타가 내린 결론은 두 가지였다. 첫 번째는 업무에 필요한 모든 조직을 한 건물에 모아 아이디어 수립부터 최종 결정까지 '원스톱'으로 가능하게 만든다는 것이었다. 두 번째는 필요 안건이 있을 때

수시로 모였다 흩어지는 '태스크포스'를 도요타 방식으로 더 강화한다는 것이었다.

　이틀 간의 방문에서 도요타는 자신들의 대단함이 아니라 지난 위기에서 무엇을 배웠는지를 끊임없이 설명하려 했다. 그 노력은 그들이 보여주는 전략, 신제품, 공장, 연구소 그리고 말단직원부터 최고 임원의 언동에 그대로 배어나왔다. 세계시장을 장악하겠다는 혼네(속마음)를 숨긴 일본 특유의 겸손일까? 아니면 끊임없이 배우고 노력하는 마음가짐을 알리고 싶어서였을까? 한 가지 확실한 것은 위기를 통해 배우는 도요타 특유의 진화 능력이 점점 더 강해지고 있다는 것이었다.

(2013. 4. 13. 조선일보)

구조조정과
경영혁신

구조조정과 경영혁신

기업전략의 중요한 요소인 리더십과 기업문화의 중요성은 경영혁신을 통해 구조조정과 조직학습이 이루어지는 과정을 보여준다. 즉 어떻게 구조조정과 경영혁신이 이루어지는지 살펴본다.

① 구조조정

한국경제의 저성장과 제조업의 해외활성화 방안으로 주요 구조조정의 요인이며 따라서 성공 및 유형별 과정을 알아본다.

1) 구조조정의 원인

과거 한국경제와 기업이 구조조정을 겪게 된 가장 중요한 이유는 각종 사회 경제적 시스템에 있었다. 한국경제가 구조조정을 겪게 한 시스템은 다음과 같다.

첫째, 정부의 과도한 규제이다. 한국정부의 비효율성과 각종 규제는 산업과 기업에 많은 비효율성을 낳고 부정부패의 산실이 됐다. 예를 들어 공장설립에 관한 중복된

규제는 미국기업 또는 국내기업들에게 많은 시간과 비용으로 작용했다.

둘째, 금융기관의 비효율적 대출은 기업부실의 원인이 됐다. 금융기관의 부실화와 기업의 비효율적인 투자는 자본비용조차 회수하지 못 하는 사태에 이르기도 했다.

셋째, 관료주의적 기업조직과 문화는 글로벌경제에 영향을 미쳤다. 특히 성과와 능력보다 연공서열을 중시하는 보수적 기업문화와 신속한 의사결정이 어려운 조직구조가 발전의 장애물이 되었다.

외환위기로 인한 구조조정

(1) 대외적 요인

태국에서 시작된 외환위기는 대만을 거쳐 우리나라에도 위기를 불러왔다. 국제금융투자자들이 동아시아 관련 포트폴리오를 하나로 생각하였기 때문이다. 태국이 위험해졌으므로 대만도 위험해지며, 한국 역시 경제가 취약한 상태라고 판단하게 된 것이다. 외환위기는 동아시아에 투자한 포트폴리오 자체를 줄이는 과정에서 우리나라에 투자한 자금이 빠져나가게 되고 외환유동성을 부족하게 만들었다. 그리고 국제금융투자자들은 우리나라 경제의 높은 수익률을 보고 투자하였으며, 또한 주변 동아시아 국가들의 악화된 경제상황과 취약해진 외환보유고로 인하여 우리나라의 외환위기가 발생하였다.

(2) 대내적 요인

① 기업의 과잉차입 과잉투자

대내적 요인 중 하나는 대기업의 과다차입 과잉투자이다. 기업들은 자산 수익률 3% 이하인 상태에서 기업 구조조정에 스스로 착수해야 함에도 불구하고 외형성장을 중시하며 자본시장 개방과 함께 차입을 늘려 투자를 과다하게 하였다. 은행을 통한 차입만으로 부족하여 종합금융회사를 설립하여 단기로 자본을 과다 차입해 장기

실물투자를 늘려, 국가경제 전체 외환시장의 만기 불일치구조가 심화되었다. 환율이 낮은 상태에서는 과다차입을 하여도 기업은 성장하였으나, 반대로 투자과잉에 따른 물가상승과 실질환율 하락은 경상수지의 지속적인 적자를 초래하였다.

② 정부의 정책 실패

정부의 자본시장 개방 및 외환과 관련된 정책 실패이다. 정부는 단기 자본시장을 우선적으로 개방하고 장기 자본시장을 단계적으로 개방하는 지침을 세웠다. 즉 단기 차입의 경우에는 규제가 거의 없는 반면 장기차입에는 규제가 많이 들어갔다. 이에 따라 우리나라 기업 및 은행들은 단기로 외환을 많이 차입하고 장기 투자하며 외환의 만기구조가 불일치하게 될 수밖에 없었다. 단기 부채가 많은 상태에서는 외국인이 다시 롤오버를 해주지 않는다면 외환유동성 위기에 처하게 되고 외환위기로 이어지게 되는 것이다. 또한 정부는 대외 총지불부담(경상적자+단기외채)에 해당하는 최소한의 외환보유고도 확보하지 못한 상태였으며, 외환의 유출입규모를 파악조차 못하고 있었다. 이러한 정책적 요인은 외환위기가 발생하는 요인으로 작용하고 외환위기에 정부가 적극 대처할 수 없도록 만들었다.

③ 금융기관의 문제점

개발경제시대부터 외환위기 이전까지 은행들은 정부의 정책금융 지시에 의해 기업에게 대출하는 관행을 유지해 왔다. 1980년대 이후로 관행이 완화되었지만 은행들은 정부가 대기업이 위기에 처할 경우 구제할 것이라는 믿음을 여전히 갖고 있었다. 이에 따라 금융기관들은 대기업에 대한 여신심사를 엄격히 하지 않고 단기외화 차입을 늘려 대기업에 대출을 늘렸다. 이로 인해 부실 대출이 많아졌으며 경기가 악화되자 충당금이 부족한 은행들은 유동성 위기, 지급능력 위기로 이어지게 된 것이다.

🌐 현대중공업 구조조정 원인

전 세계적인 경기침체로 무역량이 감소하면서 해운사의 물동량이 감소하였고 따라서 해운사들이 신규선박을 발주하지 않으면서 조선업 전체의 발주물량이 급감했다. 2000년대 중후반 유례없는 조선시장 호황 때 우리나라와 중국이 경쟁적으로 설비를 확충하여 현재 과잉투자가 되어있는 상태에서 조선 불황이 찾아왔다는 데에 있다. 설비와 인력은 넘치는데 일감이 줄어드니 자연히 위기가 발생한 것이다. 현대중공업을 비롯한 국내 3대 조선사들은 호황기 일때는 짧은 기간 내에 품질 높은 배를 건조할 수 있었기 때문에 높은 가격에도 발주가 끊이지 않았다. 하지만 수주잔고가 적은 상황에서는 일부 특수선박을 제외하면 중국의 저가 수주에 대해 큰 비교우위가 없는 상황이다. 중국 조선업도 큰 위기를 겪고 있지만 자국의 발주량으로 어느 정도는 버티고 있는 형국이다. 또 다른 원인을 국내 조선3사가 해양플랜트라는 새로운 분야에 뛰어들면서 비용을 정확히 예측하지 못해 저가수주로 인한 큰 손실을 보았고 이것이 누적된 것이다. 최근 대우조선해양 등 조선3사의 단기순손실의 주요원인은 바로 해양플랜트사업의 실패였다. 요컨대 현대중공업의 위기는 해양플랜트사업의 실패와 전 세계 조선시장 침체로 인한 일감 부족 즉, 수주량 감소에 있다.

위에서 본 바와 같이 구조조정은 제도의 전반적 혁신을 기본으로 한다.

2) 구조조정의 방법

구조조정은 각 기업마다 여러 종류의 구조조정이 특색 있게 진행된다. 여기서는 성공적 구조조정을 실시한 대표적 기업 GE를 사례로 설명하였다.

GE의 구조조정을 살펴보면 한번에 모든 변화를 시도하지 않고 시차를 두어 각각의 유형별 구조조정을 추진한다. GE의 구조조정의 4단계 추진과정은 다음과 같다.

첫째, GE의 구조조정은 최고경영자의 교체로부터 시작된다. 일반적으로 다른 기업들 역시 구조조정을 추진할 때 기업전략수정과 사고 패러다임 변화를 위해 최고경영자를 교체한다.

둘째, Jack Welch는 회장이 된 후, 우선적으로 시장 점유율이 낮은 사업은 모두 매각하고 매각대금을 세계시장 점유율 1위, 2위 사업파트를 키우기 위한 인수합병 자금으로 사용했다.

셋째, 사업구조조정을 추진한 뒤, Jack Welch는 조직개편을 신속히 진행했다. 그룹 기획조정실에 해당하는 조직을 정리했다. 또한 모든 권한을 사업부장에게 위임했고 직원들이 중복업무는 피하고 많은 사업단위를 직접 관리하도록 책임과 권한을 확실히 했다.

넷째, 기업문화를 혁신했다. Jack Welch는 동기부여를 위해 워크아웃제도를 도입했고 능력위주의 기업문화를 위해 관리자들에게 업적별 보너스를 지급했다.

② 사업 및 재무구조 조정

한국기업들의 재무건전성과 관련지어 경쟁력을 높이기 위해 사업 구조 조정과 재무 구조 조정을 달성한 성공한 기업들의 사례를 살펴본다.

1) 한국기업의 구조조정

한국기업은 외환위기 때 처음으로 대규모의 구조조정을 겪었다. 부실한 금융기관을 퇴출하거나 은행 간 합병을 시켰다. 정부는 각종 인허가 규제를 완화했고 기업퇴출 및 구조조정을 진행시켰다. 이런 활동을 통해 부채비율을 낮추고 지급보증을 해소했다. 외환위기 때 구조조정을 계기로 한국기업들은 재무건전성을 높였고 2008년 글로벌 경제위기 때 위기극복에 도움이 되었다.

2) 사업구조조정과 재무구조조정

사업구조조정과 재무구조조정은 상호 관련적이며 동시에 발생한다.

사업구조조정의 일환으로 일부사업을 매각하거나 부실기업을 퇴출하는 것은 재무구조를 개선하는 효과가 있다. 또한 사업구조조정은 기업의 신용도를 높여 자금조달비용을 감소시킨다.

외환위기 이후 성공적으로 사업구조조정과 재무구조조정을 달성한 기업들의 사례는 다음과 같다.

첫째, 기업들은 돈이 되는 우량기업을 매각해야 한다. 사업구조조정이 늦게 진행되는 기업들은 대부분 이익을 보는 사업의 매각보다는 손실을 보는 부실기업만 매각하려는 경향이 있어 구조조정을 가지는 시간이 지체되면 기업이 큰 치명타를 입을 수도 있기 때문에 수익성과 전망이 좋은 사업을 매각해 구조조정을 해야 한다.

둘째, 부실기업은 모두 정리해야 한다. 다만 부실기업을 정리하는 과정에서 '감정적 측면'을 배제하고 기업가치에 입각해 정리를 해야 한다. 모태기업인 것, 본사사옥, 최고경영자의 애착 등이 감정적 측면이다.

셋째, 기업은 성격이 유사한 사업 등을 통폐합시킨다. 유사업종 통폐합은 인력감축과 비용절감에 많은 도움이 되며, 그 동안 불필요하게 확장시킨 사업을 통합해 핵심역량을 집약시킨다.

넷째, 기업들은 이상과 같은 사업구조조정과 재무구조조정의 결과를 현금이 확보되고 재무구조가 개선되어 금융비용을 낮춘 다음, 새로 확보한 자금을 자신의 핵심사업부문에 투자해야 한다. 사례로 두산그룹은 구조조정 결과, 확보된 현금을 한국중공업 인수에 사용했고 한화그룹은 자산매각으로 얻은 자금을 석유화학사업에 투자했다. 대상그룹은 식품사업을 집중 투자했다.

3 조직구조조정

정보기술의 발달로 조직의 단순화 효율화로 수평적 관계로서 고품질의 제품을 고객에게 빠르게 다가갈 수 있는 방법을 알아본다.

1) 조직 간소화

관료주의화가 되면 신속한 의사결정이 이루어지지 못한다. 조직의 비대화는 급변하는 시장상황에 신속히 대처하기가 어렵다. 최근 기업들 사이에 팀 조직이 확산되면서 중간 관리층의 감소추세가 이를 반영한다. 조직의 최상위와 최하위의 단계가 간소화되는 것은 정보기술(Information Technology)이 발달함으로써 가능했다.

과거 대부분의 기업들은 장기 전략계획을 두꺼운 책자로 제작했으나 현재는 보고서 형식으로 주요산업의 동향, 경쟁자의 동향 등 한 페이지로 대체시켰다. 비핵심활동분야의 아웃소싱도 크게 일어나고 있으며, 조직을 단순화시켜 효율을 증대시키고, 독립한 부서도 업무전문화로 효율성을 증가시키는 장점이 있다.

현재 한국기업이 추구하는 구조조정 중 가장 중요한 요소는 조직 간소화다. 조직 구성원 간의 수평적 관계를 강조하는 팀 조직으로 변화하고 있으며, 팀의 구성원이 동등한 지위를 갖고 주요 업무를 수행하는 수평적인 조직을 말한다.

팀 조직이 대세인 오늘날 기업 환경의 변화에서 그 이유를 찾아볼 수 있다. 현대사회에서 기술은 빠른 속도로 발전하고 있으며 시장이 개방되고 경쟁이 더욱 치열해져 신속하고 낮은 가격에 높은 품질의 제품과 서비스를 제공해야 기업들이 경쟁에서 살아남을 수 있다. 고품질의 제품을 신속하게 생산할 수 있는 기업들이 계속 나타남에 따라 이들 기업들보다 유리한 방향으로 신속하게 대처하는 방법을 팀 조직에서 찾고 있는 것이다.

2) 업무 재구축

리엔지니어링은 기존의 업무방식에서 탈피해 업무를 재구축하는 것이다. 현재의 업무방식에서 벗어나 새로운 업무방식을 도입하는 것이며 프로세스, 기업이 고객에게 제품이나 서비스를 제공하기 위해 모든 과정의 업무방식을 재검토 하는 것이다. 리엔지니어링 이론은 고객을 만족시키고, 높은 품질의 제품을 더 낮은 가격에 더 빠르게 제공하는 의미를 갖는다.

4 기업의 핵심과 변화

조직역량을 강화시키기 위해서는 학습방법을 공유하며 배우는 것이지만 기업의 핵심과 변화에 영향을 미치는 것은 벤치마킹이다. 벤치마킹을 해야 하는 이유와 성공하기 위해서는 어떤 전략들이 필요한지 살펴본다.

1) 학습조직의 특성

학습조직(Learning Organization)은 말 그대로 조직이 학습을 한다는 것이다. 구성원들은 원하는 성과를 달성하기 위해 지속적으로 조직역량을 확대시키고, 새롭고 포용력 있는 사고능력을 함양해 학습방법을 서로 공유하며 지속적으로 배우는 조직이다. 미국의 GE, Motorola, Xerox는 이런 학습조직개념을 일찍부터 중요시했다.

Linda Morris는 학습조직의 특성을 다음과 같이 정의했다.

첫째, 개인의 학습과 발전은 조직의 학습과 발전으로 직결된다.
둘째, 조직의 창의성과 순발력을 향상 시킨다.
셋째, 조직 전체의 학습은 업무프로세스 개선의 영향을 준다.
넷째, 네트워킹과 정보통신네트워킹은 조직이 학습하고 성과를 높이는 도구다.
다섯째, 시스템적 사고는 학습조직의 기본적 사고방식이다.
여섯째, 조직의 현재 위치 및 미래의 방향에 대해 비전을 제시한다.
일곱 번째, 학습조직은 계속 자신을 변화시키며 성장한다.

정리해보면 학습조직은 직원들에게 무엇을 해야 하고 왜 그것을 해야 하는지를 이해시키기 위한 주요 프로세스이다.

2) 벤치마킹

① 벤치마킹을 하는 이유

벤치마킹(Benchmarking)은 뛰어난 기업을 찾아내 그 기업의 기술을 학습하고 기업의 사례를 통해 배우는 것이다. 예를 들어 GE는 DEC로부터 자산관리기법을 배웠고, Honda로부터는 제품개발기법, Hewlett Packard로부터 품질개선방법, American Express로부터 고객만족기법을 배웠다. 벤치마킹을 하는 이유는 다음과 같다.

첫째, 전략적인 목적으로 사용된다. 여러 분야의 정보를 수집하는데 유용한 도구로 사용할 수 있다.

둘째, 시장변화를 예측할 수 있게 한다. 관련 사업 분야의 동향을 예측할 수 있다.

셋째, 새로운 아이디어를 만들어 낸다.

넷째, 경쟁업체 또는 초우량기업의 제품과 비교해 향상방법 등을 파악할 수 있다.

다섯째, 초우량기업들의 경영성과를 파악함으로써 조직이 추구할 적절한 목표를 설정하는데 도움을 줄 수 있다.

아울러 벤치마킹에는 내부벤치마킹, 경쟁자벤치마킹, 그리고 기능적벤치마킹 등 세 가지 유형이 있다.

② 벤치마킹 성공 요인

벤치마킹은 경쟁업체의 경영방식을 면밀히 분석해 경쟁업체를 따라잡는 전략을 의미한다. 의미 있는 벤치마킹을 위해서는 세 가지 전략이 필요하다.

첫째, 잠재적 경쟁자의 파괴적 혁신을 경계해야 한다. 현재의 선두기업을 경쟁자로 삼는 것도 중요하지만, 경쟁자로 부상할 잠재기업이나 신흥시장을 살피는 일도 벤치마킹을 위해 필요하다. 새롭게 부상하는 신흥 시장 연구를 통한 '역혁신'이 그 예일 것이다. GE에서 혁신 컨설턴트로 일했던 미국 다트머스대의 비제이 고빈다라잔 교수는 그의 공저 '리버스 이노베이션(역혁신)'에서 "벤치마킹은 신흥 개발국이 선진국을 모델로 진행하는 것처럼 혁신은 선진국에서 시작돼 신흥 국가로 흘러가는 것이 일반적 흐름이었지만 현재는 글로벌기업일수록 이와 반대의 역혁신을 해야 한다"고 했다.

둘째, 전혀 다른 분야의 성공 전략을 배워야 한다. 동종업계의 선두기업은 많은 관심과 주목을 받는다. 하지만 경쟁자들의 시야에서 벗어나 있는 전혀 다른 업종의 성공 노하우를 참고하면 창의적인 전략을 창출할 수 있다. 최근 통신업계의 보조금 과잉 경쟁에 대한 당국의 제재로 통신업체들의 경쟁이 보조금 경쟁에서 서비스 경쟁으로 바뀌고 있다. 고객 서비스라는 측면에서 국가고객만족도 조사(NCSI)에서 영화관 업계 6년 연속 1위에 오른 CGV 같은 회사의 '고객 세분화 맞춤형 서비스'에서도 참고할 요소들이 있다.

셋째, 철저히 준비해야 한다. 벤치마킹은 단순한 모방이 아니다. 벤치마킹 실시 이전에 비교 회사의 발전단계 등 회사 간 정황(context)차이에 대한 사전이해가 필요하다. 또한 팀원을 다양한 가치관을 지닌 인원으로 구성하고 통합적이고 균형적인 의사결정을 도출해야 한다.

🌐 벤치마킹 성공사례

☁ 현대카드

현대카드는 타 회사들이 시도하지 않았던 분야를 개척하며 성장했다. 다른 느낌의 광고, 포인트 선지급 방식, 신용카드에 디자인 개념 도입, 대형 콘서트를 포함한 문화 행사 등 신선한 전략과 고객을 놀라게 한 문화와 경영방식을 도입하였다. 또한 새로운 시각에서 다른 기업과 산업에서 벌어지는 혁신적인 전략과 관행을 관찰하고 이를 현대카드의 문화에 맞게 접목시킨다는 것이다. 이러한 노력들이 모여서 고객가치를 향상시키고 현대카드라는 브랜드 이미지로 전환할 수 있었다.

☁ 도요타 자동차

미국에서 적극적으로 벤치마킹을 활용하여 성공한 사례는 일본의 도요타 자동차이다. 도요타는 2차 대전 이후 핵심인력을 미국에 보내 제조업 생산 프로세스를 모니터하고 배워오도록 했다. 그리고 일본문화에 맞추어 적응시키고 발전시켜 고객제일주의로 도요타는 '웨이'를 개발했고 환경재단과 함께 사회공헌활동을 통하여 자동차 산업을 선도하는 기업으로 발전시켰다.

제록스

1960년에 발매된 제록스사의 '914제로그라피 복사기'는 미국 역사상 가장 성공적인 제품으로 꼽힌다. 제록스사는 복사기 산업의 개척자로서 1980년대를 기준으로 볼 때 복사기 산업전체 매출액의 60%를 차지하고 있었으나, 이것은 1976년 82%에서 대폭 감소된 수치이다. 미국 기업의 코닥, IBM, 3M에 비해, 1980년대 일본기업의 미놀타, 리코, 캐논, 도시바 등의 제조원가는 매우 낮아졌다. 특히 일본기업은 제록스사의 50% 수준에서 제품을 생산하여 미국보다 경쟁력에서 앞서갔다. 당시 미국의 CEO인 데이비드 컨즈(David Kearns)는 사업효율화로 명명된 프로그램을 사용하고, 종업원 참여와 벤치마킹으로 일본업체로부터 시장을 회복 성공시킨 최초의 미국업체가 되었다.

요약

기업전략의 중요한 요소인 리더십과 기업문화의 중요성은 경영혁신을 통해 구조조정과 조직학습이 이루어지는 과정을 보여준다. 구조조정의 원인은 각종 사회경제적 시스템에 있다.

첫째, 정부의 과도한 규제다.
둘째, 금융기관의 비효율적 대출은 기업 부실의 원인이 됐다.
셋째, 관료주의적 기업조직과 문화는 글로벌 경제에 영향을 미쳤다. 특히 성과와 능력보다 연공서열을 중시하는 보수적 기업문화가 발전의 장애물이 됐다. 글로벌시대에는 이런 근본적인 구조조정을 혁신시켜야 발전할 수 있다.

Jack Welch는 GE의 구조조정을 최고경영자의 교체로부터 시작했다.
낮은 사업은 모두 매각하고 경쟁력 있는 세계 1위, 2위 사업파트를 키우기 위해 매각대금을 인수합병 대금으로 사용했다. 이후 조직개편을 신속히 진행시켰고 능력 있는 관리자에게는 업적별 보너스를 지급하는 등 능력위주의 조직문화에도 힘썼다.

토의 과제

1. 한국경제와 기업이 구조조정을 겪게 된 가장 큰 이유는 무엇인가?

2. Jack Welch 회장의 구조조정에 대해 논의해 보라.

3. 구조조정이후 한국기업이 달라진 점은 무엇인가?

4. 성공적인 벤치마킹의 사례를 찾아보자.

1등 기업 GE는 왜 無名의
삼성전자를 벤치마킹했을까

삼성전자가 순항을 거듭하고 있다. 올 1분기(1~3월)의 매출과 이익 규모가 작년 1분기 실적을 뛰어넘을 것으로 예상되면서, 사상 초유 실적을 올릴 것이라는 때 이른 분석도 나오고 있다. 이런 성과에 힘입어 '왜 삼성이 강한가?'라며 삼성을 배우려는 세계 경제계의 움직임도 활발하다.

그런데 삼성이 오늘날처럼 성과를 내지 못하고 있던 1990년대 중반에 한 초우량 글로벌 기업이 삼성에 각별한 관심을 갖고 연구하려 했다면 믿을 수 있겠는가. 누구도 삼성에 주목하지 않던 1996년, 삼성전자의 행보를 예사롭게 보지 않고 벤치마킹하려는 회사가 있었는데, 바로 당대 최고 기업인 GE였다. 모두가 GE를 벤치마킹하고 있던 그때, GE의 최고경영자였던 잭 웰치는 오히려 삼성의 잠재력을 간파하고 배우고자 했다.

◇ 잭 웰치 "삼성의 행보가 심상치 않다. 배워 오라"

당시 삼성전자는 '신(新) 경영' 기치를 내걸고 질(質) 경영, 글로벌 경영을 추구하며 내부적으로 혁신에 박차를 가하고 있었다. 하지만 밖에서 보기에는 그저 반도체 부문에서 업계 평균을 웃도는 정도의 성과를 내고 있을 때였다. 그런데도 잭 웰치 회장은 삼성의 성장 가능성에 주목했다.

"한국의 삼성이란 기업 행보가 심상치 않다. 지금은 미약하지만 분명 머지않아 세계적 기업으로 발돋움할 가능성이 충분하다. 한국으로 가서 그들의 원동력이 무엇인지, 우리가 그들에게 배워야 할 것이 무엇인지를 찾아보라."

잭 웰치 회장의 지시에 따라 GE의 임원들이 한 컨설팅 회사의 팀과 함께 서울을 방문했고, 필자는 삼성전자의 글로벌 마케팅 팀장으로 그들과 삼성전자 간 창구 역할을 맡았다. 당시 우리는 일본의 전자회사들을 벤치마킹하기에 급급하던 때였는데, 하늘같이 여기던 초우량 글로벌 기업 GE가 도리어 삼성을 알고 싶다고 나서니 그저 얼떨떨하기만 했다. 그들은 서울을 방문한 후, 미국을 비롯한 주요 해외 거점에 나가 있는 삼성전자 책임자 인터뷰도 부탁했다. 미팅이 끝난 다음에는 자기들의 소감까지 피드백 해 주었다. 그들은 "임직원들의 조직 몰입도, 뛰어난 현장 대응 능력과 스피드에서 삼성의 미래를 보았다. 무엇이 임직원들을 그렇게 만들었는지 궁금하다"며 삼성의 연수원과 교육 시스템을 더 살피기도 했다.

◇ 앞으로 잘할 기업에 주목한 GE

흔히 벤치마킹이라고 하면 지금 잘하고 있는 기업, 즉 선두 기업의 전략과 기법을 익히고 활용하는 것을 의미한다. 그러나 잭 웰치 회장은 지멘스나 소니, 즉 '당시 잘하고 있던 기업'이 아니라 아무도 특별한 관심을 보이지 않던 삼성을 '앞으로 잘할 기업'으로 보고 그 역량을 분석하고 벤치마킹하며 한 수 앞을 내다보는 행보를 택한 것이다. 지금 생각해 보면 클레이튼 크리스텐슨 하버드 경영대 교수가 '파괴적 혁신(disruptive innovation·기존 제품의 성능에 미치지 못하는 간단하고 저렴한 제품으로 새 시장을 개척하는 전략)'을 논하기 이전부터 잭 웰치 회장은 이 파괴적 혁신의 가능성을 보았던 것은 아닐까?

많은 기업이 현재의 강자들에 비해 상대적 우위를 지키기 위해 그저 기존 게임 룰 안에서 '존속적 혁신(sustaining innovation·기존 제품을 개선해 고객을 공략하는 전략)'에만 관심을 가지고 경쟁자들을 벤치마킹하기에 바쁠 때, 잭 웰치는 삼성과 같은 한국 기업의 미래를 보았다. 당시 글로벌 시장에서 이룬 성과는 대단하지 않았지만 머지않아 미국, 유럽, 일본의 기업들과 경쟁하며 파괴적 혁신을 성공적으로 시행할 것으로 내다본 것이다.

◇ 자기보다 못한 기업과 시장에서 배울 점을 찾아라

현재 존재하지 않거나 알려져 있지 않아 경쟁자가 없는 유망한 시장을 가리켜 '블루오션'이라고 하는데, 블루오션을 먼저 발견하고 차지하는 것은 성공의 중요한 부분이다. 벤치마킹하는 데도 블루오션이 있다면, 아무도 쳐다보지 않던 삼성을 벤치마킹한 GE의 행보가 그런 것이 아닐까? 이런 잭 웰치 회장의 DNA는 2001년 후임 CEO로 선임된 제프리 이멜트 회장에게 '역(逆)혁신 전략(reverse innovation)'으로 계승되었다.

이멜트 회장이 제창한 역혁신은 신흥시장의 '저비용 비즈니스 모델'을 선진국 시장에 적용하는 것으로 선진국의 고급 제품을 단순히 현지화시켜 신흥 시장을 공략하던 옛날 방식을 뒤집어 이제는 신흥시장에서 먼저 혁신을 하자는 것이다. 그는 "거대 글로벌 기업에 역 혁신은 이제 선택 사양이 아니라 필수"라고 강조했다. 예컨대 GE는 중국에서 개발한 휴대용 초음파 진단 기기가 선풍적 인기를 끌자 이를 좀 더 정교하게 개발해 미국 시장에 내놨는데 대성공을 거뒀다.

역 혁신은 파괴적 혁신에 능한 신흥국의 역량을 활용하여 제품 개발 단계에서부터 사업을 구축하고, 그 후 선진국에서 사업 전개를 꾀하는 것이다. 누구도 주목하지 않았던 삼성을 '앞서' 벤치마킹한 GE, 그리고 선진국이 아닌 신흥 시장에서 배우는 역 혁신은 모두 지금까지 보고 배웠던 것, 그리고 지금까지 당신을 성공으로 이끌었던 것에서 벗어나야 한다는 생각에서 출발한다. 1등 기업이 영원히 1등일 수 없는 비즈니스 세계에서 GE가 초우량 글로벌 기업으로 우뚝 서 있는 것도 이런 남다른 벤치마킹, 그리고 신흥 시장에 착안한 역 혁신과 무관하지 않을 것이다. 지금까지 이룬 성공에 안주하지 말고 끊임없이 세상의 움직임을 주시하자. 어떤 기업이 새로 뜨고 있으며 왜 떠오르는지, 아직 발전이 뒤처진 신흥 시장에서도 배워 올 것은 없는지를 말이다. 치열한 글로벌 경쟁에서 지속 가능한 성공을 하려면 기업들은 자기보다 못한 기업과 시장에서도 배우려는 자세가 필요하다.

(2013. 4. 11. 조선일보)

네트워크형
조직구조

네트워크형 조직구조

수평적 네트워크 조직은 다양한 아이디어와 빠른 의사결정으로 이루어지며, 방사형 조직 또한 전문 업체에 모두 일임을 하는 방식이다. 네트워크 조직은 미래창조형 조직구조로써 구체적인 내용들을 알아본다.

① 정 의

네트워크 조직(network organization)은 조직구성원 개개인의 전문적 지식에 근거한 자율권을 기초로 개인능력 발휘의 극대화를 위한 신축적인 조직운영 방식이다. 또 각 개인의 전문성에 따라 이를 바탕으로 전문가들로 구성하고, 기능 및 사업부문 간의 네트워크로서 조직의 수평화를 이룰 수 있다. 네트워크 조직에서는 의사결정이 빠르기 때문에 시간을 최소화 할 수 있는 핵심 업무를 동시에 수행할 수 있다는 것이다. 즉 네트워크가 기업의 경쟁력을 갖는 데 중요한 요소라는 점이다.

② 네트워크 조직의 유형

네트워크 조직에는 다양한 아이디어와 빠른 의사결정, 전문업체에 하청을 주어 일의 효율성을 가져다 주는 등 각 조직 유형들의 특징을 알아본다.

1) 수평적 조직

수평적 네트워크 조직을 도입할 경우 다양한 아이디어와 빠른 의사결정이 이루어진다. 제품에 대한 고객들의 충성기간이 짧아진 현 상황에서 창의성과 스피드가 경쟁력을 유지하는 관건이라고 보면 틀림없다. 수평적 조직에서는 노동의 질적 유연성이 높기 때문에 사원이 팀장에게 아이디어를 바로 제시할 수 있기 때문에 업무처리 속도가 빨라진다. 한 번에 두 세가지 업무를 처리하는 멀티플레이를 육성하는 것도 상대적으로 용이하다.

따라서 성공적인 기업의 사례를 보면 기업의 조직형태가 수직적인 관계에서 수평적인 관계로 급격하게 변화되고 있다. 이 조직변화가 주는 의미는 과거에는 연공서열로 직무가 주어졌지만, 현재는 누가 먼저 새롭고 창의적인 아이디어를 낼 수 있느냐에 따라 직무가 주어지는 것이다. 이러한 변화를 조직이 얼마나 수용하느냐에 따라 기업 경쟁력이 결정되는 것이다.

2) 역 피라미드 조직

기존의 피라미드 조직에서는 다양한 아이디어가 나오기 힘들다는 게 학계의 정설이다.

직급에 따라 업무범위가 정해져 있기 때문이다. 그렇지만 역 피라미드 조직은 고객의 의사를 경영에 적극 반영해야 한다는 사명감으로써 고객의 기대, 만족중시, 유기적인 관계라는 특징을 가지고 있다.

또 이러한 역 피라미드 조직도 단점을 가지고 있는데 간부직 수가 하위직보다 많아지는 등 '조직의 기형화' 현상이 나타나고 있다는 것이다.

이러한 역 피라미드형 조직으로 인하여 하위직 근로자는 점점 더 줄어들고 있는 추세이고 중·하위직 직원들의 업무가 하향화되고 업무효율이 떨어지는 등 문제점이 노출되고 있다.

🌐 노드스트롬 조직구조

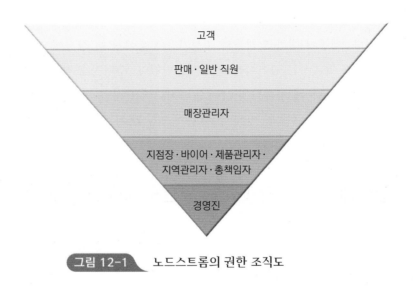

그림 12-1   노드스트롬의 권한 조직도

노드스트롬 조직은 '역 피라미드'로 이루어져 있다. 가장 윗 부분이 고객이며 그 아래는 판매직원, 매장관리자, 지점장, 지역관리자, 총관리자로 구성된 층이 형성된다. 가장 밑부분은 오너 일가로 구성된 사장집단, 회장, 이사회 등이 차지하고 있다. 노드스트롬에서는 매장관리자로부터 회장까지 한결같이 현장의 판매직원들을 지원하고 존중한다. 사실상 고객만족을 실천하는 사람들은 현장판매직원들이기 때문이다. 그들은 권한과 책임을 가지고 고객을 감동시킨다. 일정 한도 내에서 결재 없이도 환불과 교환, 지출도 할 수 있는 권한이 주어진다. 따라서 직원들이 고객감동을 위한 서비스를 제공하는데 부족함이 없도록 돕는 역할을 하는 것이 바로 관리자, 임원, 사장이다. 역 피라미드 조직구조는 고객중심 경영조직으로서 고객을 감동시킨다. 미국의 노드스트롬 백화점은 역피라미드 구조로 성공한 기업이다.

3) 방사형 조직

네트워크에 가입하는 기업들은 그 기업의 핵심역량을 가진 활동에만 주력하고 각각 다른 핵심역량을 가진 기업들과 제휴를 통해 연결되어 있다. 예를 들어 과거에는 한 제조업체가 생산과 디자인, 판매의 활동을 동시에 수행을 했지만, 네트워크형 기업조직에서의 제조업체는 전문 업체에 하청을 주며 판매역시 판매를 전담하는 기업에, 즉 부품생산기업, 기술제휴기업, 신제품개발기업, 해외부품 공급기업 등 모든 기업에 일임하는 형태이다.

③ 네트워크형 조직구조

환경변화에 주도적으로 경쟁력 있는 기업으로서 거듭나기 위해서는 환경변화에 적극적으로 대응하며 자율적인 변화를 수행할 수 있게 하기 위한 조직구조가 필수적이다.

미래기업에 있어서 가장 중요하게 여기는 것은 유연성과 효율성이다. 유연성이란 필요에 따라 탄력적으로 변화할 수 있는 정도를 의미한다. 조직은 주어진 환경에 대응하기 위해 전략을 강구하게 되고 그런 것들이 경영상 효과적임을 알게 되면 계속해서 사용하게 된다.

기업의 성장을 도왔던 핵심역량도 변화하는 환경에 맞추어 탄력적으로 조종되지 않으면 새로운 환경에 적합하지 않게 된다. 지난 100년 이상 생존하고 성장해왔던 성공적인 기업의 연구결과를 보면, 이들 기업이 가진 중요한 특성 중의 하나가 환경의 변화에 따라 탄력적으로 변화하는 유연성이었다.

과거 강력한 기업으로 성장하는데 핵심적 역할을 했던 기업도 더 이상 유효하지 않는 이유는 경직성에서 벗어나지 못했기 때문이다. 따라서 조직이 지속적으로 유연성을 갖도록 노력하는 것이 중요하다. 이를 위해서는 규모가 비대해진 기업들이 불황을 이겨내기 위해서는 기업 내의 유사부문을 통폐합하고 간접부문을 과감하게 축소하고 불필요한 업무를 제거해야 한다. 따라서 가장 중요한 핵심역량부문에 경영자원을 집중하고 비핵심부문에 대해서는 아웃소싱, 전략적 제휴 등을 효과적으로 수행할 수 있는 네트워크형 조직구조가 필요한 것이다.

네트워크형 조직구조는 기술의 발전과 경쟁의 가속화 등에 대응하여 한 기업이 계속적으로 경쟁을 유지해 나갈 수 있는 것이다.

따라서 네트워크형 조직은 상호협조를 통해 시너지 효과를 얻기 위한 수평적 개념의 조직이다.

④ 네트워크 조직의 장·단점

네트워크 조직은 여러 가지 측면에서 특징이 있는 조직이며, 장·단점은 다음 〈표 12-1〉과 같다.

표 12-1 네트워크 조직 장·단점[1]

네트워크 조직	
장 점	단 점
• 경쟁력 강화 촉진 • 혁신의 촉진 • 세계시장의 접근기회 제공	• 잠재적 경영자 양성 가능성 • 네트워크에 의한 기업활동의 종속

---

1) 송병선 외, (2010), 전략경영, 청람.

네트워크 조직의 장점

① 경쟁력 강화촉진

네트워크 조직에서는 전략적 핵심 업무가 구성원 각자의 전문지식, 경험, 정보 활용능력을 바탕으로 상호 유기적인 협조속에 수행되며 중요한 의사결정 역시 팀에서 자율적으로 수행됨으로써 시장 환경에 신속하고 정확한 대응이 가능해진다. 네트워크 조직의 또 하나는 이렇게 경쟁우위가 있는 부문은 강화하고 그렇지 않은 부문을 외주로 주어 경쟁력을 강화시키는 전략을 구사할 수 있다. 예를 들면 닌텐도(Nintendo)는 중요한 소프트웨어 디자인과 마케팅 업무는 자체적으로 해결하고 있다. 그러나 70%에 달하는 그 외의 개발업무는 모두 외부의 소프트웨어 전문회사에게 맡기고 있다. 또한 세계적인 신발회사인 나이키나 리복도 연구개발과 디자인 그리고 마케팅은 자사에서 담당하고 생산은 철저히 아웃소싱(Outsourcing)전략에 입각한 OEM방식에 의한 외주에 의존하고 있다.

② 혁신의 촉진

네트워트 구조는 연구개발의 풀(Pool)을 통하여 혁신을 촉진한다. 예를 들어 산업 간 컨소시엄 구성은 단일 기업으로는 위험성과 자원제약으로 불가능하였던 일들을 가능하게 한다.

③ 세계시장의 접근기회 제공

기업의 산업단위나 지역단위의 제휴는 세계시장에 진입할 수 있고 기회를 제공한다. 대기업은 하청기업이나 파트너 기업의 전문성을 활용하여 생산효율과 혁신을 이루고 중소기업 또한 대기업과의 제휴에 의하여 세계시장에의 진출이 가능하게 된다.

네트워크 조직의 단점

① 잠재적 경쟁자 양성 가능성

외부조직과 네트워크의 관계는 기술이전, 경영노하우의 유출로 인하여 네트워크

관계의 파트너가 경쟁자로 둔갑할 가능성이 상존한다.

② 네트워크에 의한 기업 활동의 종속

네트워크 관계에 있는 특정기업이 새로운 사업영역에 진출하고자 하거나 새로운 전략을 조사할 때 기존의 네트워크 내의 파트너들이 압력을 가할 수 있으며 특히 네트워크 내에서 영향력이 낮은 기업의 경우에는 그 정도가 매우 높을 수 있다.

5 네트워크 조직의 성공 조건

성공적인 네트워크 조직을 위해서는 전문가확보, 사고방식 일신, 업무의 자동화 등이 있다. 구체적인 내용은 다음과 같다.

첫째, 각 분야별 전문가 확보이다. 각 분야별 전문가들이 포진되어 있어야 한다. 즉 기대되는 성과를 적시에 낼 수 있는 경험과 전문지식인들이 있어야만 네트워크 조직의 운영이 발전적이다. 따라서 인재가 기업을 키우듯이 인재육성 차원에서의 투자를 아끼지 말아야 할 것이며 소수의 전문지식을 갖춘 정예요원으로 기업을 운영한다는 확고한 방침을 고수해야 한다.

둘째, 조직 구성원의 사고방식이다.

CEO를 비롯한 모든 조직구성원들의 사고방식이나 행동 양식이 변해야 한다. 즉 모든 조직구성원들이 공유하고 있는 공유가치의 흐름, 명령, 통제, 권위, 상의하달(Top-down), 복종에서 자율, 협의, 조정, 신뢰와 성실 등의 새로운 가치관으로 변해야 한다.

셋째, 일상적 업무의 자동화이다.

정형적이고 단순한 업무는 자동화로 효율성을 높이고 총무, 경리, 인사 등의 기능은 아웃소싱을 검토해 볼 만하다.

표 12-2   성공적 조건[2]

성공적 조건		
전문가 확보	사고방식 일신	업무의 자동화
• 인재육성 차원에서의 투자 • 소수정예 직원으로 기업운영	• 공유가치의 흐름 일신 • 긍정적 가치관으로 전환	• 단순업무의 자동화 • 간접부문 아웃소싱

🔍 요약

네트워크 조직(network organization)은 조직구성원 개개인의 전문적 지식에 근거한 자율권을 기초로 개인능력 발휘의 극대화를 위한 신축적인 조직 운영 방식이다. 또 각 개인의 전문성에 따라 이를 바탕으로 전문가들로 구성하고, 기능 및 사업부문 간의 네트워크로서 조직의 수평화를 이룰 수 있다. 네트워크 조직에서는 의사결정이 빠르기 때문에 시간을 최소화 할 수 있는 핵심 업무를 동시에 수행할 수 있다는 것이다.

이러한 수평적 네트워크 조직을 도입할 경우 다양한 아이디어와 빠른 의사결정이 이루어진다.

또 역 피라미드 조직은 고객의 의사를 경영에 적극 반영해야 한다는 사명감으로써 고객의 기대만족 중시, 유기적인 관계라는 특징을 가지고 있다. 방사형 조직이란 제조업체 제품의 디자인에만 전념하고, 생산은 전문 업체에 하청을 주며, 판매 역시 판매를 전담하는 기업에 준다. 즉 부품생산기업, 기술제휴기업, 신제품개발기업, 해외부품 공급기업 등 전문 업체에 모두 일임을 하는 방식이다.

---

2) 송병선 외, (2010), 전략경영, 청람.

토의 과제

1. 네트워크형 조직구조에 대해 설명하시오.

2. 네트워크 조직의 유형들을 나열해 보시오.

3. 네트워크 조직의 장·단점을 설명하시오.

피어 네트워크의 초능력

- 5달러면 우리 돈으로 6,000원도 안 된다. 이 돈으로 과연 무엇을 할 수 있을까. 커피 두 잔을 사기도 어렵다. 그러나 파이버닷컴(fiverr.com)에 접속하면 할 수 있는 일이 무한대로 늘어난다. 7만 5,000만 명이 무려 60만 개 이상 서비스를 5달러씩에 제공하겠단다. '당신이 작곡한 노래를 원하는 스타일로 불러드립니다', '당신 사진을 그림으로 바꿔 드립니다', '어떤 캐릭터든 그려 드릴게요', '언론 보도 자료를 대신 써드려요' 등. 5달러로 이렇게 다양한 일을 할 수 있다는 게 놀랍다.
- 에어비앤비(Airbnb)는 192개국 3만 4,000개 도시에서 30만 개 숙박 공간을 제공한다. 극지방 이글루부터 중세 고성(古城)까지 다양하다. 브라이언 체스키 최고경영자(CEO)는 매일경제 MBA팀과 인터뷰하면서 "세계 어느 호텔 체인도 우리만큼 다양하고 폭넓은 서비스와 놀라운 경험을 제공하지 못한다"고 자부할 정도다. 놀라운 점은 이들 숙박시설 중 에어비앤비 소유는 한 곳도 없다는 것. 에어비엔비 회원들이 자기 집을 숙박 공간으로 내놓은 것이다.

파이버닷컴 에어비앤비 등 기업을 외국 석학과 경영자들은 '피어 네트워크(Peer Network)'라고 부른다. 지위가 동등한 '피어(peer)'들이 참여하는 네트워크라는 뜻이다. 파이버닷컴에서 5달러에 물건을 사고파는 개인들은 지위가 똑같다. 에어비앤비 회원들도 마찬가지다. 지시를 하는 사람도, 지시를 받는 사람도 없다. 인터넷을 통해 평등하게 연결돼 있을 뿐이다.

미국을 대표하는 과학 저술가로 꼽히는 스티븐 존슨(Steven Johnson)은 "피어 네크워크가 전 세계에서 폭발적으로 늘어나고 있다"고 말했다. 개인 피어들이 자기 차를 공유하는 버즈카, 자신이 직접 만든 물건을 인터넷에서 사고파는 에치(Etsy), 누구든지 쓰고 편집할 수 있는 온라인 백과사전인 위키피디아 등 일일이 셀 수 없을 정도다.

피어 네트워크가 세계적으로 관심을 받는 가장 큰 이유는 대기업이나 정부에서는 불가능한 새로운 혁신의 원천이기 때문이다. 예를 들어 대기업 또는 정부가 5달러에 파이버닷컴처럼 다양한 서비스를 제공하기란 불가능하다. 어느 대형 호텔 체인도 에어비앤비처럼 192개국에서 숙박시설을 운영하지는 못한다. 존슨이 매일경제 MBA팀과 몇 차례에 걸쳐 이메일 인터뷰를 하면서 "피어 네트워크는 큰 정부와 대기업이 풀지 못한 문제를 해결할 수 있는 대안"이라고 강조하는 것도 그래서다.

"버즈카와 에어비앤비 등에 대형 렌탈 업체나 호텔 체인은 전혀 개입하지 않습니다. 개인 피어들이 다른 개인 피어들을 대상으로 비즈니스를 할 뿐이죠. 이런 방식은 효율적이면서도 참여자들에게 더 이롭습니다. 예를 들어 버즈카는 차량 소유를 줄이기 때문에 대기오염 문제 해결에 도움이 되죠."

매일경제 MBA팀은 존슨과 체스키 CEO와 연쇄 인터뷰를 통해 피어 네트워크가 어떻게 혁신을 일으켜 대기업과 큰 정부의 대안이 될 수 있는지 탐색했다. 먼저 존슨과 일문일답한 내용부터 시작한다.

◇ 피어 네트워크의 핵심 요소는 무엇인가

"첫째는 분권적이라는 점이다. 소수가 네트워크를 통제할 수가 없다. 둘째는 높은 밀도다. 네트워크에 참여하는 피어가 매우 많다. 셋째는 다양성이다. 피어들 가치와 관점 등이 매우 다양하다. 넷째는 (지식·정보·서비스 등을 피어들이) 자유롭게 교환한다는 점이다."(예를 들어 파이버닷컴은 거래를 통제하는 개인이나 기관이 없다. 다수가 참여해 엄청나게 다양한 서비스와 상품을 제공한다. 이들은 자유롭게 5달러짜리 상품을 공개된 공간에서 교환한다.)

◇ 에어비앤비와 파이버컴 등은 기업이다. 결국 기업 경영자들이 네트워크를 통제하는 게 아닌가

"에어비앤비 네트워크를 운영하는 기업은 단지 플랫폼을 제공할 뿐이다. 이 플랫폼 위에서 개인들이 직접 거래를 한다."(파이버닷컴 경영진은 개인에게 5달러에 어떤 서비스를 어떻게 제공하라고 지시할 수가 없다. 결국 결정권은 동등한 개인, 즉 피어들에게 있다.)

뉴욕 스태턴 섬에서 맨해튼으로 향하는 낡은 페리 여객선 2층. 골덴 바지와 헐렁한 점퍼를 입은 젊은 여인, 앤 마슨이 춤을 추기 시작한다. 승객들은 황당하다는 눈길을 주지만, 마슨은 개의치 않는다. 즉흥적인 그녀의 춤은 맨해튼에 내려서도 계속된다. 월스트리트, 양키 스타디움을 거쳐 센트럴파크에 이른다. 밤이 되자 뉴욕 시민 100여 명이 그녀의 춤에 동참한다.

이 내용은 '걸 워크//올 데이(Girl Walk//All Day)'라는 뮤직 비디오 줄거리다. 4~5분

분량인 일반 뮤직 비디오와 달리 71분으로 계획됐다. "전통적인 뮤직 비디오 한계를 뛰어넘으려 했다"는 제이컵 크룹닉 감독 설명 그대로다.

그러나 문제는 이처럼 혁신적이고 전위적인 예술 작품에 제작비를 댈 음반사는 없다는 것. 크룹닉은 기존 제작사에서는 한 푼도 지원받지 못했다. 인터넷에서 가장 중요한 50인 중 한 명으로 꼽히는 스티븐 존슨은 "비주류의 혁신적인 예술 작품에 자금을 지원하지 못하는 전형적인 시장 실패 사례"라고 지적했다.

하지만 '걸 워크//올 데이'는 2011년 제작에 성공했고, 폭발적인 인기를 끌었다. 비욘세, 아델 등을 제치고 스핀 매거진이 선정하는 2011년 가장 창조적인 뮤직 비디오에 꼽혔다.

그렇다면 크룹닉은 어디서 제작비를 마련했을까. 정답은 '킥스타터(Kickstarter)'였다. 크룹닉은 단지 킥스타터 웹사이트에 접속해 "2011년 3월 14일까지 4,800달러를 지원받고 싶다"고 올렸을 뿐이었다. 물론 뮤직 비디오 제작 계획에 대한 설명을 덧붙이기는 했다.

킥스타터가 놀라운 점은 누구에게 얼마를 지원할지 결정하는 권한을 특정인이 갖고 있지 않다는 것. 동등한 지위인 개인, 즉 피어들이 집단적으로 결정한다.

예를 들어 이런 식이다. 크룹닉의 비디오를 보고 싶다면 누구나 킥스타터를 통해 돈을 낼 수 있다. 1달러를 내도 된다. 이렇게 모은 돈이 목표액을 초과하면 프로젝트에 돈이 지원된다. 그러나 목표액에 못 미치면 아예 없는 일이 된다.

다행히 크룹닉 뮤직 비디오에는 577명이 목표액보다 6배가 넘는 2만 4,817달러를 내겠다고 나섰다. 대형 음반사들도 못한 혁신적인 뮤직 비디오 제작을 개인들, 즉 피어들이 해낸 셈이다.

◇ 당신은 피어 네트워크가 시장 실패를 해결한 대표적인 사례로 킥스타터를 든다. 킥스타터가 성공한 비결은 무엇인가

"많은 개인들이 소액이라도 창조적인 프로젝트에 돈을 낼 수 있는 플랫폼을 만들었다는 점이다. 돈을 낸 사람들에게 매우 다양한 방법으로 보상할 수 있도록 했다는 점도 성공 요인이다."(크룹닉은 15달러 이하로 돈을 낸 사람에게는 '감사합니다'는 말로 보상했다. 500달러 이상에는 앤 마슨의 댄스 강습이 보상이었다.)

◇ 킥스타터에서는 개인들이 사실상 돈을 공짜로 기부하는 것 같다

"킥스타터 등 상당수 피어 네트워크들은 (무료로 재능·서비스·돈 등을 내놓거나 남과 공유하는) 기부 경제(gift economy) 덕분에 성공할 수 있었다. 위키피디아와 오픈 소스 소프트웨어 등이 그런 사례다. 이는 사람들이 단지 돈을 벌기 위해 일하는 게 아니라는 것을 입증한다. 당신이 네트워크를 제대로 디자인한다면 기부 경제의 이점을 활용할 수 있다. 물론 에어비앤비 등 또 다른 피어 네트워크에서는 상업적인 거래가 일어나는 것도 사실이다. 하지만 기부와 공유가 점점 경제의 중심이 되고 있다는 것은 분명한 사실이다."

◇ 피어 네트워크가 정부 실패를 해결한 사례로 당신은 특허 심사를 예로 든다. 왜 인가
(미국 특허청에 출원된 특허 심사 신청 중 심사를 제때 못해 밀린 건수가 70만 건에 이른다. 이 때문에 혁신적인 기술이 시장에 제때 나오지 못하고 있다. 대표적인 정부 실패 사례다.)

"피어 네트워크는 특허 시스템을 훨씬 효율적으로 만드는 데 큰 몫을 했다. 2009년 6월 베스 노벡 뉴욕대 법대 교수가 미국 특허청과 함께 만든 '피어 투 페이턴트(Peer To Patent)'가 그 같은 예다. 피어 투 페이턴트는 외부 전문가와 실력 있는 아마추어들로 구성된 온라인 플랫폼이다. 특허 출원된 기술과 비슷한 선행 기술이 존재하는지 검색하는 일을 했다. 덕분에 지루하기만 했던 선행 기술 검색에 들어가던 시간이 크게 단축됐다."(피어 투 페이턴트는 설립 1년 5개월여 만에 11만 4,395명이 55만 7,560쪽에 이르는 특허 출원 서류를 리뷰하는 성과를 거두었다. 당연히 특허청 심사 인력들은 부담이 크게 줄어들었고 심사 기간이 단축됐다.)

◇ 기존 기업들은 대개 계층제가 기반이다. 그러나 피어 네트워크에서는 모든 개인 지위가 똑같은 수평제다. 피어 네트워크 급증이 기업 구조에도 영향을 미치지는 않는가

"물론이다. 계층제 형태인 대기업만 시장에서 번성하라는 법은 없다. 많은 기업, 특히 기술 업계에서 계층제가 점점 깨지고 있다. 피어 네트워크처럼 의사결정 권한이 분권화하는 것이다. (급여와 보너스 등) 경제적 보상도 마찬가지다. 경영진 등 소수에게 급여를 몰아주는 대신 더욱 더 평등하게 보상을 배분한다. 홀푸드가 대표적이다."(홀푸드는

팀 보너스를 모든 팀원이 똑같이 나눠 가진다. 심지어는 다른 팀에 보너스를 나눠주기도 한다. 통상 팀 보너스 중 30%는 다른 팀에 양보한다. 구글도 한 직원이 다른 동료에게 보너스 500달러를 줄 수 있는 '피어 보너스(peer bonuses)' 제도를 운영하고 있다.)

◇ 킥스타터 등 많은 피어 네트워크들은 인터넷이 기반이다. 인터넷이야말로 피어 네트워크의 대표 같다

"물론이다. 인터넷은 롤 모델(role model)이라 할 수 있다. 이를 모델로 다양한 피어 네트워크를 만들 수가 있기 때문이다. 그렇게만 한다면 시장과 정부가 해결하지 못한 많은 사회·경제적 문제를 풀 수 있다. 우리가 인터넷이 조직되고 만들어지는 방식을 배워야 하는 이유다."

(2013. 6. 29. 매일 경제)

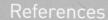
김광남. 「경영학원론」 한올출판사. 2011.

김영수. 「경영전략」 학현사. 2010.

동아일보

매일경제

박준용. 「전략경영」 청람. 2008.

서기만. 「전략경영」 더난출판사. 2002.

송병선. 「전략경영」 청람. 2010.

안광호 외. 「마케팅원론」 학현사. 2009.

어윤대 외. 「전략경영」 학현사. 2004.

유정식. 「시나리오 플래닝」 지형. 2009.

유필화 외. 「현대마케팅론」 박영사. 2009.

윤종훈 외. 「경영학원론」 학현사. 2009.

이임정. 「보보의 경영학」 청람. 2011.

이희자. 「경영학 이해」 청람. 2010.

임창희. 「경영학원론」 학현사. 2012.

장세진. 「경영전략」 박영사. 2009.

장세진. 「글로벌 경쟁시대의 경영전략」 박영사. 2008.

정순진. 「경영학연습」 법문사. 2008.

조선일보

조영복 외. 「경영전략」 대명. 2003.

중앙일보

최해술 외. 「기업과 사회」 한올출판사. 2000.

한국경제

홍석보 외. 「전략적 경영혁신기법」학문사. 2009.

"Beyond Products : Services-based strategy,"

Chandler, A. D., Strategy and Structure : *chapters in The History of The American Industrial Enterprise*, The M. I. T. Press :, 1962.

Dess, G. G. & Miller, A. Strategic Management, New York ; McGraw-Hill, lnc., 1993.

Hambrick, O. C. MacMillan, I. C. & Day, D. L., "Strategic attributes and performance in the BCG matrix-A PIMS-based analysis of industrial product businesses," *Academy of Management journal, September* :, 1982.

Harvard Business Review, March-April,1990.

Hatten, K. J. & Hatten, M. L., "Strategic groups, asymmetrical mobility barriers, and contestability," *Strategic Management journal*, July-August:329, 1987.

Kotler, J. P., The Leadership Factor, New York : Free Press, 1988.

Kotler, P., Marketing Management : Analysis, planning, and Control., Englewood Cliffs, N. J. : Prentice-Hall, 1980.

M. Porter, "What is Strategy?" *Harvard Business Review*, November-December 1996.

MacMillan, I, C,, "Preemptive Strategies," Journal of Business Strategy, 1983.

Miles, R. E. & Snow, C. C., *Organizational Strategy, Structure, and process*, New York : McGraw-Hill, 1978.

Mintzberg, H., "Patterns in strategy formation," Management Science, 1978.

Peters, T. J. & Waterman, R. H., In Search of Excellence, New York : Harper Collins :, 1982.

Porter, M., Competitive Strategy, New York : The Free Press:,1980.

Quinn, J. B., Doorley, T. L. & Paquette, P. C.,

Rumelt, R. P., Strategy, *Structure, and Economic performance*, Boston : Division of Research, Harvard Business School, 1974.

Strategic Management in GE, Corporate Planning and Development, General Electric Corporation.

Weihrich, H., "The TOWS matrix-A tool for situational analysis," *Long Range Planning*, April : 60, 1982.

Wheelwright, S.C. & Clarke, O.G., "Corporate forecasting : Promise and reality, "*Harvard Business Review*, 1976.

Index

찾아보기

저자소개

박광래

단국대학교에서 경제학 전공으로 박사학위 취득, 저자의 전공분야는 화폐금융과 국제금융 분야이며, 현재 신한대학교 글로벌통상경영학과 겸임교수 및 단국대학교 경제학부에 출강하고 있다. 아울러 한국종합경제연구원의 연구위원으로 재직 중이며, 정보시스템과 물류경제에 관심을 갖고 연구활동을 하고 있다. 저서로는 『화물운송론』(2004년), 『신경제학원론』(2003), 『경영정보시스템』(2013)이 있으며 주요 논문으로는 『한국노사협의제도에 관한 연구』, 『물류비용의 경제적 효과에 관한 연구』, 『재량과 동태적 비일관성에 관한 연구』 등이 있다.

경영전략 3판

초판 1쇄 발행   2013년 8월 30일
3 판 1쇄 발행   2020년 1월 10일

저 자   박 광 래
펴낸이   임 순 재
펴낸곳   **(주)한올출판사**
등 록   제11-403호
주 소   서울시 마포구 모래내로 83(성산동 한올빌딩 3층)
전 화   (02) 376-4298(대표)
팩 스   (02) 302-8073
홈페이지   www.hanol.co.kr
e-메일   hanol@hanol.co.kr
ISBN   979-11-5685-855-3

- 이 책의 내용은 저작권법의 보호를 받고 있습니다.
- 잘못 만들어진 책은 본사나 구입하신 서점에서 바꾸어 드립니다.
- 저자와의 협의 하에 인지가 생략되었습니다.
- 책 값은 뒷표지에 있습니다.